U0840433

中华经典名著
全本全注全译丛书

黄克剑◎译注

公孙龙子(外三种)

中華書局

图书在版编目(CIP)数据

公孙龙子(外三种)/黄克剑译注.—北京:中华书局,2012.10
(2016.11 重印)
(中华经典名著全本全注全译丛书)
ISBN 978-7-101-08827-4

Ⅰ.公… Ⅱ.黄… Ⅲ.①名家②《公孙龙子》-注释
③《公孙龙子》-译文 Ⅳ.B225.4

中国版本图书馆 CIP 数据核字(2012)第 167154 号

书　　名　公孙龙子(外三种)
译 注 者　黄克剑
丛 书 名　中华经典名著全本全注全译丛书
责任编辑　舒　琴
出版发行　中华书局
(北京市丰台区太平桥西里 38 号　100073)
http://www.zhbc.com.cn
E-mail:zhbc@zhbc.com.cn
印　　刷　北京市白帆印务有限公司
版　　次　2012 年 10 月北京第 1 版
2016 年 11 月北京第 4 次印刷
规　　格　开本/880×1230 毫米　1/32
印张 9　字数 200 千字
印　　数　15001-19000 册
国际书号　ISBN 978-7-101-08827-4
定　　价　22.00 元

目　录

邓析子

引 言

当“名”、“言”在老子、孔子、墨子那里关联着道家、儒家、墨家之“道”臻于相当程度的自觉后，一批所谓“辩士”（见《庄子·徐无鬼》）或“辩者”（见《庄子·天下》、《韩非子·外储说左上》）、“察士”（见《吕氏春秋·审应览·不屈》）应运而生。这些人被汉代史学家司马谈、司马迁称作“名家”，他们的著述被汉儒刘向、刘歆——中国最早的目录学家——归于“诸子略”的“名家者流”。“名家”不是道家、儒家或墨家的附庸；其得以在蜂起的诸子中独立成家，是因为这一派人物把言谈或辩难所涉及的思维形式及“名”、“言”性状问题拓辟为一个有着特殊探讨价值的领域。

《汉书·艺文志》载录名家文献七家三十六篇，其中《邓析子》二篇，《尹文子》一篇，《公孙龙子》十四篇，《成公生》五篇，《惠子》一篇，《黄公》四篇，《毛公》九篇。至魏晋时，《成公生》、《黄公》、《毛公》诸篇已尽佚；《邓析子》、《尹文子》虽见载于《隋书·经籍志》，但亦非先秦而汉传之旧观。世传本《邓析子》的真伪学界似仍有争议，不过已大体可确定为托名之作；世传本《尹文子》或未失尹文思致之真髓，然而后世文句窜乱其中毕竟是难以否认的事实。唯惠施、公孙龙为名家中最负盛名者，所幸其遗存于今的残略文字尚可资探赜者寻问“坚白无厚之辞”之儆妙。

今应中华书局之约，为其编纂之“中华经典名著全本全注全译丛书”注、译《公孙龙子》，并将辑于《庄子·天下》的惠施“历物之意”十题及真伪不无疑窦的《尹文子》、《邓析子》一并注、译于后。此次注、译名家著述，以《公孙龙子》、《惠施“历物之意”》、《尹文子》、《邓析子》为次，从历时的先后看，似乎全然为一种倒序，然而，会心的读者也许可以看出，注、译者所以如此，原是出于对相关史料可信程度的一种裁别。毋庸讳言，注、译的得失受限于注、译者的学术局量，其中未能自识的讹误或许尚多，但愿诸位方家、同好不吝垂教。

黄克剑

2012.3.18

公孙龙子

前 言

一 公孙龙其人

《史记·孟子荀卿列传》载:"而赵亦有公孙龙,为坚白同异之辩。"自此,历代学人多以公孙龙为"赵人"。迄于近世,学者对此说大都没有异议。唯东汉高诱《吕氏春秋注》之《应言》注曾称"龙,魏人也",近人胡道静则辨其讹失说:"公孙龙早年适魏,莫年居赵;高氏以其早年在魏,故误以为魏人也。"(胡道静:《公孙龙子考》,上海:商务印书馆,1934 年,第 4 页)诚然,公孙龙为"赵人"之说未始没有学者质疑,但至少,《史记》的载述,依然是迄今关于公孙龙籍贯的说法中最值得信从的一种。

公孙龙最早见于史录的活动为燕昭王二十八年(前 284)或略前"说燕昭王以偃兵"(《吕氏春秋·审应览·应言》),而最晚见于史录的事迹为"邹衍过赵"难"白马非马"之辩而公孙龙见绌。胡适据此推测:"公孙龙大概生于西历前三二五年和三一五年之间。那时惠施已老了。公孙龙死时,当在前二五〇年左右。"(胡适:《中国哲学史大纲》卷上,上海:商务印书馆,1926 年,第 235—236 页)此后,学者们多方考证,虽各自对公孙龙生卒之年的认定略有差异,但皆与胡适的推断大体一致。

生逢乱世,公孙龙厌弃诸侯国间的兼并战争而主张"偃兵"。他除游燕"说燕昭王以偃兵"外,也曾以同样的道理规劝赵惠文王:"赵惠王谓公孙龙曰:‘寡人事偃兵十余年矣,而不成,兵不可偃乎?’公孙龙对曰:‘偃兵之意,兼爱天下之心也。兼爱天下,不可以虚名为也,必有其实。今蔺、离石入秦,而王缟素布总;东攻齐得城,而王加膳置酒。秦得地而王布总,齐亡地而王加膳,所(据毕沅校,‘所’当为‘此’——引者注)非兼爱之心也,此偃兵之所以不成也。今有人于此,无礼慢易而求敬,阿党不恭而求令,烦号数变而求静,暴戾贪得而求定,虽黄帝犹若困。’”(《吕氏春秋・审应览・审应》)这段对话表明,公孙龙所谓“偃兵”,决非功利性的权变策略,而是关乎人生措置和社会治理的一种根本选择。其价值取向为“兼爱”,为这“兼爱”所要求的是“不可以虚名为也,必有其实”的真诚践履。虽未径直诉诸“守白”之论对“偃兵”之旨作名理推绎,但“无礼慢易而求敬,阿党不恭而求令,烦号数变而求静,暴戾贪得而求定”的讽谏之辞中,已确凿地隐含了由“坚白”之辩以“正名实”的祈愿。

刘向《新序・杂事第二》记有一则关于公孙龙的逸事,其情节大略如下:一次,魏王出外狩猎,遇见一群白雁。魏王下车张满弓正打算射雁时,看到路上有行人走来,就招呼那人停下来。行人没有止步,结果雁群受到惊吓,一下子就飞走了。魏王很生气,拿起箭来就要射那位行人。这时,为魏王驾车的公孙龙赶忙跳下车用手按住箭说:“大王,不可射!”魏王满脸怒气,说:“你不帮着你的君主,反倒去帮别人,这是为什么?”公孙龙回答他说:“昔日齐景公在位时,天大旱,一连三年。占卜得到的兆示是:‘一定要以人作牺牲来祭天,才会降雨。’景公走下堂来向天叩拜说:‘我所以求雨,是为了我的百姓。若是一定要让我用人作牺牲才肯下雨,那就由我来做祭品吧!’话还没说完,方圆千里的地方就下起了大雨。这是为什么呢?是因为那位君主的德行感动了上天,才使百姓得以受惠。现在大王由于白雁的缘故就想用箭射人,我要对大王说,那样做就跟虎狼没有两样了!”这则逸事可能只是一个传说,但如此传说公孙龙不正表明善辩的公孙龙终是为其“兼爱”主张而辩吗?

事实上，为史籍所称说的公孙龙的确更多是一位机智的“辩士”。《吕氏春秋》讲到过这样一件事：“空雄（当为‘空雒’——引者注）之遇，秦、赵相与约。约曰：‘自今以来，秦之所欲为，赵助之；赵之所欲为，秦助之。’居无几何，秦兴兵攻魏，赵欲救之。秦王不说，使人让赵王曰：‘约曰：“秦之所欲为，赵助之；赵之所欲为，秦助之。”今秦欲攻魏，而赵因欲救之，此非约也。’赵王以告平原君，平原君以告公孙龙。公孙龙曰：‘亦可以发使而让秦王曰：“赵欲救之，今秦王独不助赵，此非约也。”’（《吕氏春秋·审应览·淫辞》）公孙龙对秦王的婉言辩诘煞似一种语言游戏，不过，这里的巧辩逻辑固然流溢着讽谏的智慧，却也以其对强秦的抗争述说了辩者的一份“兼爱之心”。《吕氏春秋·审应览·淫辞》、《公孙龙子·迹府》、《孔丛子·公孙龙》等文献，都有公孙龙与孔穿辩答的记载，而以《公孙龙子·迹府》所记最为信实可据。公孙龙借“楚人遗弓”的故事，由援引孔子“异‘楚人’于所谓‘人’”（《公孙龙子·迹府》）而申辩自己的“白马非马”之说，其措辞之谨严、逻辑之缜密最能传示一代辩者的卓越辩才和醇正辩风，而他对尹文为齐王说“士”的引证，则隐然表达了其与尹文“以禁攻寝兵为外，以情欲寡浅为内”（《庄子·天下》）之志尚大体相应的价值追求。

一如惠施，公孙龙之学的师承无从稽考。晋人鲁胜作《墨辩注》，其《叙》云：“墨子著书，作《辩经》以立名本。惠施、公孙龙祖述其学，以正刑名显于世。”此说一出，后世遂有学者相呼应，以惠施、公孙龙之学为墨家后昆。近世学者胡适、钱穆当是持这一看法的最有代表性的人物，其前者竟至称惠施、公孙龙为“别墨”，后者则以为“墨学本尚苦行，继则济之以文辩，施、龙则文辩之尤著而忘其苦行者也”（钱穆：《惠施公孙龙》，上海：商务印书馆，1931年，第127页）。然而，细细推敲起来，鲁胜而至胡适、钱穆的判断还是颇可质辩的。鲁胜辑《墨子》之《经上》、《经下》、《经说上》、《经说下》四篇称其为《辩经》而为之作注，对所谓“兴微继绝”（《晋书·隐逸传》）当不无助益，但以《辩经》为墨子著述毕竟未提出任何相关依据，而径谓“惠施、公孙龙祖述其学”则更是独断之论了。至于“别墨”，原是墨家后学不同流派各以正宗自居而贬称别派的用语，有如贬称相对于“兼君”的君为“别君”，称相对于“兼士”的士为“别士”，胡适以“别墨”称惠施、公孙龙之学当属于术语误置。而且，即使将错就错，把“别墨”理解为别一种或别一系的墨家，作如此理解的胡适也未能对他的断案作出相应的考论。比起鲁胜、胡适来，钱穆对其所持“施、龙为墨徒”（钱穆:《惠施公孙龙》，第128页）之说的论证是堪称经心的，但论据本身生出的扞格终是为整个推论留下了不小的破绽。在钱氏说“《荀子·非十二子篇》以墨翟、宋钘并称，则可证宋钘、尹文为墨徒”（同上书，第127页）时，他也说“《庄子·天下篇》以宋钘、尹文并举，其学以禁攻寝兵为外，以情欲寡浅为内，是显系墨家后裔”（同上），但他既然引《庄子·天下》以为证，他便理应对这样一个事实作出解释，即《庄子·天下》在由“道术将为天下裂”分论诸子之学时是将墨翟、禽滑厘列为一派而将宋钘、尹文列为另一派的，若是“宋钘、尹文之为墨徒”，那么庄子何以不将其与墨翟、禽滑厘并为一派论说呢？然而，在这不能不作解释的地方，钱氏并未予以分辩。同样，《荀子·非十二子》所非十二子，是被分为六派逐一贬责的，钱氏既然断定“施、龙为墨徒”，那便理应对惠施何以在荀子那里未与墨翟相提反倒与邓析并论这一疑窦作出解释，但钱氏在这又一个不能不作解释的地方再一次缄默了。诚然，墨家讲“兼爱”，公孙龙、惠施也讲“兼爱”以至“泛爱”，但主张“兼爱”以至“泛爱”者不必皆归于墨家而尽为“墨徒”。曾撰述了《经上》、《经下》、《经说上》、《经说下》、《大取》、《小取》的墨家之徒，最终是把这被后人称作《辩经》或《墨辩》的文字归于墨学范畴的，因而这些文字亦终究被辑入《墨子》。设使惠施、公孙龙果然为“墨徒”，那么这比撰著《辩经》或《墨辩》的墨徒更早的“墨徒”一定也会把自己的著述续入《墨子》一书的，然而这个合乎逻辑的结果为什么没有出现，以至于墨徒的《辩经》得以在《墨子》中大体完整地存留下来而惠施的文字散佚殆尽、公孙龙的文字孤行残存呢？单是这一点也多少可以说明，墨家之学是墨家之学，而惠施、公孙龙之学并非墨学——至少以惠施、公孙龙为非“墨徒”比以他们为“墨徒”更有理由些。

的确，惠施、公孙龙之学都不是无源之水，只是这渊源不必即是墨学或不必尽在墨学罢了。惠施之学是可以上追邓析的，公孙龙之学亦一定有其学缘踪迹可寻。从公孙龙辩斥孔穿时对尹文为齐王辨“士”的引证看，他可能受过尹文的影响。刘向称：“尹文子学本庄老，其书自道以至名，自名以至法；以名为根，以法为柄。”（刘向：《别录》）《汉书·艺文志》著录《尹文子》一篇，列名家，附注云“先公孙龙”。从这些史料大体可以推定，“自道以至名”而“以名为根”的尹文可能是名家中之一系（此一系集大成于公孙龙）的先驱人物或奠基人物，然而无论如何，因着古本《尹文子》的遗佚和《公孙龙子》的残缺，其与公孙龙学缘的深浅已难以详究。此外，从史籍片言只语的记述可知，公孙龙亦曾与毛公、桓团等相交游，而綦毋子则是其徒辈，但他们间的更多的学术消息也同样无从知晓了。

公孙龙的著述，扬雄有“诡辞数万以为法”（扬雄：《法言·吾子》）之说，《汉书·艺文志》则著录《公孙龙子》十四篇。据《文苑英华》引唐人所撰《拟公孙龙子论》知，《公孙龙子》至晚于隋唐之际已佚八篇，唐初时仅余六篇。此六篇即流传迄今的《迹府》、《白马论》、《指物论》、《通变论》、《坚白论》、《名实论》，而其中真正为公孙龙亲撰的文字只是后五篇。

二　《公孙龙子》旨趣述要

公孙龙之学，先贤或以“辟言”（荀况）、“诡辞”（扬雄）相讥，近人亦以“帮闲”（郭沫若）、“诡辩”（侯外庐）置议。时移势易，学界好思之士注疏、诠释《公孙龙子》者渐多，但对其所遗六篇——《迹府》、《白马论》、《坚白论》、《通变论》、《指物论》、《名实论》——就整体予以通洽领会者仍嫌寥寥。这里，拟由所谓“离也者天下”之“离”切入公孙龙之运思，对其间所蕴“离坚白”以“正名实”的旨趣作一种纵贯式的抉示。

(一)“白马非马”中“离”的消息

“白马非马”是公孙龙《白马论》的中心论题,《迹府》篇所谓“‘守白’之论”即是就此而言。

诚然“白马非马”可谓诡谲之谈,不过,其中的道理虽已不局守于惯常的言议、思维,却也并不与常识相背。其实,用语方式的陌生化毕竟融进了遣词造句者的匠心,由陌生的一维引出的思路反倒可能使人们发现那以前一直熟视无睹的认知的死角。当公孙龙说“马者,所以命形也;白者,所以命色也。命色形非命形也”(《公孙龙子·白马论》)时,他以“命”(命名)晓示了他所谓“马”、“白”、“白马”原是就与语言世界密不可分的概念世界而发论的,尽管这概念世界与实存世界不无关联。实存世界所有的只是这一匹马、那一匹马,当千差万别的马被命名为“马”时,这“马”作为一个概念固然不能说与无数各别的马没有瓜葛,但它毕竟已脱开一个又一个的个体的马而被用于人的言议、思维,这脱开即是“离”。同样,“白”这一概念对于种种不同的可见的白色也只是因着相牵而相“离”才为人所思议。在《白马论》中,公孙龙还没有明确说到“离”,但“离”的消息从“命形”、“命色”、“命色形”之“命”(命名)中已经透露出来。就概念而论,“马”是对一种形体的命名,“白”是对一种颜色的命名,“白马”则是既对某种形体而又对这形体的颜色的命名,既对形体而又对这形体的颜色的命名不同于仅仅对形体的命名,所以“白马”不同于“马”或“白马非马”。公孙龙对“白马非马”作如此论证,是以概念——“马”、“白”、“白马”——对于以之命名的实存事物的相对独立因而得以运用逻辑推理为前提的,而概念对于以之命名的实际事物的相对独立,亦即是它对以之命名的实存事物的“离”。

《白马论》是问答式的对话体文字,拟托的客方的再三诘难无一不是把概念混同于实存,而公孙龙的回答则在于把混同了的概念和实存重新分开,并在其相牵却又相“离”的分际上予以分辩。当客方以“有白马不可谓无马”(有白马就不能说没有马)为理由提出“有白马为有马,白之非马何也”(既然有白马即是有马,怎么可以说以白称其颜色的马就不是马了呢)的质疑时,公孙龙以主方身份回答说:

> 求马,黄、黑马皆可致;求白马,黄、黑马不可致。……[使]所求不异,如黄、黑马有可有不可,何也?可与不可,其相非明。故黄、黑马一也,而可以应有马,不可以应有白马,是白马之非马,审矣。(同上)

公孙龙在此所作的全部辩说,不外是要告诉人们:“马”这一概念的内涵少(只是“命形”),因而外延大,它包括了黄马、黑马、白马以及其他毛色的马;“白马”这一概念的内涵多(除了“命形”,也还“命色”,所以“命色形”),因而外延小,它不能包括黄马、黑马及白色之外的其他毛色的马。从外延的角度讲,“白马”当然属于“马”,但包括了黄马、黑马等的“马”却不能说属于“白马”,所以二者不相等同,“白马”(的概念)不即是“马”(的概念)。

论辩至此,拟托的客方话锋略转。他指出,若是“白马非马”之说可以成立,那就等于承认了马有了颜色后便不再是马。在把命题“白马非马”转换为“马之有色为非马”后,客方的诘难就成了这样:天下的马都有颜色(“天下非有无色之马”),说马有了颜色就不再是马,岂不等于说天下没有马(“天下无马”)吗?论主的回答则是:

> 马固有色,故有白马。使马无色,有马如已耳,安取白马?故白者非马也。白马者,马与白也。马与白,马也?故曰:白马非马也。(同上)

这段答话中,所谓“马与白”的“与”的用法是意味深长的,它表达了“马”(的概念)和“白”(的概念)的结合,而这结合则正表明概念相互间的相“离”及概念对于以之命名的实存事物的相牵而相“离”。这“与”同《坚白论》中所谓“坚未与石为坚而物兼,未与物为坚而坚必坚”的“与”趣致相通，也同《指物论》中所谓“指与物非指也”的“与”一脉相贯。

从论主所谓“马与白”的灵动措辞中，客方敏锐抓住了“与”这个语词的独特意指。于是便有了进一层的质难：既然“马”在未与“白”结合时就只是“马”（“马未与白为马”），“白”在未与“马”结合时就只是“白”（“白未与马为白”），而把“马”和“白”结合起来才有了“白马”这个复合的名称（“合马与白，复名白马”），那就意味着你是在用起先分离的“马”和“白”组成了一个复合名称来命名原本就浑然一体的白马（“是相与以不相与为名”），这样做本身即是不可取的。而“白马非马”恰恰就立论在“相与以不相与为名”上，所以这个命题讲不通。实际上，客方如此质难已涉及《指物论》中客方用以诘难的话题：“指（例如‘马’、‘白’等用以指称事物的名——引者注）也者，天下之所无也；物（例如被称为‘白马’的那一匹又一匹实存的马——引者注）也者，天下之所有也。以天下之所有，为天下之所无，未可。”但论主把正面辩答这一问题留给了《指物论》，却由客方对“白马非马”的否定重返客方所认定的“有白马不可谓无马”之说，而借此转守为攻：

［主］曰：以有白马为有马，谓有马为有黄马，可乎？

［客］曰：未可。

［主］曰：以有马为异有黄马，是异黄马于马也；异黄马于马，是以黄马为非马。以黄马为非马，而以白马为有马，此飞者入池而棺椁异处，此天下之悖言乱辞也。（同上）

至此，论主的思趣触到了至可玩味的“白者不定所白”（白色不限定在某一白色事物上）和“白定所白”（被某一白色事物所规定了的白色）的话题。他没有称述“白者不定所白”——这个在《坚白论》中才被深入讨论的命题——的意致所在，只是就“白马”概念说到“白定所白”时申明：被某白色事物（例如“白马”）所规定的白色不再是原初意义上的白色（“定所白者非白也”）。既然“白马”之“白”是和马“相与”因而被所与者规定了的“白”，而“白马”之“马”是和白“相与”因而被所与者规定了的“马”，那么这“白”和“马”就不再是未受限定的“白”和“马”。这里，公孙龙对“白定所白”、“定所白者非白”的指出，鹄的在于论说“马者，无去取于色”（“马”这一概念对颜色没有去彼取此的选择）、“白马者，有去取于色”（“白马”这一概念对颜色有去彼取此的选择），以确证“白马非马”，虽未径直说出“白”对于“白者”的“离”，说出概念对于实存、概念对于此概念同他概念“相与”产生的概念的“离”，但其意趣一直隐在并贯穿于《白马论》全部逻辑的“离”至此已可谓呼之欲出了。

(二)“离也者，藏也”

沿着“定所白者，非白也”的说法作一种思路的延伸，必然会从《白马论》引出《坚白论》。《坚白论》的主题在于“离坚白”，即“白”、“坚”对“定所白者”、“定所坚者”的相“离”；这“离”是公孙龙学说的根柢所在，它以与儒、道全然不同的方式吐露了“名家者流”对语言的自觉。依然是设譬而论，指归则在于经由称“石”而“离坚白”的辩难，把“离”的意蕴喻示于对言辞日用而不察的人们。

仍是以拟托的客方向论主发问开篇，不过不像《白马论》那样径直拈出中心话语，而是从浅近、亲切而便于着手的某一边缘处说起。一块又白又硬的石头，它的坚性、白色和形状三者可以同时被感知吗（“坚白石三，可乎”）？这个在常识判断中似乎不成问题的问题，得到的回答是否定的（“不可”）。那么，三者中取其二，或者这石的白色和形状，或者这石的坚性和形状，可以被同时感知吗（“二，可乎”）？当客方这样询问时，论主则作了肯定的回答（“可”）。“二”则“可”，“三”则“不可”，其要害在于坚性（“坚”）与白色（“白”）不可同时被感知：

> 视不得其所坚而得其所白者，无坚也；拊不得其所白而得其所坚者，无白也。（《公孙龙子·坚白论》）

这第一个回合的答问，把“坚白”的讨论推进到了这一步：石的“坚”性和“白”色不能被人的同一感官所感知，它们分别相应于人的触觉和视觉。

视觉和触觉的相分似乎注定了“坚”与“白”在同一感知维度上的“离”，尽管这“离”尚未被径直点破。

在客方看来，没有了白色固然看不见那块石头（“天下无白，不可以视石”），而没有了坚硬，石头也就称不上是石头（“天下无坚，不可以谓石”）了，坚性、白色、石形在同一块石头上原是相互含纳而并不排斥（“坚、白、石不相外”）的，若是说只可见（看见或摸见）其二，不可见（看不见或摸不见）其三，那就是有意把其中的坚性或白色作为第三者藏（“藏三”）起来了。论主矫正客方的话说，确实可以称之为“藏”，不过不是人刻意要藏（“非藏而藏”）。但客方并未就此释疑，他坚持认为坚性、白色、石形在同一块石头中是相互含纳（“相盈”）的，既然可以相互含纳，它们中的坚性或白色又怎么可能自己把自己藏起来呢（“其自藏奈何”）？论主遂回答他：

> 得其白，得其坚，见与不见离。一一不相盈，故离。离也者，藏也。（同上）

至此，由“不见”（看不见或摸不见）说到“藏”，由“藏”说到“离”，“离”作为立论的基点开始被提了出来。不过，这时所称述的“离”还在同感知关联着的经验的层次上。

客方再度质疑：白色是这块石头的白色（“石之白”），坚硬是这块石头的坚硬（“石之坚”），形状是这块石头的形状，尽管有看得见看不见、摸得见摸不见（“见与不见”）的不同，并且由此发生了感知过程中举其二还是举其三的争辩（“二与三”），但它们毕竟就像任何一物品的宽和长一样相互含纳而成一体（“若广修而相盈也”），而这样说难道会有什么不妥吗（“其非举乎”）？论主则针对客方囿于实存的偏执，变换了一种角度，尽可能地让自己所说的“坚”、“白”在其各为一独立概念的意义上明确起来。他指出：某物是白色的，但白色并不限定在这一物上而只“白”这一物（“物白焉，不定其所白”）；某物是坚硬的，坚硬也并不限定在这一物上而只“坚”这一物（“物坚焉，不定其所坚”）。既然“白”、“坚”都不会只限定在某一物上，它们就必定为所有白色的物、坚硬的物所兼有（“不定者兼”）。若是这样——论主起而反问对方——却又为什么要把“坚”、“白”只限定在那块石头上去说呢（“恶乎其石也”）？客方当然难以理解这“白”而“不定所白”、“坚”而“不定所坚”的诡谲意趣，他的累于实存的所思仍牵绊在那块坚硬的白石上。依他的看法，摸那块石头（“循石”）会触到坚硬，没有了其坚硬即无所谓石（“非彼无石”），没有了石头也就无从去说白石（“非石无所取乎白石”），“坚”、“白”和“石”原本不可分离，这是永远都不会改变（“其无已”）的事实。客方是固执的，也是认真的，这使论主只好在已反复讨究过的问题上再作申述。他接过客方的话说：

> 于石，一也；坚白，二也，而在于石。故有知焉，有不知焉；有见焉，有不见焉。故知与不知相与离，见与不见相与藏。藏故，孰谓之不离？（同上）

在这一轮的辩难中，对“坚”、“白”间的“藏”、“离”关系的讨论仍停留在经验层次上，但所谓“物白焉，不定其所白；物坚焉，不定其所坚”而“不定者兼，恶乎其石”的说法，则已经是“离”石而说“坚”、“白”，它为“坚”、“白”概念对于包括“石”在内的所有经验之物的“离”的论证做好了铺垫。

客方局守于经验的思维是一以贯之的，他抓住论主所谓“知与不知相与离，见与不见相与藏”的话头继续质难：眼睛看不到坚硬（“目不能坚”），不能说坚硬就不存在（“不可谓无坚”），手摸不到白色（“手不能白”），不能说白色就不存在（“不可谓无白”）；眼和手的职能不同（“其异任也”），二者无从相互替代（“其无以代也”），但坚硬和白色毕竟寓于同一块石头中（“坚白域于石”），怎么可以说它们相离呢（“恶乎离”）？对这最后的质难，论主作了尽可能详尽的回答。借着应答，他把“坚”、“白”和以此相喻的所有概念或“名”置于超出经验感知的格位上，由此在某种绝对的意义上阐释了诸“名”（概念）相互间及其对于一切实存事物的“离”：

坚未与石为坚而物兼,未与物为坚而坚必坚。其不坚石、物而坚,天下未有若坚,而坚藏。

白固不能自白,恶能白石、物乎?若白者必白,则不白石、物而白焉。黄、黑与之然。石其无有,恶取坚白石乎?故离也。离也者,因是。(同上)

“不坚石物而坚”的“坚”是独立于一切坚硬物的“坚”的概念,“不白石物而白”的“白”是独立于一切白色物的“白”的概念;这“坚”、“白”概念对于天下万物或整个经验世界潜藏着(“坚藏”,“白”亦“藏”),而如此的“藏”亦正是对天下万物或整个经验世界的“离”。

用以命名、摹状的“名”或语言与天下实存的森然万象并不存在一一对应的关系,而人却不能不借助它去辨识人生存其中因而总会打上人的或此或彼烙印的世界。“名”或语言靠了“离”的性状而自成一个独立于经验实存的系统;人处在“名”或语言系统中,人也处在与其生存际遇的践履性关系中。人在这两重关系中如何赢得更大程度的自由,这有赖于人对自己既处其中的境域达到相当的自觉,其中当然包括人对“名”或语言的自觉,而公孙龙“离坚白”之辩的意义正在于他从一个独特的运思向度上把这一重自觉启迪了人们。

(三)“离”与“变”

《公孙龙子》的《通变论》通篇贯穿着“变”,称述这“变”的点睛之语是可视为一典型论式的“二无一”。它提示并深化着某种与《白马论》、《坚白论》共有的旨趣,把初始概念与定在化了的同名概念的相异而相“离”以通则的方式确定了下来。

一如对“白马”、“坚白”之说的辩析,“通变”话题的展开所采用的仍旧是主客答问的言说体例。客方的问题开门见山:在一个概念与另一个概念结合而成的概念中还存在原来的某个概念吗(“二有一乎”)?论主的回答亦简明而直白:

二无一。(《公孙龙子·通变论》)

这即是说,在两个概念结合而成的新概念(“二”)中,不再存在原来的这一概念(“一”)或那一概念(“一”)。为了把这“二”与“一”的关系分辨得更清楚些,新概念(“二”)赖以产生的这一概念(“一”)和那一概念(“一”)相与或结合被改称为概念“左”和概念“右”的相与或结合。于是,“二有一乎”的问题就转换成了“二有右乎”、“二有左乎”,而相应的答语也就成了“二无右”、“二无左”。而且,这逻辑的延伸则是,由“左”、“右”两概念结合而成的“二”这一概念,既不可以用概念“右”称谓,也不可以用概念“左”称谓,而只能以概念“左”和概念“右”的相合去称谓(“左与右可谓二乎”?——“可”)。在如此“有一”与“无一”、“有右”与“无右”、“有左”与“无左”、“不可”与“可”一类直言判别的问答中,论主要分外申说的是,当两个可结合的概念结合成一个概念后,其先前的意谓已经发生了变化,这“变”是由结合着的两概念的相互限定引起的。例如,一旦“白”和“马”相与而为“白马”后,无论是“白”还是“马”,其意谓就都有了变化:“白马”之“马”是为“白”所定之“马”,这为“白”所定之“马”的内涵、外延已不同于未被“白”所定之“马”;同样,“白马”之“白”是为“马”所定之“白”,这为“马”所定之“白”已不再是未被“马”所定之“白”。“白”与“白马”相“离”,“马”与“白马”相离,其相“离”无不是因为“变”。

拟托的客方很快就从这样的“变”中发现了疑点,于是,不容苟且的质疑把讨论引向深入。他拈出了一个煞似陷主方于自相抵牾的问题:“右苟变,安可谓右”(同上)——概念“右”如果已经变了,怎么还可以称其为“右”呢?论主没有正面应答,他只是以诘问辩对诘问:

苟不变,安可谓变?(同上)

倘使以“右”相称的概念是不变的,又怎么可以说这概念“右”变了呢?其实,辞锋逼人的诘辩所涉及的是一种吊诡的语言现象,它正好从一个侧面吐露了语言在动态言说中的某种基本特征,此即语词在排列组合中依语境而确定其意谓:在语符或能指不变的情形下,语义或所指会因为它与其他语词搭配状况的不同而不同。“白马”之“白”不同于“白石”之“白”，亦不同于“白羽”之“白”或“白雪”之“白”，作为语符的“白”字在“白马”、“白石”、“白羽”、“白雪”中并无不同，但其意谓因为与“马”、“石”、“羽”、“雪”的结合已经有了微妙的差异——“白马”的那种“马”之“白”无论如何不同于“雪”或“石”、“羽”的那种“白”。在现代语言学畛域内，语符与语义或能指与所指关系的错落不定，倘用俄国形式主义者的话说，即是“词没有一个确定的意义；它是变色龙，其中每一次所产生的不仅是不同的意味，而且有时是不同的色泽”（梯尼亚诺夫：《诗歌中词的意义》，见方珊等译：《俄国形式主义文论选》，北京：三联书店，1989年，第41页）；用结构主义语言学家索绪尔的话说，则是：“语言像任何符号系统一样，使一个符号区别于其他符号的一切，就构成该符号”，“换句话说，语言是形式而不是实质”（索绪尔：《普通语言学教程》，高名凯译，北京：商务印书馆，1985年，第168、169页）。公孙龙对同一语符因着“相与”（与其他语词相搭配）情境不同而引致语义或所指内涵、外延变化的发现，是纯然中国式的，而洞察到这一点并予以不失其分际的表述则远在两千三百年前。

从《白马论》、《坚白论》中的“白马”、“白石”、“坚石”之喻，客方显然注意到《通变论》中所谓“左与右可谓二”，不仅意味着构成“二”的“右”的概念（“一”）与“左”的概念（“一”）是可以“相与”的，而且“相与”的两概念往往因着语境对某一方的强调而呈一种偏正关系，甚至当时人们意识中以“右”为上的观念似亦可以印证这一点。然而，“二”这一复合性概念的构成是否还会有其他形态呢？由此，他遂问疑于主方：“二苟无左，又无右，二者左与右，奈何”（《公孙龙子·通变论》）——如果构成“二”这个概念的两个单一概念不再有左、右这样的偏正之分，先前依着“左”、“右”概念相与而有的“二”该当怎样合成？论主再一次以设譬的方式作答：

羊合牛非马，牛合羊非鸡。（同上）

"羊"和"牛"的概念相合为"二"可得到有角牲畜的概念,而有角牲畜的概念不包括"马"的概念,"牛"和"羊"的概念相合为"二"可得到有角牲畜的概念,而有角牲畜的概念不包括"鸡"的概念("羊合牛非马,牛合羊非鸡")。不用说,"羊"和"牛"相合的"二"这一有角牲畜概念中,"羊"、"牛"是并列关系而不再是左、右偏正的关系。不过,"二无一"这一通则对于此类复合概念依然有效。论主指出:

羊合牛非马也。非马者,无马也。无马者,羊不二,牛不二,而羊牛二,是而羊而牛非马可也。(同上)

事实上,"羊不二,牛不二,而羊牛二"是在重申前面已经断言的"右"不可谓"二","左"不可谓"二"而"左与右可谓二"的道理,并且,"羊不二"、"牛不二"也正可以说是"二不羊"、"二不牛",而这"二不羊"、"二不牛"换一种表述即是所谓"二无一"。

客方显然并未满足于这一例说,他要求主方举另一种"一"、"一"相与为"二"的例子以印证"二无一"的论题。于是,论主由"羊合牛非马,牛合羊非鸡"转而称说:

青以白非黄,白以青非碧。(同上)

这里,"青以白"或"白以青"并非以"青"、"白"相配以调色,而在于借此以"色"的分类而隐证一个概念("一")与另一个概念("一")结合后所得之概念("二")与先前概念(此"一"或彼"一")的相异相"离"("二无一")。"青以白非黄",不外是说"青"("一")与"白"("一")二者相合可统一于"正色"("二")这一概念;相应于木、火、土、金、水五行及东、南、中、西、北五方,青、赤、黄、白、黑五色为正色,黄色虽是正色的一种,却不能说正色即是黄色。与此构成一种比勘,论主认为"白以青"("一"合之以"一")产生"正色"("二")的概念,而碧色属于间色,正色非间色,所以"白以青非碧"。二者相较,"青以白非黄"略相当于"羊合牛非马","白以青非碧"略相当于"牛合羊非鸡",后者不如前者喻说"一"与"一"为"二"因而"二无一"的道理更恰切而精当。

“碧”因着青色附着于白色而发生，与之相随的可能是“木贼金”——代表金的白色原可以胜代表木的青色而反倒未能制胜——这一非正当之举（“青骊乎白而白不胜也。白足以胜矣而不胜，是木贼金也。木贼金者碧，碧则非正举”）。其“青”与“白”本“不相与”却强使它们“相与”，以致“白”不胜“青”而两色相争，各显其明，论主称这种情形为“两明”：

青、白不相与而相与，不相胜则两明也。（同上）

此所谓“两明”，是对貌似“一”（某一概念）与“一”（某另一概念）相合为“二”而实际上并未构成真实整体的那个“二”的隐在弊端的揭示，说穿了，这种由“不相与”的两个概念取“相与”外观而得到的“二”，不是“无一”之“二”，而是有“一”之“二”。正当的“一”（某一概念）、“一”（某另一概念）“相与”之“二”是“二无一”之“二”，“两明”则以其“二”有“一”带来的两“一”相争的后果反证了真实之“二”必得体现的“二无一”的定则。

（四）“指非指”的“离”的契机

《指物论》是《公孙龙子》中理致最晦涩的篇章，其所论在于“物”、“指”、“指物”、“物指”间愈益抉发而愈见其诡奇的理趣。对指认“物”（“与物”）时所用概念与未指认物时“自藏”着的同名概念之差异的分辨是这里的焦点话题，而差异本身即意味着此概念（“与物”之“指”）与同名的彼概念（未“与物”之“指”）的相“离”。“离”是“指物”之思路推绎的底蕴所在，公孙龙道破这一点已不再借重假物取譬的言喻方式。

与《白马》、《坚白》、《通变》诸论皆由客方的发问开篇略异，《指物论》劈头便是论主立论：

物莫非指，而指非指。（《公孙龙子·指物论》）

在论主看来，为人所认知的“物”没有不是被概念或“名”所指认或命名的，这指认或命名可简称为“指”，所以他说：“物莫非指。”指认或命名总是以某个概念或“名”对某事物的描述，而概念或“名”一旦出现在具体的指认或命名情境中就不再是原来的概念或“名”了；一个概念或一个“名”可以兼指一类事物中的所有事物，这种兼指之“指”与它出现在一次具体指认中的那种“指”是不同的，所以他又说“而指非指”——这“指”不是那“指”，尽管这“指”与那“指”用的是同一字符。

“指非指”的概念分辨是从“物莫非指”说起的，因此客方的诘难便首先指向了“物莫非指”。依他的理解，论主所谓“物莫非指”，无非是说天下若没有了指认活动，物将无法称之为某物（“天下无指，物无可以谓物”），于是质疑随之而生——实存于天下的所有事物都不同于指认它时所用的概念，这些与指认时所用概念不同的物怎么可以用概念称谓呢（“非指者天下，而物可谓指乎”）？他所以如此质疑的理由是：用以指认事物的名或概念并不实存于天下（“指也者，天下之所无也”），实存于天下的只有物（“物也者，天下之所有也”），以天下所实存的物归于天下所没有的名或概念是不可以的。论主显然无意否认名或概念并不实存于天下因而与实存于天下的物终究不同这一判断，不过他径直以陷对方于自相扞格的反问作一种抗辩：

天下无指，而物不可谓指也。不可谓指者，非指也？（同上）

当你说天下不存在名或概念（“指”）而“物”不可以用名或概念称谓或命名时，你不就是在“指”（指认）着“物”或称呼着“物”而谈论物吗？论主就此把客方之所辩笼罩在自己这样一种逻辑下：

天下无指，而物不可谓指者，非有非指也。非有非指者，物莫非指也。物莫非指者，而指非指也。（同上）

这意思是说：所谓天下不存在名或概念这样的“指”，因而事物不可以用名或概念相称谓的说法，并不能说明有什么事物不可以被指认。没有什么事物不能被指认，则意味着对于人说来物总是被指认的物。既然没有什么物不是被名或概念指认的，那么名或概念一旦因指认物而被指认对象所限定，它也就不再是原来意义上的名或概念了。当论主这样说时，他返回到他一开始就确立了的命意，但这是在经历了客难主答的一层坎陷之后。事实上，人认识或指认物，总要凭借在语言系统中相互关联着的名或概念，除此，认知的触觉无从伸向世界的森然万象。是人的“指物”这一认知活动把“指”和“物”关联在一起，而当着不在时空中存在而仅与人的观念相系的“指”关联于“物”时，一个奇崛而有趣的现象就发生了，这即是作为不定其所指之“指”的概念与作为指认事物时定其所指之“指”的同名概念的诡异关系——它们在联系中相区别，在区别中相联系。正是这一种联系而区别、区别而联系的张力，使“指”得以在“指非指”中维系一份不可少的灵动的生机。

当客方被论主所谓“天下无指，而物不可谓指也。不可谓指者，非指也”的说法逼到逻辑的自相抵牾处时，他竟至于以对“物之各有名”的独断认定来自圆其说。他认为，天下不存在概念那样的“指”，人们所以能够称“物”而谈是因为“物”原本各有其名，而这名并不就是抽象的“指”(“天下无指者，生于物之各有名，不为指也”)。由此，他指责论主不该把不是概念那样的“指”说成没有什么不是概念之“指”(“不为指而谓之指，是无不为指；以有不为指之无不为指，未可”)。以“物”原本各有其名为由为自己鄙弃“指”所作的辩护是不堪一驳的，客方置辞如此已显出其理路的穷迮。真正说来，任何“物”都不可能自申其名，“物之各有名”原是人命名的结果，而命名则总离不开被称作“指”的概念。所以论主没有纠缠在客方“物之各有名”这一望即知其谬妄的无谓之谈上，而是由以“指”(概念)命名所必至带出的“与物”之“指”与“自藏”之“指”相牵相离的问题把所论导向纵深。他分辩说：

> 且指者，天下之所兼。天下无指者，物不可谓无指也。不可谓无指者，非有非指也。非有非指者，物莫非指。指，非非指也；指与物非指也。(同上)

这即是说：名或概念之所指，是天下之物所兼有的。名或概念不实存于天下，但不可以因此说物不可以用名或概念指认。不能说物不可以用名或概念指认，即是说没有什么不可以用概念指认。所谓没有什么不可以用概念指认，也就是说物总是被概念所指认之物。名或概念，不是不可以用来指认物，不过，名或概念一旦指认物而成为“与物”之“指”就不再是原来的不为所指认对象限定的名或概念了。

从《白马论》、《坚白论》以“白马”、“坚白”设譬相喻，到《通变论》以“二无一”的论式提示某种通则，再到《指物论》凭着纯粹的逻辑运思推演所谓“物莫非指，而指非指”，公孙龙辩谘之神趣无不在于概念对于物、概念对于概念在“相与”中的相“离”。其实，这“指物”中的“指”和“物”、“指”和“物指”的“相与”而“离”、“离”而“相与”，正是语言由连缀词符、概念成一自洽系统的慧命所在，也恰是语言终究指向语言之外的契机所由。它规定了语言的可能限度，也因此养润了语言的勃勃生意。

（五）由“离”而“正”

如果说“离”——“白”与“定所白者”（“白马”、“白石”等）相离、“坚”同“定所坚者”相离、“指”与“与物”之“指”或“物指”相离——是《公孙龙子》中一以贯之的逻辑主脉，那么，这逻辑主脉中的价值神经则可谓“离也者天下，故独而正”（《公孙龙子·坚白论》）所指示的在公孙龙看来可以“化天下”的“正名”。明确说出“正名”之名并以一种独异思路和用语阐绎了这“正名”之意谓的，是《公孙龙子》中被置于压轴位置的《名实论》。

公孙龙在《名实论》中提出的第一个命题是关于“物”的，他说：

天地与其所产焉，物也。（《公孙龙子·名实论》）

把“天地”及其“所产”称作“物”，即是把时空中存在的一切称作“物”，公孙龙从这里获得他所由辩说名实的支点。如此寻取运思的支点是合于常识的，但从一开始这常识中已经蕴含了常识的眼光所难以察觉的东西。作为对天地万有通称的“物”，用公孙龙的术语说也可谓之一种“指”，当这种可指认天地万有中一切存在者因而可指谓任何存在者的“指”一旦“与物”，亦即一旦用于指认某类、某种、某个具体事物时，它遂成为“与物”之“指”，而与它原来作为遍称或泛称的“物”这种“指”相

“离”而意谓不再相同。此外,“物”这一通称之“指”的“与物”,始终涉及两个全然不同的领域,一是时空中存在的广延世界,一是非广延而对时空“可与”而又可“自藏”的语言王国;世界中的万有各各相异,语言王国的“指”除专名外,却都只是不与任何个别存在对应的所谓共相——尽管这些共相亦各各独立。对于人说来,这两个领域是相“与”而相“离”的;“指”的领域或概念、名谓、语言领域似在为时空世界的森然万有命名、摹状、绘声、绘色……而“立法”(康德语),而这“立法”却是在把后者纳入前者时只纳入了被前者所可能纳入的“现象”(康德语)。而正是因为这一点,在概称“天地与其所产焉,物也”之后,公孙龙又提出了另一个命题:

物以物其所物而不过焉,实也。(同上)

称“物以物其所物而不过”为“实”,表明此所谓“实”并不就是当下之物的实际情形,但显然,这“实”又是从“物”说起的。依公孙龙的逻辑,撇开物,无所谓“实”,但既有的形形色色的物却未必都称得上“实”;称得上“实”的物,须合于一个尺度,这尺度即是“物其所物而不过”。“物以物其所物而不过”,其第一个“物”是指各各自在的个体事物;其第二个“物”,在词性上相当于庄子所说“明乎物物者之非物也,岂独治天下百姓而已哉”(《庄子·在宥》)的第一个“物”,属动词,但在“物其所物”中不径直作“主使”或“宰制”解,而略具“体现”、“实现”意;第三个“物”与“所”连用,则指事物的实质或本真。总核“物以物其所物而不过焉,实也”,其意当为:某物(“物”)如果(“以”)体现(“物”)了这类物(“其”)所具有的实质(“所物”)而没有偏差(“不过”),可称之为“实”。

如此所说的“实”是一类事物的共相,而共相总是由某一概念或“名”称说的。于是,问题进于复杂。称呼某一个别事物所用的“名”往往与表述它所属种类之事物的共相所用的“名”是同一个,这便有了同一个“名”在意谓上可能发生的扞格。如果某事物体现了某一类事物的共相或实质,用指称其共相或实质的“名”称呼此事物可谓“名”、“实”相副,“名”的意谓在对个体事物的称呼和对一类事物的共相或实质的指称上没有抵牾；如果某事物不能或不再体现某一类事物的共相或实质，用指称其共相或实质的“名”称呼此物便是“名”、“实”不相副，这时，“名”的意谓在对个体事物的称呼和对一类事物的共相或实质的指称上就大异其致了。这里重要的在于以指称事物之共相（“实”）的“名”校雠那被同样的“名”称呼的某事物，而“离”——对指称共相（“实”）的“名”与称谓某事物的“名”“离”而视之——是如此“正名”得以成为可能的契机所在。

当“物以物其所物而不过”的“实”完满到它应有的程度而没有缺欠时，公孙龙称其为“位”。此即他所谓：

实以实其所实而不旷焉，位也。（《公孙龙子·名实论》）

这“位”意味着一种分际，它标示着在以某名称谓个体事物时其与同一名所指称的此类事物共相契合无间而至为完满（“不旷”）的那种情形。“位”是“实”的完满境地或绝对境地，确立了“位”的观念也就确立了用以衡量“实其所实”达到怎样程度的一个具有绝对性的标准。可以说，从孔子提出“正名”开始，“正名”就同确立一种指示理想或极致境地因而具有绝对性的“名”的努力关联着；如此“正名”，往往使正名者成为关注世俗却又超越世俗的理想主义者。孔子是这样，公孙龙未尝不是这样。不过，孔子“正名”诉诸伦理实践，这使他成为道德而伦理的理想主义者，公孙龙借重于语言分析和逻辑推求而“正名”，则使他成为逻辑的理想主义者。

在对逻辑相贯而意趣相承的“物”、“实”、“位”作了界说后，公孙龙继而厘定了所谓“正”：

出其所位非位，位其所位焉，正也。（同上）

“正”是前此的诸运思纽结的纽结，是层层深进之理绎的指归所在。“正”，看似由“位”推演而出，实际上其义谛涵淹在“物”而“实”、“实”而“位”的整个致思路向中。综而论之，所谓“正”，即是“物”之“实”当其“位”，亦即如下这种情形：当以某“名”称谓的某物体现了由此“名”指称的这一类物的共相或实质，并且这被“名”指称的共相或实质尽其完满而达到其极致状态时，方可以谓之“正”。

这样的“正”永远不可能全然实现于经验的世界，但它由一种实副其名而名副其实的理想情境所引发的名实相副至更大程度的逻辑祈求，对于人是绝对必要的。人生活在森然万象的物态世界，人也生活在同物态世界相“与”相“离”的“名”的世界或语言世界；人既不能不对事物命名，却又不能对各各自在、数量无穷而又变动不居的事物皆以专名相称。于是，在依类、属为事物命名并以同一名谓称呼类、属中的个体时便发生了“物莫非指，而指非指”的问题，也随之发生了“名”、“实”关系的问题。对于公孙龙说来，“正”说到底乃是“正名”，亦即以某种赋有绝对性的“名”——这“名”指称一类事物之共相的极致情境——衡鉴或察验以同一名称谓之的个别事物体现此类事物共相的程度。所以，他在指出“位其所位焉，正也”之后，分外要申明：

其正者，正其所实也；正其所实者，正其名也。（同上）

三 结语

（一）对“名”所涉及的语言与逻辑的深层问题，我们也许可以比公孙龙作更缜密的理会和更贴切的阐述，但重要的是，约两千三百年前，这位睿智的辩者已经觉悟到语言作为概念的排列组合在命名或描摹事物时其与经验事物相“离”的固有本性，这“离”使人在试图如其所是地谈论或认知事物时陷于被动，这“离”又使人在检勘而厘正事物的践履中得以心存应然而身处主动。用以命名、摹状的语词与天下实存的森然万象并不存在一一对应的关系，人却又不能不借助它辨识人生存于其中因而总会打上人的或此或彼烙印的世界，人是携带着语言与世界相遇相依的，但人运用语言走近世界时也由于语言的“离”的特征而与世界拉开距离。语言靠了“离”的性状而自成一个独立于经验实存的系统；人处在语言系统中，人也处在与其生存际遇的践履性关系中。同时处在这系统和关系中的人是受动而能动的，他只能因着这受动而能动的机缘赢得生命之自由。如何赢得更大程度的自由，这须得人对自己既处其中的境域达到相当的自觉，其中当然包括人对语言的自觉，而公孙龙"离坚白"之辩的意义正在于他从一个独特的运思向度上把这一重自觉启示给了人们。

（二）公孙龙的"离坚白"之辩不是为辩而辩，甚至也并非全然出于探究语言与逻辑之底蕴的动机。他对"离"的秘密的揭示是为了"正"，这"正"即所谓"正名实"或"正名"。"正名"之说首倡于孔子，但其演递到公孙龙时已经别有一种意趣。如果说孔子提出"正名"已是对同一个"名"在指称共相（"实"）和称谓个别对象时意谓可能疏离这一点的自觉，而他的自觉还主要出于对伦理的关切和对人的践履的看重，那么公孙龙则可说是让这样的自觉真正进到了语言现象的考察中。孔子所谓"君君，臣臣，父父，子子"（《论语·颜渊》），其意不外以君道为尺度要求君，以臣道为尺度要求臣，以父道为尺度要求父，以子道为尺度要求子。"君君"，同一"君"名，前一"君"是对现实中各各存在的为君者的称谓，后一"君"则在于指称君主的共相或实质（君之"实"），亦即所谓为君之道。因此，说到底，"君君"乃是要现实的为"君"者在自己的所作所为中体现"君"的共相或实质（君之"实"）；至于臣臣、父父、子子，其理致亦然。依公孙龙的逻辑，伦理所要求的"君君，臣臣，父父，子子"，未始不可推扩到命名或称谓这一语言现象所涉及的所有领域，比如石石、马马、草草、木木……——一块石应体现"石"的共相或实质（石之"实"），一匹马应体现"马"的共相或实质（马之"实"），一株草应体现"草"的共相或实质（草之"实"），一棵树应体现"树"的共相或实质（树之"实"）……孔子的伦理意味上的"正名"被论理化或名理化了，与这论理化或名理化相依随，"正名"的范域更大地拓展了开来。这里，须得强调指出的是，指称共相的"名"与称谓实际事物的"名"的同名而相"离"为公孙龙论理式"正名"的灵韵所寄。

（三）“名家”不是对“名”、“言”有着相当程度关注的道家、儒家或墨家的附庸；其得以独立成家，在于这一派人物把言谈或辩难所涉及的思维形式及“名”、“言”性状问题拓辟为一个有着特殊探讨价值的领域。名家略分两系：一系用“名”于事物实际存在状况的表述而发明“两可”之说，一系“控名”以“责实”而属意于“正名”；前者以邓析为先驱而以惠施为典型代表人物，后者以尹文为前导而集其大成于公孙龙。一般说来，分别以“合同异”、“离坚白”概括惠施与公孙龙的学说是大致不错的，而有必要指出的是，这并非对立的“合”、“离”两派不期然以理路的错落构成了一种互补。然而，无论就其在理论建构的着力上说，还是从其在此后所产生的影响看，公孙龙学说显然都更值得被看重。司马谈谓名家“控名责实，参伍不失”（《史记·太史公自序》）诚可叹为深中肯綮之语，而刘歆、班固引孔子语“必也正名乎”、“名不正则言不顺，言不顺则事不成”（见《汉书·艺文志·诸子略》）以说名家，亦未尝不可予之相当的同情理解。但这样被评品的名家，真正说来不过是公孙龙一系的名家。

附识：

本书所注、译《公孙龙子》之原文以明正统《道藏》本（上海涵芬楼影印版）为底本，参校以元陶宗仪辑《说郛》本、明周子义等辑《子汇》本、清钱熙祚辑《守山阁丛书》本、清《四库全书》本及陈澧、俞樾、王琯、谭戒甫等多家之校注。原《道藏》本《公孙龙子》所辑六篇文字的编次为《迹府》、《白马论》、《指物论》、《通变论》、《坚白论》、《名实论》，本书依其内在逻辑及行文体例将篇次调整为：《迹府》、《白马论》、《坚白论》、《通变论》、《指物论》、《名实论》。

迹　府

【题解】

“迹府”，即事迹的汇聚。《迹府》作为流传至今的《公孙龙子》中的一篇，显然非公孙龙本人亲撰。作者已不可考，其或为《公孙龙子》诸篇的编录者，当是秦之后而西汉刘向校勘群籍之前时人。《道藏》本《公孙龙子》列《迹府》为首篇，今一仍其旧。

本篇由三节文字构成。首节概述了公孙龙的志业、学尚，其要点有二：(一)公孙龙学说可一言以蔽之为“‘守白’之论”，其言说的主要方法可归结为“假物取譬”，其典型的论点则是所谓“白马为非马”。(二)公孙龙不是那种为辩难而辩难的巧辩之徒，他固然有善于言辞的天赋之长，但他终于成为当时人们所称的“辩士”是由于他对现实中“名实之散乱”的忧患，而他的真正追求则在于把“白马为非马”这类论题所蕴含的道理推广开来，以端正名实关系，并就此教化天下的人。

第二节文字陈述公孙龙与孔子六世孙孔穿的一次论辩，展示了公孙龙运思的缜密和言语应答的机敏。对话中，孔穿提出，如果公孙龙能摒弃“白马非马”之说，他愿意拜公孙龙为师。公孙龙回答他说，他自己之所以为人所知，只在于所持“白马非马”，放弃了这个说法便不再有可以施教于人的东西；失去了这赖以教人的东西，自己教人而为师或孔穿请教而做弟子就失去了凭借或依据。此外，公孙龙正告孔穿，一个人想拜他人为师,原在于才智或学识不如他人,但孔穿既然已经断定"白马非马"的道理不可取,并转而指点他想拜其为师的人鄙弃这一见解,这是先施教于人而后再以被他所教的人为师,如此则显然有背于师所以为师、弟子所以为弟子的常理。接着,公孙龙引用"楚人遗弓"的故事,以孔子"异'楚人'于所谓'人'"这一不容置疑的见地,印证了他依循同一思路提出的"白马非马"的论断。

第三节文字记述了公孙龙辩驳孔穿的另一则轶事,在这则轶事中公孙龙援引了尹文与齐湣王的对话,借尹文对齐王"不知察士之类"(不懂得明辨"士"成其为一类人的原由所在)的贬责,讥评孔穿并不知晓他所反对的"白马非马"论的真实意趣。《迹府》载述公孙龙对尹文的引证,显然在一定程度上隐示了公孙龙与尹文间那种或深或浅的学术渊源。

公孙龙①,六国时辩士也②。疾名实之散乱③,因资材之所长④,为"守白"之论⑤。假物取譬⑥,以"守白"辩,谓白马为非马也⑦。

【注释】

①公孙龙:此处所谓"六国时辩士"之公孙龙非孔子之弟子公孙龙。《史记·仲尼弟子列传》:"公孙龙,字子石,少孔子五十三岁。"《史记·孟子荀卿列传》:"而赵亦有公孙龙,为坚白同异之辩。"这又一个公孙龙是"为坚白同异之辩"的辩士公孙龙,亦即与孔子六世孙孔穿有过辩答的公孙龙,而非仅比孔子少五十三岁的孔门弟子公孙龙。此公孙龙为赵国人,曾做过平原君赵胜的门客多年。《汉书·艺文志》著录《公孙龙子》十四篇,注曰"[公孙龙,]赵人"。又注名家毛公曰:"赵人,与公孙龙等,并游平原君赵胜家。"

②六国时辩士:战国时长于名实之辩的人物。六国,原指函谷关以东的齐、楚、燕、韩、赵、魏等六国,这里借指六国曾与秦国并立的那个时代,即战国时代。《战国策·赵二》:“故窃为大王计,莫如一韩、魏、齐、楚、燕、赵,六国从亲以傧畔秦。”(从〔zòng〕亲,合纵相亲。傧畔,摈斥,背弃。)辩士,长于辩难、游说的辩说之士,也被称为“察士”、“辩者”。《荀子·正名》曾这样说到战国时“辩说”的起因:“夫民易一以道,而不可与共故。故明君临之以执(势),道(导)之以道,申之以命,章之以论,禁之以刑,故其民之化道也如神,辨执(说)恶用矣哉!今圣王没,天下乱,奸言起,君子无执(势)以临之,无刑以禁之,故辨说也。”(一以道,凭借道而达到步调一致。共故,共同知晓其所以然。故,缘故,所以然。临之以势,凭借权势来统治。临,统治,监督。道之以道,用道义来引导。申之以命,用命令来约束。申,约束。章之以论,用〔先圣的〕言论来昭示。章,昭示。)

③疾:忧虑,厌恶。

④因资材之所长:凭借禀赋的优长。因,凭借,依靠。资材,禀赋,资质。

⑤“守白”之论:即“白马非马”论。守白,当为执守白马非马之辩的简称。守,执守,守持。

⑥假物取譬:借着可直观的事物打比方以喻说道理。取譬,打比方以说理。

⑦白马为非马:即《白马论》所谓“白马非马”。这里,“非”应解为“异于”、“不等于”或“不等同于”。

【译文】

公孙龙,是战国时期一位长于名实之辩的人物。他痛感当时名实关系的混乱,凭着自己禀赋的所长,提出了所谓“白马非马”的“守白”之说。他借着可感之物设喻说理,来为“守白”之说辩难,宣称白马不就是马。

白马为非马者，言白所以名色[①]，言马所以名形也，色非形[②]，形非色也。夫言色则形不当与[③]，言形则色不宜从[④]。今合以为物[⑤]，非也[⑥]。如求白马于厩中[⑦]，无有，而有骊色之马[⑧]，然不可以应有白马也[⑨]。不可以应有白马，则所求之马亡矣[⑩]，亡则白马竟非马。欲推是辩[⑪]，以正名实[⑫]，而化天下焉[⑬]。

【注释】

①白所以名色：白是用来称说颜色的。名色，即《白马论》所谓“命色”，亦即称说颜色。名，命名，称说。

②色非形：颜色不是形状。这里的“非”与“白马非马”的“非”不同，应作“不是”解。

③与：参与，在其中。

④从：参与，相随从。

⑤合以为物：把颜色和形体混同为一回事。合，同；可引申为混同。

⑥非：不对，不正确。这里的“非”，与“白马非马”的“非”（不等同）不同，也与“色非形”之“非”（不是）不同。

⑦厩：马圈，马舍。

⑧骊（lí）色之马：黑马。骊色，黑色。

⑨然不可以应有白马：就不可以说有白马。然，就，便。应，答应。这里，“应”可引申为“说”。

⑩亡：无，没有。

⑪是辩：这样的（白马不就是马的）辩别（分辨区别）。

⑫正名实：厘正名实关系。这里指控名责实或循名责实。《史记·太史公自序》：“名家使人俭而善失真，然其正名实，不可不察焉。……名家苛察缴绕，使人不得反其意，专决于名，而失人情，

故曰使人俭而善失真。若夫控名责实，参伍不失，此不可不察也。”（俭，约束，检点。善，易于。苛察，以烦琐苛刻为明察。缴绕，缠绕，纠缠不清。控名责实，引名以求实。控，引。参伍不失，错综比较而予以验证，以求不失其真。）

⑬化：教化，劝化；变化人心风俗。

【译文】

所谓白马不就是马，是说“白”是用来称说颜色的，“马”是用来称说形体的，颜色不就是形体，形体也不就是颜色。说颜色就不该让形体参与其中，说形体也不宜连带上颜色。现在把颜色和形体混同为一回事，那是不对的。譬如从马厩中找一匹白马，那里没有，而只有黑色的马，就不可以说是有白马。既然不可以说有白马，那就是所要找的马没有找到；既然要找的马没有找到，那即是说白马毕竟不等同于马。他想把这样的论辩推行开去，以厘正名实关系，而教化天下的人。

龙与孔穿[1]，会赵平原君家[2]。穿曰：“素闻先生高谊[3]，愿为弟子久，但不取先生以白马为非马耳[4]。请去此术[5]，则穿请为弟子。”龙曰：“先生之言悖[6]。龙之所以为名者，乃以白马之论尔。今使龙去之，则无以教焉。且欲师之者，以智与学不如也[7]。今使龙去之，此先教而后师之也。先教而后师之者，悖。且白马非马，乃仲尼之所取。龙闻楚王张繁弱之弓[8]，载忘归之矢[9]，以射蛟、兕于云梦之圃[10]，而丧其弓。左右请求之，王曰：‘止。楚人遗弓[11]，楚人得之，又何求乎？’仲尼闻之曰：‘楚王仁义而未遂也[12]。亦曰人亡弓、人得之而已[13]，何必楚？’若此，仲尼异楚人于所谓人。夫是仲尼异楚人于所谓人，而非龙异白马于所谓马，悖。先生修儒术而非仲尼之所取，欲学而使龙去所教，则虽百龙[14]，固不能当前矣⑮。”孔穿无以应焉。

【注释】

①孔穿：字子高，孔子六世孙。《史记·孔子世家》：“孔子生鲤字伯鱼，伯鱼年五十先孔子死。伯鱼生伋字子思，年六十二，尝困于宋。子思作《中庸》。子思生白字子上，年四十七。子上生求字子家，年四十五。子家生箕字子京，年四十六。子京生穿字子高，年五十一。子高生子慎，年五十七……”

②平原君：赵国公子，名胜。赵武灵王之子，赵惠文王之弟，封于东武城(今山东武城西北)，号平原君。曾任赵相，有食客数千人。

③高谊：高深的义理。谊，同“义”，义理。

④取：采取，采纳。

⑤去：去掉，除去。

⑥悖：背理，荒谬。

⑦智与学：才智与学识。

⑧繁弱之弓：古代的一种良弓。繁弱，又名繁若，古代良弓名。《左传·定公四年》：“分鲁公以大路、大旂(qí)，夏后氏之璜，封父之繁弱。”(分，赐予。鲁公，指伯禽。大路，即大辂〔lù〕；古时天子所乘之车，以玉为饰。大旂，古代九旗之一，上绘交龙，竖立于大辂之上。璜，一种珍贵的半璧玉器。封父，古国名。)杜预注：“繁弱，大弓名。”《荀子·性恶》：“繁弱、钜黍，古之良弓也。”

⑨忘归之矢：古代一种良箭。忘归，古良箭名。《文选·嵇康〈赠秀才入军〉诗之一》：“左揽繁若，右接忘归。”李周翰注：“忘归，矢名。”

⑩射蛟、兕(sì)于云梦之圃：去云梦泽畔的园林猎取蛟兕。兕，古代兽名，即兕。《尔雅·释兽》：“兕，似牛。”《说文·豸部》：“兕，如野牛而青，象形。与禽、离头同。凡兕之属皆从兕。兕，古文从儿。”

云梦之圃,云梦泽畔的园林。云梦,古泽名,在楚国境内。圃,当为“囿”,古代帝王、诸侯蓄养禽兽的园林。《孟子·梁惠王下》:“文王之囿方七十里,刍荛(ráo)者往焉,雉兔者往焉,与民同之。”(刍荛者,割草打柴之人。雉兔者,猎取野鸡、兔子之人。)

⑪楚人:《道藏》本原为“楚王”,依下文“仲尼异楚人于所谓人”之意,并参照刘向《说苑·至公》与《孔丛子·公孙龙》,这里改作“楚人”。

⑫遂:完成,成功;完全,尽。

⑬亦:学者或解此“亦”为“应该”,或解其为“只须”,其实“亦”在这里只是用于句首的语助词。无义。

⑭百龙:才能百倍于(我)公孙龙的人。

⑮当前:在面前,当着面。

【译文】

公孙龙曾与孔穿会面于赵国公子平原君家。孔穿说:“一向听说先生的义理高深,想做先生的弟子已经很久了,只是不能苟同先生的白马不就是马之说。希望能放弃这个说法,我请求做先生的弟子。”公孙龙说:“先生的话背理了。我之所以为人所知,只是由于白马之说而已。如果现在让我放弃它,那就没有什么可施教于人的了。况且,一个人想拜人为师,总归是因为才智和学识不如人吧,你现在让我放弃白马不就是马之说,这是先施教于我而后以我为师。先施教于人而后以人为师,这是于理相背的。再者,所谓白马不就是马,也是先生的先辈仲尼所认可的。我听说当年楚王张着繁弱之弓,带着忘归之箭,去云梦的园林猎取蛟、兕,不慎丢失了他心爱的弓。随从于左右的人请求把弓找回来,楚王说:‘算了。楚国人丢了弓,楚国人捡了去,又何必去找呢?’仲尼听说这件事后说:‘楚王这样说算得上仁义了,但还不够。说人丢了弓、人捡了去就是了,何必要说楚国人呢?’像这样说,仲尼是把‘楚人’和‘人’区别开了的。若是肯定仲尼区别‘楚人’和‘人’的说法,却又非难我的

‘白马’不就是‘马’的见解，那是于理相背的。先生修习儒家的道术而又否弃仲尼所认可的见地，想要从我而学却又让我放弃我所能教您的东西，照这样的逻辑，就是有才能百倍于我的人，也一定无法当着您的面把道理说清楚啊。”孔穿听后无从应对。

公孙龙，赵平原君之客也；孔穿，孔子之叶也[①]。穿与龙会。穿谓龙曰：“臣居鲁[②]，侧闻下风[③]，高先生之智[④]，说先生之行[⑤]，愿受业之日久矣[⑥]，乃今得见。然所不取先生者，独不取先生之以白马为非马耳。请去白马非马之学，穿请为弟子。”公孙龙曰：“先生之言悖。龙之学，以白马为非马者也。使龙去之，则龙无以教。无以教而乃学于龙也者，悖。且夫欲学于龙者，以智与学焉为不逮也[⑦]。今教龙去白马非马，是先教而后师之也。先教而后师之，不可。先生之所以教龙者，似齐王之谓尹文也[⑧]。齐王之谓尹文曰：‘寡人甚好士[⑨]，以齐国无士，何也？’尹文曰：‘愿闻大王之所谓士者。’齐王无以应。尹文曰：‘今有人于此，事君则忠[⑩]，事亲则孝，交友则信，处乡则顺[⑪]。有此四行[⑫]，可谓士乎？’齐王曰：‘善！此真吾所谓士也。’尹文曰：‘王得此人，肯以为臣乎[⑬]？’王曰：‘所愿而不可得也。’是时齐王好勇[⑭]。于是尹文曰：‘使此人广庭大众之中，见侵侮而终不敢斗，王将以为臣乎？’王曰：‘钜士也[⑮]？见侮而不斗，辱也！辱则寡人不以为臣矣。’尹文曰：‘唯见侮而不斗[⑯]，未失其四行也。是人未失其四行，是未失其所以为士也[⑰]。然而王一以为臣，一不以为臣，则向之所谓士者[⑱]，乃非士乎？’齐王无以应。尹文曰：‘今有人君，将理其国[⑲]，人有非则非之，无非则亦非之；有功则赏之，无功则亦赏之。而怨人之不理也，可乎？'齐王曰：'不可。'尹文曰：'臣窃观下吏之理齐[20]，其方若此矣。'王曰：'寡人理国，信若先生之言[21]，人虽不理，寡人不敢怨也。意未至然与[22]？'尹文曰：'言之敢无说乎[23]？王之令曰："杀人者死，伤人者刑。"人有畏王之令者，见侮而终不敢斗，是全王之令也[24]。而王曰："见侮而不斗者，辱也。"谓之辱，非之也。无非而王非之[25]，故因除其籍[26]，不以为臣也。不以为臣者，罚之也。此无罪而王罚之也。且王辱不敢斗者，必荣敢斗者也[27]。荣敢斗者，是[之也。无是]而王是之[28]，必以为臣矣。必以为臣者，赏之也。彼无功而王赏之。王之所赏，吏之所诛也；上之所是[29]，而法之所非也。赏、罚、是、非，相与四谬[30]，虽十黄帝[31]，不能理也。'齐王无以应焉。故龙以子之言有似齐王。子知难白马之非马，不知所以难之说。此犹知好士之名[32]，而不知察士之类[33]。"

【注释】

①孔子之叶：孔子的后裔。叶，枝叶。《广韵·叶韵》："叶，枝叶。"喻某一宗族之后裔。

②臣："我"之谦称。

③侧闻下风：处于卑位侧耳恭听。侧闻，侧耳而听，恭敬地听。下风，比喻处在下位、卑位。这里为自谦之辞。

④高：推崇，尊崇。

⑤说：即"悦"，喜好，喜爱。

⑥受业：从师学习。《史记·孔子世家》："孔子不仕，退而修《诗》、《书》、《礼》、《乐》，弟子弥众，至自远方，莫不受业焉。"

⑦不逮：不及，即上文之“不如”。

⑧似齐王之谓尹文：像是齐湣王当年对尹文说的话。齐王，指齐湣王。《迹府》所说“齐王之谓尹文”的典故见载于《吕氏春秋·先识览·正名》，其云：“齐湣王是以知说士，而不知所谓士也，故尹文问其故，而王无以应……”由此可知，“齐王之谓尹文”之齐王即齐湣王。尹文，比公孙龙略早的名家人物。与宋钘（jiān）齐名，同游于稷下。他认为“接万物以别宥为始”（别宥，破除成见），并提出“以禁攻寝兵为外，以情欲寡浅为内”（《庄子·天下》）的主张。

⑨寡人：古代诸侯的自谦之称，意为寡德之人。《礼记·曲礼下》：“诸侯见天子，曰‘臣某侯某’，其与民言，自称曰‘寡人’。”

⑩事君：事奉君主。事，事奉，侍奉。

⑪处乡：与乡里相处。

⑫四行：即上文所说“忠”、“孝”、“信”、“顺”四种德行。行，德行。

⑬臣：这里指为君主所任用的官吏。

⑭好勇：尚勇，崇尚勇敢。好，喜好，崇尚。

⑮钜（jù）：通“讵”。岂，怎么。

⑯唯：通“虽”（雖），虽然。刘向《烈女传·齐东郭姜》：“吾事夫子，国人之所知也。唯辱使者不可以已。”梁端校注：“‘唯’读为‘雖’，古字通。”

⑰是未失其所以为士也：《道藏》本为“其所以为士也”，现据《吕氏春秋·先识览·正名》及俞樾《读公孙龙子》之校释，前补“是未失”三字。

⑱向之：刚才。

⑲理：治理。下文“不理”，意为不可治理。

⑳窃观下吏：私下观察下面的官吏。窃，私下，私自。下吏，下面的官吏。

㉑信：果真，果然。

㉒意未至然与：估计还没有到这种地步吧。意，推度，估计。

㉓说：论证。《墨子·小取》："以名举实，以辞抒意，以说出故。"（以说出故，凭着论证找出原因；以，凭借；故，缘故，原因。）

㉔全：保全。

㉕非：《道藏》本为"辱"，顺前文"谓之辱，非之也"文意而依俞樾之校释改作"非"。非，指责，责备。

㉖除其籍：取消其充任官吏的资格。籍，身份，资格。

㉗荣：称誉，赞扬，褒扬；以……为荣。

㉘《道藏》本为"是而王是之"，现据文意而依俞樾之校释补作"是之也。无是而王是之"。

㉙上：君主，君上。

㉚相与四谬：赏、罚、是（肯定）、非（指责）四种做法相互错乱。相与，相互，交相。四谬，即上文所说"赏"、"罚"、"是"、"非"四者皆错乱。《韩非子·五蠹》："毁誉赏罚之所加者，相与悖缪也，故法禁坏而民愈乱。"

㉛十黄帝：才能十倍于黄帝的人。黄帝，相传为华夏各族的共同祖先，姬姓，号轩辕氏、有熊氏。传说养蚕、舟车、文字、音律、医理、算术等诸多中原地区的发明皆创始于黄帝治理各部落的时期。

㉜此：《道藏》本在"此"字前有一"以"字，现据文意而依王琯《公孙龙子悬解》之校释删落。

㉝察士之类：明辨士成其为一类人的道理。察，明辨。类，（士）成其为一类（人）的道理；（关于士的）事理。

【译文】

公孙龙是赵国公子平原君的门客，孔穿是孔子的后裔。孔穿曾与公孙龙会面。孔穿对公孙龙说："我僻处于鲁地，在下边早就风闻先生的声名，钦慕先生的才智，敬重先生的德行，渴望从师于先生已经很久了，今天才得以会面。只是还不能苟同先生的'白马为非马'的说法，唯独这一点我难以接受，请求先生放弃它，我情愿做您的弟子。”公孙龙回答说：“先生的话于理相背。我的所学，只在于这‘白马为非马’，若是让我放弃它，那我就没有什么可施教于人了。既让我无从施教而又要受教于我，这是于理相背的。况且，想师从于我的人，总是因为才智和学识不及我吧，现在你指教我放弃‘白马非马’之说，这是先施教于我而后以我为师。先施教于人而后以人为师，这样做是说不通的。其实先生用以施教于我的，很像是齐湣王当年对尹文说的一番话。齐湣王曾问尹文：‘我很喜爱士人，可是齐国没有士，怎么办？’尹文说：‘我很想知道大王所说的士是怎样一种人。’齐王无法回答。于是，尹文说：‘比如现在这里有一个人，他事奉君主能尽忠，事奉父母能尽孝，与朋友交往能恪守信用，与乡里相处能做到平易和顺，有这四种德行，可以称得上士吗？’齐王应声回答：‘好啊！这可真是我所谓的士了。’尹文说：‘大王得到这样的人，愿意用他做自己的臣子吗？’齐王说：‘那是我的所愿，只是求之不得啊。’当时齐王正倡导勇武之风。于是尹文问：‘假使这个人在大庭广众之中，被欺侮而终于不敢抗争，大王还会用他做臣子吗？’齐王说：‘这种人怎么算得上士呢？被欺侮而不敢抗争，是耻辱啊！对于甘愿受辱的人，我是不会用他做臣子的。’尹文说：‘虽说被欺侮而没有抗争，却不曾失去那四种德行呀。这个人没有失去那四种德行，那也就是没有失去他所以为士人的东西，但大王一会儿想用他为臣，一会儿又不愿用他为臣，那么刚才所说的士，难道又不算是士了吗？’齐王缄口，无法回答。尹文说：‘现在有一位君主，想要治理自己的国家，人有过错他就责罚，人没有过错他也责罚；人有功绩他就予以奖赏，人没有功绩他也予以奖赏，而他反倒抱怨国人不好治理，这对吗？’齐王说：‘不对。’尹文说：‘我私下观察下面官吏对齐国的治理，他们的方式就像我说的这样。’齐王说：‘我治理国家，若是果真如先生所说的那样，国人即使没有治理好，我也是不敢埋怨的。不过，我想还不至于如此吧？’尹文接着说：‘我怎么敢说没有依据的话呢？大王的法令规定：杀人的人处死，伤人的人受刑。人们中有畏惧大王法令的人,被欺侮了也终究不敢抗争,其实这样是在维护大王的法令。但大王却说:“被欺侮了而不起而抗争,这是一种耻辱。”称其为耻辱,即是对这做法的否定。没有过错而大王却认为有错,因而就取消了他的任职资格,不任用他为臣子。不任用他为臣子,就是对他的惩罚,这是没有罪过而被大王惩罚。而且大王以不敢抗争为耻,就一定会以敢于抗争为荣;以敢于抗争为荣,是对抗争行为的肯定。没有值得肯定的地方而被大王肯定,大王一定会任用这样的人做自己的臣子。若是用他为臣子,就是对他的激赏,那是没有功绩而被大王激赏。大王所激赏的,正是吏法要责罚的;主上所肯定的,正是法度所不容的。赏、罚、是、非,四者相互错乱了,这样,即使是才能十倍于黄帝的人,也不能治理好啊。’齐王听后无从应答。所以我以为您的话,与齐王所说的类似。您只知道非难‘白马非马’之说,却不懂得依据什么去反驳它,这正像当年齐王那样,只知道喜好‘士’的名号,而不懂得明辨‘士’成其为一类人的道理。”

白马论

【题解】

《白马论》的篇名取自论题"白马非马"的"白马"。"白马非马"之说并非创始于公孙龙，但正像公孙龙以"白马非马"之说著称于世，"白马非马"之说也因公孙龙而闻名天下。《道藏》本《公孙龙子》序列《白马论》于《迹府》之后，其实即是将此论列于公孙龙所撰文字之首。

本篇是对话体论文，全文分五节。第一节在由拟托的客方提出"'白马非马'，可乎"这一问题后，公孙龙以主方的身份作了肯定的回答。其思路为："马"这一概念只有"形"(形体)的内涵，"白马"这一概念除了有"形"(形体)的内涵外，尚有"色"(颜色)的内涵；不同内涵的概念不相等同，所以说"白马非马"。在第二节里，客方凭着"有白马不可谓无马"(有白马就不能说没有马)这一常识性判断，对"白马非马"的说法提出了"白之非马何也"(为什么说白马不就是马呢)的质疑，主方以有黄马、黑马"可以应(说)有马，不可以应(说)有白马"为例作了分辩。与上一节重在概念内涵的揭示构成互补，这里的逻辑在于：只有"形"的内涵的"马"这一概念外延大，它包括了白马，却也包括了黄马、黑马及其他毛色的马；有"色"、"形"两种内涵的"白马"这一概念外延小，它不能包括白色以外的其他种种毛色的马。"白马"与"马"是外延不同的两个概念，因此，当然可以说"白马"不就是"马"。

第三节中,客方把“白马非马”的命题转换为“马之有色为非马”(马有了颜色就不再是马)后,诘难主方说:天下的马都有颜色,说马有了颜色就不再是马,岂不等于说天下没有马了吗?主方就此指出:马原本有颜色,所以才有“白马”可言,并且恰恰因为这个缘故,才分外要强调“白马”不同于撇开毛色不论而只用来称呼一种牲畜形体的“马”。他把“白马”(概念)解释为“马”(的概念)和“白”(的概念)的结合(“马与白”),并反诘客方说,难道“马”和“白”结合后还只是“马”吗(“马与白,马也”)?从而再次论证了自己的命题“白马非马”。

在接下来的第四节里,主方转守为攻,对客方用了归谬法。他说:姑且对你所谓有白马就是有马的看法存而不论,现在我问你,如果把“有马”说成是“有黄马”,行吗?客方显然意识到了“有马”和“有黄马”不是一回事,因此他只能回答不可以。这时,主方话锋一转,让客方自己驳斥自己:既然承认“有马”与“有黄马”不同(“以有马为异有黄马”),这就无异于把“黄马”和“马”区别开了,而把“黄马”区别于“马”不正表明“黄马”不即是“马”或不等同于“马”吗?以为“黄马”不即是“马”,却又以为“白马”即是“马”,这简直就像是说飞鸟飞进了水池、棺椁埋在了两地一样,真可谓有背天下常理的胡言乱语了。

最后,主方提出了两个看似对立而其实却是意味错落的命题:一是“白者不定所白”,一是“白定所白”。前者是说,白色不限定在某个或某种白色事物上,因而不限定在任何白色事物上;后者是说,某个或某种白色事物上的白色总是相对地被规定了的白色。他把所谓“白者不定所白”的讨论留给了后面的“坚白论”,而在这里只是以“白定所白”对他的“白马非马”说作了推理:“白马”之“白”是和马“相与”(相结合)因而被“马”规定了的“白”(这样被规定了的“白马”的白色,不同于其他被规定的白色——例如“白雪”、“白玉”等被“雪”、“玉”规定了的白色);同样的道理,“白马”之“马”是和白“相与”而被“白”规定了的“马”。被白色规定了的“白马”不同于未被白色规定了的“马”;换一种说法,“白马”对颜色有取此(白)去彼(白之外其他颜色)的选择,而"马"却没有。于是由对颜色有取此去彼的"白马"不同于对颜色没有取此去彼选择的"马",主方又一次论证了自己笃信的命题:"白马"不就是"马"。

[曰:][①]"白马非马[②]",可乎?

曰:可。

曰:何哉?

曰:马者,所以命形也[③];白者,所以命色也。命色形非命形也[④]。故曰:白马非马。

【注释】

①所据《道藏》本原文,开篇无"曰"字,此"曰"依本文为对话体而下文皆以"曰"分别主客的体例增补。

②白马非马:此为本篇的中心论题,由客方以诘难口吻提出,断句后宜加引号以示其为论主所执守。其意为:"白马"不就是"马"。"非"在这里交织着两重涵义:诘难的客方是以"不是"、"不属于"理解其意的,而论主的原意则是"不等于"、"不同于"。《说文·非部》:"非,违也。从飞下翄,取其相背。凡非之属皆从非。"(违,违背;差异,不一致。翄,翅之古字。)

③命:同"名",命名,称呼。《广雅·释诂三》:"命者,名也。"(《说文·口部》:"名,自命也。从口从夕。夕者,冥也;冥不相见,故以口自名。")

④命色形非命形:《道藏》本原文为"命色者非命形",这里依谭戒甫所校,改"者"为"形"。谭戒甫《公孙龙子形名发微》:"命色形非命形也,原作'命色者非命形也'。命色者非命形,犹云命白者非命马,固不待说而知,即说而亦非其恉,不足以引起下文。疑

‘者’字讹，兹特改为‘形’字。”

【译文】

（问：）所谓“‘白马’不就是‘马’”，可以说得通吗？

答：可以。

问：为什么？

答：“马”这个名，是用来称呼一种形体的；“白”这个名，是用来称呼一种颜色的。既称呼颜色而又称呼形体的“白马”不同于单称呼形体的“马”，所以说：“白马”不就是“马”。

曰：有白马，不可谓无马也。不可谓无马者，非马也①？有白马为有马，白之非马何也②？

曰：求马，黄、黑马皆可致③；求白马，黄、黑马不可致。使白马乃马也④，是所求一也⑤。所求一者，白者不异马也⑥。[使]所求不异，如黄、黑马有可有不可⑦，何也？可与不可，其相非明⑧。故黄、黑马一也⑨，而可以应有马，不可以应有白马⑩，是白马之非马，审矣⑪。

【注释】

①非马也：犹如“非马耶”。也，在这里作表疑问或反诘的语气助词。

②白之非马：以白称其颜色的马不就是马，亦即以白称其颜色的马有异于马。白之，以白称其颜色的马，即白马。

③致：给予，送给。

④使白马乃马：如果白马就是马。乃，就是。

⑤一：相同，一样。

⑥白者：即白马。

⑦如：给予。

⑧其相非明：其不相同是明显的。相非，相异，不相同。明，明显。

⑨黄、黑马一：同是黄马、黑马。一，相同；这里指所说黄、黑马的情形前后没有什么两样。

⑩不可以应有白马：《道藏》本原文为“而不可以应有白马”，从上下文看，“而”为衍字，今依金受申《公孙龙子释》所校删之。

⑪审：明白，清楚。

【译文】

问：有白马，就不能说没有马。既然有白马就不能说没有马，怎么可以说白马不就是马呢？既然有白马即是有马，又怎么可以说以白称其颜色的马就不是马了呢？

答：如果有人要一匹马，那么黄马、黑马都可以给他；如果要一匹白马，送上黄马、黑马就不行了。若是白马等同于马，要一匹马和要一匹白马就是一回事了。要一匹马和要一匹白马既然没有什么两样，白马和马也就没有差别了。然而，如果要一匹马和要一匹白马没有什么差别，那么送上黄马、黑马有时可以，有时就不可以，又怎么作解释呢？可以给黄马、黑马和不可以给黄马、黑马，其不相同是明显的。因此，同是黄马、黑马，而可以说是有马，不可以说是有白马。这白马不同于马的道理，可以说是再明白不过的了。

曰：以马之有色为非马[①]，天下非有无色之马也[②]！天下无马，可乎？

曰：马固有色[③]，故有白马。使马无色，有马如已耳[④]，安取白马[⑤]？故白者非马也[⑥]。白马者，马与白也[⑦]。马与白，马也？故曰：白马非马也。

【注释】

①以马之有色为非马:以为马有了颜色就不再是马。以,以为。

②非有:没有。非,无。

③固:本来,原本。

④如已:而已。谢希深《公孙龙子注》:"如,而也。"

⑤安取白马:怎么求取白马呢?安,怎么,如何。

⑥白者:以白命名其颜色的马,即"白马"。

⑦马与白:(命形的)马和(命色的)白的结合。与,合。

【译文】

问:以为马有了颜色就不再是马,可天下没有无色的马啊!说天下没有马,可以吗?

答:马原本有颜色,所以才有白马的称呼。要是马没有颜色,那就只有马而已,又何言求取白马呢?因此以白色限定了颜色的马不同于未作颜色限定的马。所谓"白马",是由"马"和"白"的结合所规定了的。"马"和"白"的结合等同于"马"吗?所以说:白马不就是马。

曰:马未与白为马①,白未与马为白;合马与白,复名"白马"②。是相与以不相与为名③,未可。故曰:"白马非马",未可。

曰:以有白马为有马④,谓有马为有黄马⑤,可乎?

曰:未可。

曰:以有马为异有黄马⑥,是异黄马于马也⑦;异黄马于马,是以黄马为非马。以黄马为非马,而以白马为有马,此飞者入池而棺椁异处⑧,此天下之悖言乱辞也⑨。

【注释】

①马未与白为马：马在未和白结合时就只是马。未与白，未和白结合。

②复名：由两个概念结合所构成的复合名称。复，繁体为“複”；重叠，复合。

③相与以不相与为名：以原来不相结合的东西（“白”和“马”）作原来结合着的东西（白马）的名称。

④以有白马为有马：此句是对诘难一方或客方所言的复述，其意当为：在你看来，有白马就是有马。以，（你）以为。

⑤谓有马为有黄马：《道藏》本原文为“谓有白马为有黄马”，现关联于下文“以有马为异有黄马”，删去“白”字。对此，谭戒甫已有校改。谭戒甫《公孙龙子形名发微》：“谓有马为有黄马，原作‘谓有白马为有黄马’。按白字当衍。此二句系论主就宾义而反诘之之辞：谓既以白马为有马，则谓有马为有黄马亦可乎？今作有白马，则非其恉矣。下文‘以有马为异有黄马’，即承此句而言，可证。兹径删‘白’字。”

⑥以有马为异有黄马：认为有马不同于有黄马。异，不同。

⑦异黄马于马：区别黄马于马。即区别开了黄马和马。异，区别，区分。

⑧飞者入池而棺椁（guǒ）异处：飞者入池，飞鸟进到池中。论主以“飞者入池”喻说诘难一方的看法有悖常理。棺椁异处，棺和椁分置在两地。椁，为套于棺外的大棺，与棺不相分离。一如“飞者入池”，“棺椁异处”是论主用来讥讽诘难一方的不合常理的说法的。

⑨悖言乱辞：有悖常理而逻辑混乱的言辞。

【译文】

问（方）：如此说来，马在未与白结合时就只是马，白在未与马结合时就只是白；把马与白结合起来，才有了“白马”这个复合的名称。这是以原来不相结合的东西作原本就结合着的东西的名称，是不可以的。所以说“白马非马”是讲不通的。

答（方）：在你看来，有白马就是有马。但把有马说成是有黄马，可以吗？

问（方）：不可以。

答（方）：认为有马不同于有黄马，这是区别开了黄马和马；把黄马区别于马，这是以为黄马不同于马。以为黄马不同于马，却又以为白马等同于马，这就如同说飞鸟进到了水池，棺椁分置在两地，实在是天下有悖常理而逻辑混乱的言辞。

曰：“有白马不可谓无马”者，离白之谓也①；不离者，有白马不可谓有马也。故所以为有马者，独以马为有马耳②，非有白马为有马。故其为有马也，不可以谓“马马”也③。

曰：“白者不定所白④”，忘之而可也⑤。白马者，言白定所白也⑥。定所白者，非白也⑦。马者，无去取于色⑧，故黄、黑马皆所以应⑨；白马者，有去取于色，黄、黑马皆以所色去⑩，故唯白马独可以应耳。无去[取]者非有去[取]也，故曰：“白马非马。”

【注释】

①离白之谓：脱开了白色对马的限定的一种说法。离，离开，脱开。谓，说，说法。

②独以马为有马：仅凭马的形体而说有马。独，仅，只。以，凭借，依据。

③马马：指此一种颜色的马或彼一种颜色的马。关于“马马”，清人傅山、俞樾的理解较有代表性，亦对后人影响较大。俞樾《读公

孙龙子》:“白马一马,马又一马,一马而二之,是‘马马’矣。”傅山《公孙龙子注》:“以白马为有马,不可命为‘某马某马’也。”傅山之说似更切合“马马”本意。

④白者不定所白:白色不限定在某一白色东西上。定,限定,固定。所白,指某一或某种白色物体。

⑤忘:不顾及。

⑥白马者,言白定所白也:白马这一称谓所说的白,是指与马结合而为马所限定了的白。白定所白,被某一白色物体所限定的白。

⑦定所白者,非白:被某一白色物体所限定了的白不再是纯然的白。

⑧无去取于色:对颜色没有去彼取此的选择。

⑨故黄、黑马皆所以应:《道藏》本原文为“故黄、黑皆所以应”,今据胡适《先秦名学史》所作校改在“黄、黑”后补一“马”字。所以应,可以认为是;所以,可以;应,认为是。

⑩黄、黑马皆以所色去:《道藏》本原文为“黄、黑马皆所以色去”,今据胡适《先秦名学史》所作校改将“以”调至“所”之前。以所色去,因为所具有的颜色而被排除。

【译文】

答:所谓“有白马不可以说没有马”,是脱开了白色对马的限定的一种说法;要是不脱开白色对马的限定,有白马就不可以说成是有马。因此,之所以把有白马等同于有马,那是仅凭马的形体而说有马,并不是依着白马既就形体又就其颜色而说有马。所以那样认为有马,是无法说出此一种颜色的马或彼一种颜色的马的。

答:所谓“白色不限定在某一白色东西上”,可以暂且不论。白马这一称谓所说的白,是指与马结合而为马所限定了的白,被所白者限定了的白不是纯然的白。“马”这一概念,对颜色没有去彼取此的选择,因此黄马、黑马都可以被认为是马;“白马”这一概念,对于颜色有去彼取此的选择,黄马、黑马因为其所具有的颜色而被排除,因此唯独白色的马才可以称作白马。对于颜色没有去彼取此选择的马,不同于对于颜色有去彼取此选择的白马,所以说白马不就是马。

坚白论

【题解】

《坚白论》的篇名取自该篇首句"坚、白、石三"之"坚白"，其主题在于"离坚白"。"离坚白"，即"坚"对于"定所坚者"、"白"对于"定所白者"的相"离"；这由设譬而喻说的"离"为公孙龙学说之命脉所系，它以迥然有别于儒、道、墨的方式宣示了名家人物在语言自觉上所达到的境界。《道藏》本《公孙龙子》序列《坚白论》于第五，今与原编次为第三的《指物论》对调。

《坚白论》仍是一篇对话体论文，主客答问分四个层次展开。第一个回合的答问对"坚白"作了初步讨论：一块石头有坚硬、白色、形状三种属性，眼可以看得见白色、形状而看不见坚硬，手可以触摸到坚硬、形状却触摸不到白色。无论是眼还是手，都只能感知三种属性中的二者，而不能感知其第三者。由于触觉和视觉不是同一种感觉，所以分别相应于触觉和视觉的"坚"与"白"的相"离"而不相合便就此埋下了伏笔。

在第二回合中，客方以坚性、白色、形状在同一块石头上因而其相互含纳为理由，对主方所说的只可能见（看见或摸见）其中二者、不可能见（看不见或摸不见）第三者的看法提出质疑，认为那是有意把其中的坚性或白色作为第三者"藏"起来了。主方接过客方的话说，称这种情形为"藏"未尝不可，不过那不是人存心要"藏"（"非藏而藏"），而是坚性或白色自己“藏”(“自藏”)了起来。于是他指出,既然“白”看得见而摸不着,“坚”摸得着而看不见,那么在看或摸的过程中就总会有一个因为“不见”而“藏”起来。这“坚”和“白”不相含容于同一感官的感知过程在主方看来即是“离”,他遂就此说:“离也者,藏也。”

客方执著于实际存在的某一又白又坚的石头,认定白色和坚性在石头中的不可分离就像任何物品的宽和长那样相互含纳(“若广修而相盈”),于是便有了第三回合的答疑。针对客方的偏执,主方提出了这样的看法:某物是白色的,白色却并不为这一物所限定而只“白”这一物(“物白焉,不定其所白”);某物是坚硬的,坚硬也并不为这一物所限定而只“坚”这一物(“物坚焉,不定其所坚”)。既然“白”、“坚”都不限定于某一物而只“白”或只“坚”这一物,那么“白”就必定为所有白色的物所兼有,“坚”也必定为所有坚硬的物所兼有(“不定者兼”)。其言下之意,兼有白色的诸多品物不一定皆有坚性,兼有坚性的诸多品物不一定皆为白色,单是这一点也足以说明“坚”与“白”的彼此相“离”。当客方再一次回到“石”上而由“石”把“坚”、“白”关联起来以说明坚性与白色“不相离”时,主方强调说,“坚”与“白”终究有可触知与不可触知、可看见与不可看见的区别,这一点决定了可触知者(“坚”)与不可触知者(“白”)在触觉中的相互分离,决定了可看见者(“白”)与不可看见者(“坚”)在视觉中的相互隐藏。这一轮的辩难仍停留在经验层次上,但对“不定者兼”的指出则使“坚”与“白”相“离”互“藏”的说法不限于石而趋于普遍化了。

上承“物白焉,不定其所白;物坚焉,不定其所坚”而“不定者兼”的思路,主方在应对客方诘难的第四个回合中不再在视觉、触觉的感知上盘桓,而从“坚”、“白”诸“名”(概念)对任何个别实物或实物的某一性状既称谓又超离这一“兼”的属性,顺理成章地推演到了“藏”:坚硬不只是与石结合而成为石那样的坚硬,而且也为其他坚硬的物所兼有(“坚未与石为坚而物兼”),这“兼”意味着“坚”不限定在“石”上,也不限定在具有“坚”性的任何一物上;既然“坚”性不限定在任何一物上,那也就意味着不限定在一切经验之物上,就是说,这“坚”必定自在地使自己成其为“坚”(“未与物为坚而坚必坚”)。“坚”作为一个概念的独立自在,意味着它对于由它指示其坚硬性状的一切实存事物的相“离”。事实上,“坚”的概念是这样,其他所有的概念无不是这样。

最后主方宣称:这煞似神奇的“离”乃天下之通则,正是由于“离”,各各独立自藏的诸“名”(概念)才可以用来厘正与名不相副的实存事物(“神乎!是之谓离焉。离也者天下,故独而正”)。这所谓“离也者天下,故独而正”是《坚白论》所论“离坚白”的点睛之笔,它所晓示的论主的祈愿只在于由如此的“独而正”以控名责实而“化天下”。

[曰:]① 坚、白、石三②,可乎?

曰:不可。

曰:二③,可乎?

曰:可。

曰:何哉?

曰:无坚得白,其举也二④;无白得坚,其举也二⑤。

曰:得其所白,不可谓无白;得其所坚,不可谓无坚。而之石也之于然也⑥,非三也?

曰:视不得其所坚而得其所白者,无坚也⑦;拊不得其所白而得其所坚者⑧,无白也。

【注释】

①一如《白马论》,《坚白论》行文亦为对话体。所据《道藏》本原文篇首无“曰”字,此“曰”依下文皆以“曰”分别主客的体例增补。

②坚、白、石三:指白石的坚性、白色、石形三种性状可同时感知。

③二：由下文可知，此“二”指白石的坚性、石形两种性状或其白色、石形两种性状可同时感知。

④无坚得白，其举也二：看不到坚性，看得到白色（和石形），所知可举出白色和石形二者。

⑤无白得坚，其举也二：摸不到白色，摸得到坚性（和石形），所知可举出坚性和石形二者。

⑥之石也之于然也：这块石它就是如此。之石，这石，此石；之，此。之于然，它就是如此；之，它；然，这样，如此。

⑦无坚：对于视觉说来坚性无从知晓。

⑧拊（fǔ）不得其所白而得其所坚者：《道藏》本原文为“拊不得其所白而得其所坚得其坚也”，今据上文句式及明万历《子汇》本改为“拊不得其所白而得其所坚者”。拊，抚，摸。

【译文】

（问：）石的坚性、白色、形状三者，可以同时感知吗？

答：不可以。

问：石的坚性和形状或白色和形状二者，可以同时感知吗？

答：可以。

问：为什么呢？

答：看不到坚性，看得到白色和形状，所看只能举出白色和形状二者；摸不到白色，摸得到坚性和形状，所摸只能举出坚性和形状二者。

问：看到了白色，就不能说石头不是白色的；摸到了坚硬，就不能说石头不是坚硬的。而这块石头本来就是又白又坚而又有形状的，这不是三者俱有吗？

答：看不到石的坚性而只能看到石的白色，眼的视觉对坚性无从知晓；摸不到石的白色而只能摸到石的坚硬，手的触摸对白色无从知晓。

曰：天下无白，不可以视石①；天下无坚，不可以谓石。

坚、白、石不相外[②],藏三可乎[③]?

曰:有自藏也[④],非藏而藏也[⑤]。

曰:其白也,其坚也,而石必得以相盈[⑥],其自藏奈何?

曰:得其白,得其坚,见与不见离[⑦]。一一不相盈[⑧],故离。离也者,藏也。

【注释】

①不可以视石:不可能看到(此)石。

②坚、白、石不相外:坚性、白色、石形相互并不排斥。外,疏远,排斥。

③藏三:把第三者藏起来。三,这里是指从坚性、白色、石形三者中或举出坚性与石形或举出白色与石形,而相应地把白色或坚性作为不露面的第三者。

④有自藏:有(白色或坚性)自己把自己藏起来的情形。

⑤非藏而藏:不是人为地要藏(白色或坚性)才被藏起来。

⑥相盈:《道藏》本原文为"相盛盈",据俞樾《读公孙龙子》校释删去衍字"盛"。相盈,相互容纳,相互充满。

⑦见与不见离:《道藏》本原文为"见与不见与不见离",今据文意删其重"与不见"三字。其意为:看得见与看不见、摸得见与摸不见的相离。

⑧一一不相盈:一为坚性,不为视觉感知;一为白色,不为触觉感知。二者不相容于视觉感知过程,也不相容于触觉感知过程。

【译文】

问:天下若没有白色,就不可能看到这石;天下若没有坚性,就不可以称其为石。坚性、白色和石形相互并不排斥,(只举出其中二者)而把坚性或白色作为第三者藏起来,这可以吗?

答:这是坚性或白色自己对于视觉或触觉藏了起来,不是别人要藏它们才被藏起来的。

问:那白色,那坚性,是白石所必然包含了的,它们怎么会自己把自己藏起来呢?

答:看得见白色而看不见坚性,摸得着坚性而摸不着白色,发生看见与看不见、摸见与摸不见的相离。一是不为触觉所感知的白色,一是不为视觉所感知的坚性,二者不相含容于触觉感知过程或视觉感知过程,所以它们相离。其相疏离,就总有一个会因为“不见”而藏起来。

曰:石之白,石之坚,见与不见,二与三①,若广、修而相盈也②。其非举乎③?

曰:物白焉,不定其所白④;物坚焉,不定其所坚。不定者兼⑤,恶乎其石也⑥?

曰:循石⑦,非彼无石⑧;非石,无所取乎白石⑨。不相离者,固乎然⑩,其无已⑪。

曰:于石,一也;坚白,二也,而在于石。故有知焉,有不知焉;有见焉,有不见焉⑫。故知与不知相与离⑬,见与不见相与藏⑭。藏故⑮,孰谓之不离?

【注释】

①见与不见,二与三:石的白色,石的坚性,有看得见看不见或摸得见摸不见的差别,因此有举白、石二者或举坚、石二者与举坚、白、石三者的争辩。二,指眼睛看时所见白色、石形二者或手触摸时所摸坚性、石形二者。三,指坚性、白色、石形三者。

②若广、修而相盈:就像宽和长那样相互含纳。

③非举:不妥当的说法。举,言说;《广韵·语韵》:“举,言也。”这里

可引申为说法或提法。

④物白焉,不定其所白:某物是白色的,白色却并不限定在这一物上(而只白这一物)。定,限定,固定。

⑤不定者兼:不限定在某一物上,而为其他物所兼有。

⑥恶乎其石也:为什么要只限于那石呢?《道藏》本原文为"恶乎甚石也",现据清陈澧《公孙龙子注》校释改"甚"为"其"。

⑦循石:即抚石。循,抚摩,抚摸。

⑧非彼无石:没有那坚性就不是石。彼,指坚性。

⑨非石,无所取乎白石:没有石,就无从求取白石。

⑩固乎然:固然,原本如此。

⑪无已:没有终结。已,停止,终结。

⑫有不见焉:《道藏》本原文无此四字,现据上下文意增补。

⑬相与离:相互分离。相与,相互,交相。

⑭相与藏:相互隐藏,不同时出现在触觉或视觉中。

⑮藏故:由于相互隐藏的缘故。

【译文】

问:石的白色,石的坚性,有看得见看不见或摸得见摸不见的差别,有举白、石二者或举坚、石二者与举坚、白、石三者的争辩,但它们毕竟就像宽和长那样相互含纳。难道这说法有什么不妥吗?

答:某物是白色的,白色却并不限定在这一物上而只白这一物;某物是坚硬的,坚性却并不限定在这一物上而只坚这一物。不限定在某一物上,即是说它(白色、坚性)可以为其他物所兼有,怎么能让白色、坚性只限于那块石呢?

问:触摸石而知其坚硬,若没有那坚硬感就不是石,没有了石也就无从求取白石。坚、白与石不可相分离,原本如此,这情形不会有终了的时候。

答:的确,石只是一个,坚和白作为两种性状,都关联于石。所以有可触知的坚硬，有不可触知的白色；有可看见的白色，有不可看见的坚硬。正因为如此，可触知的坚硬与不可触知的白色才相互分离，可看见的白色与不可看见的坚硬才相互隐藏。由于相互隐藏而不同时出现于触觉或同时出现于视觉的缘故，谁能说它们（坚与白）不是相分离的呢？

曰：目不能坚[①]，手不能白，不可谓无坚，不可谓无白。其异任也[②]，其无以代也。坚、白域于石[③]，恶乎离？

曰：坚未与石为坚而物兼[④]，未与物为坚而坚必坚[⑤]。其不坚石、物而坚，天下未有若坚，而坚藏。

白固不能自白[⑥]，恶能白石、物乎？若白者必白，则不白石、物而白焉[⑦]。黄、黑与之然[⑧]。石其无有[⑨]，恶取坚白石乎？故离也。离也者，因是[⑩]。力与知果不若[⑪]，因是。

且犹白以目[⑫]，而目以火见[⑬]，而火不见[⑭]，则火与目不见而神见[⑮]。神不见而见离。坚以手，而手以捶[⑯]，是捶与手知，而不知，而神与不知[⑰]。

神乎[⑱]！是之谓离焉。离也者天下，故独而正[⑲]。

【注释】

①目不能坚：眼睛不能看到坚硬。

②异任：职能不同。任，职能，职责。

③坚、白域于石：坚性和白色都寓于石中。域，居住，寓居。

④坚未与石为坚而物兼：坚硬不只与石结合而成为石那样的坚硬，而且也为其他坚硬的物所兼有。

⑤未与物为坚而坚必坚：不只与某物结合而成为某坚硬物的坚硬，而且坚硬自身必定成其为坚硬。《道藏》本原文为“未与为坚而坚必坚”，依文意，“未与”后增一“物”字。

⑥白固不能自白：白色如果不能自身成其为白色。固，如果。

⑦不白石、物而白：即使不与石、物结合而有白石、白物，白色也成其为白色。《道藏》本原文为“不白物而白”，鉴于上文有“不坚石物而坚”，这里当补一“石”字而为“不白石物而白”以与之对应。

⑧黄、黑与之然：黄色、黑色与白色一样。之，其；指白色。

⑨石其无有：石如果不能自存（自己成其为石）。其，如果。有，具有，存在。

⑩因是：因为这缘故；原因就在这里。

⑪力与知果不若：视觉、触觉的功能与智思终究不同。力，能力，视觉、触觉的功能。知，同“智”，智思。果，终究，究竟。不若，不同。

⑫白以目：白色是凭借眼睛看见的。以，凭借，依靠。

⑬目以火见：《道藏》本原文为“以火见”，今据《墨子·经说下》校改为“而目以火见”。其意为：眼睛凭借光亮才看得见。火，光，光亮。《墨子·经说下》：“智以目见，而目以火见。”高亨注：“墨子所谓火，犹今人所谓光也。”

⑭火不见：光本身是看不见什么的。

⑮火与目不见而神见：光亮和眼睛看不见与石或他物相“离”的白色，这种“自藏”的白色只有靠心神才看得见。神，精神，心神，心智。

⑯捶：通“棰”，棍，杖。

⑰神与不知：心神所与只在于坚这一概念，却无从知晓与石、物结合着的那种坚硬。与，参与。

⑱神：神奇。

⑲独而正：概念独立而可用来厘正与名不相副的实际事物。

【译文】

问：眼睛看不到坚性，手摸不到白色，但不能因此说没有坚性，不能因此说没有白色。眼和手的职能不同，它们无从相互替代。然而，坚性和白色存在于同一块石中，怎么可以说它们相互分离呢?

答：坚性不只与石结合而成为石那样的坚性，而且也为其他坚硬的物所兼有，不只与某物结合而成为这一坚硬物的坚性，而且坚性自身必定成其为坚性。不过，那种不与石、物结合而独立自在的坚性是天下所没有的，这样的坚性对于天地万物隐藏着。

白色如果不能自身成其为白色，又如何能以它指称石或其他物的那种白色呢？如果白色必定是自身为白色，那它即使不与石或他物结合也成其为白色。黄色、黑色与白色的情形一样。同样，石如果不能自己成其为石，又怎样能与坚性、白色结合而成为又坚又白的石呢？所以，坚、白、石的概念是可以分别开说的，其相离，就是因为这个缘故。视觉、触觉的功能与智思终究不同，原因就在这里。

况且，与石或他物结合的白色是凭借眼睛看见的，而眼睛要看又须凭借光亮，但光亮本身是看不见与石或他物结合的白色的。这样看来，光亮和眼睛看不见与石或他物相“离”的白色，看这种“自藏”的白色只有靠心神了。心智见不到与石或他物结合着的白色，而见到的只是与石或他物相离的白色概念。同样，与石或他物结合的坚性是凭借手知道的，而手又要凭借棍棒的敲击，棍棒和手可感知与石或他物结合着的坚性而不能得知与石或他物相离的坚性概念，而心神所参与的只在于坚性这一概念，却无从知晓与石或物结合着的那种坚性。

神奇啊！这就是所谓离。离是天下的通则，所以概念(名)各各独立而可用来厘正与名不相副的实际事物。

通变论

【题解】

《通变论》在于论说两概念（“名”）相与（相结合）成一复合概念后其内涵变化的某种通则。“通变”，变化之通例之谓，本篇篇名即由此而来。“白马”、“坚白”皆设譬式论题，“通变”则在于使这类设譬式论题之所论形式化，尽管为了喻示其普遍适用仍不免列举另一些相关例证。《道藏》本《公孙龙子》序列《通变论》于第四，今依然以第四编其次。

“通变”之说的焦点在于所谓“二无一”：在一个概念与另一个概念结合而成的概念（“二”）中，不再有原来的这一概念（“一”）或那一概念（“一”）；两个概念在所构成的新概念中是相互规定的，相互规定了的概念已经有所“变”，因而不再是原来的各自独立的概念。论题的展开依然沿用了主客答问的体例，全文分为四节。首节，客方开门见山提出问题：“二有一乎”（当两个概念相与而构成一个复合概念“二”后，其中还存在先前各自独立的某一概念“一”吗？）主方回答说：“二无一”（由两个概念相与而构成的复合概念“二”中不再有先前作为独立概念存在的此一概念“一”或彼一概念“一”）。往下，客与主之间的“有右”与“无右”、“有左”与“无左”、“不可”与“可”等一系列问答，其实只是对“二无一”这一论题从不同角度所作的阐释。

第二节中，客方在按预设的伏笔连续发问而得到主方简要的肯定性回答后,把一个似乎置主方于难以自圆其说境地的问题提了出来:概念“右”——在与另一概念(概念“左”)结合而构成一个新概念后——如果已经变了,怎么还可以称其为“右”呢(右苟变,安可谓右)?主方没有正面作答,他反倒以问对问:若是以“右”相称的概念是不变的,那又怎么可以说这概念“右”变了呢(“苟不变,安可谓变”)?这里,暗示了主方以为不屑赘释的一层理趣,此即:用以指示概念的字符(能指)虽然前后并没有变,但这字符(能指)所指示的概念在与另一概念结合而构成一个复合概念后,其内涵(所指)已经有所变化。犹如“白马”之“白”——这一由“马”规定了的“白”——不再是先前未与“马”结合因而不曾被“马”规定的“白”一样,“右”这一指示概念的字符未变,而为它所指示的“右”这一概念在与另一概念结合后其内涵却已变得不再与先前相同了。

第三节,主方为解客方之疑,以“羊合牛非马,牛合羊非鸡”为辩题对“二无一”作了阐说。在主方看来,“羊”和“牛”的概念相合为“二”可得到有角牲畜的概念,而有角牲畜这一概念不同于“羊”的概念,不同于“牛”的概念,也不是“牛”、“羊”概念的简单相加,所以主方着意要说“羊不二,牛不二,而羊牛二”,事实上,“羊不二”、“牛不二”也正可以说是“二不羊”、“二不牛”,而这“二不羊”、“二不牛”换一种表述即是所谓“二无一”。当然,如果要合成有角牲畜这一“二”的概念,只能是“羊”和“牛”,不能是无角牲畜“马”,更不能是属于家禽类的“鸡”。主方在此就“羊合牛非马,牛和羊非鸡”这一辩题所作的解释繁冗而颇令人费解,但说到底,却只是要告诉人们:比勘于“鸡”的“牛合羊”为“二”的概念只是“牲畜”概念,比勘于“马”的“羊合牛”为“二”的概念则不只是“牲畜”而且是“有角牲畜”(严格地说,是“反刍牲畜”)的概念。由此,论主强调说,与其以“鸡”为比勘对象来说“牛合羊”为“二”而“羊不二,牛不二”(“二无一”)的道理,不如以“马”为比勘对象来说“羊合牛”为“二”而“羊不二,牛不二”(“二无一”)的道理。

最后一节,主方以“青以白非黄,白以青非碧”为辩例再度诠说了

“二无一”的论题。“青”、“白”、“黄”属“正色”,“碧”为“间色”,其可比性的范围与程度不同,而分别以其相互关系为譬来说明“二无一”论题之意谓的效果也相异。在主方看来,“白以青非碧”是说白色概念和青色概念结合而成的“正色”概念不同于碧色所属的“间色”概念,而“青以白非黄”则是说青色概念和白色概念结合而成的“正色”概念不同于也属“正色”之一的黄色概念,以“白以青非碧”为譬语说明“二无一”的道理不如以“青以白非黄”为譬语说明“二无一”的道理更恰切、更相宜。

曰:二有一乎①?

曰:二无一②。

曰:二有右乎③?

曰:二无右。

曰:二有左乎④?

曰:二无左。

曰:右可谓二乎⑤?

曰:不可。

曰:左可谓二乎?

曰:不可。

曰:左与右可谓二乎⑥?

曰:可。

【注释】

①二有一乎:由一个概念与另一个概念结合而成的二这个概念中存在原来的某一概念吗?二,指一个概念与另一个概念结合而成的复合概念。有,表示存在。一,指复合概念得以构成的原此一概念或彼一概念。

②无：与“有”相对，表示不存在。

③右：复合概念得以构成的原某一概念的代称。

④左：复合概念得以构成的与“右”相对的另一概念的代称。

⑤谓：称呼，称谓。

⑥与：这里指两个“一”或“左”与“右”的结合。

【译文】

问：由一个概念与另一个概念结合而成的二这个概念中存在原来的某一概念吗？

答：由一个概念与另一个概念结合而成的二这个概念中不再存在原来的某一概念。

问：由概念左与概念右结合而成的二这个概念中存在原来的概念右吗？

答：由概念左与概念右结合而成的二这个概念中不再存在原来的概念右。

问：由概念左与概念右结合而成的二这个概念中存在原来的概念左吗？

答：由概念左与概念右结合而成的二这个概念中不再存在原来的概念左。

问：可以用概念右称谓由概念左与概念右结合而成的二这个概念吗？

答：不可以。

问：可以用概念左称谓由概念左与概念右结合而成的二这个概念吗？

答：不可以。

问：概念左与概念右结合可以称谓由它们这种结合而产生的二这个概念吗？

答：可以。

曰:谓变非不变,可乎[①]?

曰:可。

曰:右有与[②],可谓变乎?

曰:可。

曰:变奚[③]?

曰:右。

曰:右苟变,安可谓右[④]?

[曰:]苟不变,安可谓变[⑤]?

【注释】

①谓变非不变,可乎:说变化了的概念不再是原先不曾变的概念,可以吗?“变”,这里指某概念(“一”)与另一概念(“一”)构成复合概念(“二”)后,其内涵和外延发生了改变。如“白马”之“白”(这一被“马”规定了的“白”),不再是未与“马”结合时独立自存(“自藏”)的“白”。由此“白”到彼“白”有变化。“不变”,这里指未与其他概念构成复合概念前的某概念,其内涵和外延尚不曾发生变化。

②右有与:指以“右”代称的某概念有了与其相结合的概念,如概念“白”有了与其相结合者概念“石”因而构成“白石”这一复合概念。“白石”之“白”是为“石”所规定了的“白”,所以不再是原先未曾被“石”所规定的“白”;从此“白”到彼“白”,其内涵和外延发生了变化。所以下文遂有“可谓变乎”之问。与,参与;这里指参与者,结合者。

③变奚:《道藏》本原文为“变只”,“只”繁体为“隻”,与“奚”形似,可能由“奚”误为“隻”。今据俞樾《读公孙龙子》校释改为“变奚”。奚,什么,哪里。

④右苟变，安可谓右：概念“右”的内涵、外延如果已经改变了，怎么还可以以“右”相称。概念的内涵、外延虽然变了，但依然以原先的名称相称（如“白马”之“白”的内涵、外延已经不同于原先独立“自藏”的“白”这一概念，但仍以“白”这一名相称），所以有这一疑问。苟，如果。安，何以，怎么。

⑤苟不变，安可谓变：如果说这一概念是不变的，又怎么可以说它变了。这是以反问应对所问。其意是说，名称虽然还是那个名称，但由这名称所称的概念的内涵、外延毕竟变了。另，《道藏》本原文“苟不变，安可谓变”句前无“曰”字，今依上下文意及陈澧《公孙龙子注》、谭戒甫《公孙龙子形名发微》所校增补。

【译文】

问：说变化了的概念不再是原先不曾变的概念，可以吗？

答：可以。

问：概念右有了与其相结合者，可以说结合其他概念后的概念右改变了吗？

答：可以。

问：改变了什么？

答：改变了概念右原来的内涵和外延。

问：概念右如果已经改变了，怎么还可以用原来的名称右相称？

答：如果以右相称的概念是不变的，又怎么可以说概念右变了呢？

曰：二苟无左，又无右，二者左与右，奈何[①]？

［曰：］羊合牛非马，牛合羊非鸡[②]。

曰：何哉？

曰：羊与牛唯异[③]，羊有齿，牛无齿[④]，而牛之非羊也，羊之非牛也[⑤]，未可，是不俱有而或类焉[⑥]。

羊有角，牛有角，牛之而羊也，羊之而牛也[7]，未可，是俱有而类之不同也[8]。羊牛有角，马无角，马有尾，羊牛无尾[9]，故曰羊合牛非马也。非马者，无马也[10]。无马者，羊不二，牛不二，而羊牛二[11]，是而羊而牛非马可也[12]。若举而以是[13]，犹类之不同[14]。若左右，犹是举[15]。

牛羊有毛，鸡有羽。谓鸡足一，数足二，二而一故三[16]。谓牛羊足一，数足四，四而一故五[17]。牛羊足五，鸡足三，故曰牛合羊非鸡[18]。非，有以非鸡也[19]。

与马以鸡，宁马[20]。材不材[21]，其无以类，审矣[22]！举是乱名，是谓狂举[23]。

【注释】

①二苟无左，又无右，二者左与右，奈何：如果二这个概念中既不再有概念左，又不再有概念右，那又怎么能说二这个概念是由概念左与概念右结合而成的呢？这是拟托的客方换了一个角度对主方“二无一”之说提出的诘难，其意在于使主方撇开常引以为例的“白马”、“白石”等概念，对所谓“二无一”再作论证。

②羊合牛非马，牛合羊非鸡：羊这一概念与牛这一概念相结合不同于马这一概念，牛这一概念与羊这一概念相结合不同于鸡这一概念。这是主方对客方换了角度的诘难的应对，主方所举的“羊合牛非马，牛合羊非鸡”的例子已不同于先前白与马非马（“白马非马”）那样的设譬，因为“羊合牛非马”中的“马”既不是“羊合牛”这一复合概念（“二”）中的“左”（羊），也不是“羊合牛”这一复合概念（“二”）中的“右”（牛）。“牛合羊非鸡”在“鸡”非“牛合羊”中之“左”亦非其“右”的意义上，与“羊合牛非马”同理。实际上，“羊合牛”、“牛合羊”所隐示的是“有角牲畜”这一概念；其构成虽

可不以“左”、“右”而言，但作为复合概念仍相当于“二”。就“牲畜”非“马”而“有角牲畜”非“羊”、“有角牲畜”非“牛”相推，依然可谓“二无一”。另，《道藏》本原文“羊合牛非马，牛合羊非鸡”句前无“曰”字，今依上下文意及谭戒甫《公孙龙子形名发微》所校增补。

③唯：虽，虽然。

④牛无齿：牛生来无上齿，仅有下齿。上文“羊有齿”，指羊上下齿皆有，与牛相异。

⑤而牛之非羊也，羊之非牛也：而据此（“羊有齿，牛无齿”）断言牛不与羊同类或羊不与牛同类。非，不同类。《道藏》本原文为“而羊牛之非羊也，之非牛也”，今相应于下文“牛之而羊也，羊之而牛也”，据明陶宗仪编《说郛》本及清光绪元年湖北崇文书局所辑之《子书百家》本校改。

⑥不俱有而或类：即使不共同具有某些生理特征也可能是同类。俱有，共有。俱，都，共同。或，或许，可能。类，这里指同类。

⑦牛之而羊也，羊之而牛也：据此（“羊有角，牛有角”）而断言牛与羊同类或羊与牛同类。

⑧俱有而类之不同：即使共同具有某些生理特征也可能不是同类。

⑨羊牛无尾：指羊和牛没有马那样的长有长毛的尾。

⑩非马者，无马也：牛和羊的概念结合而成的“有角牲畜”的概念不同于“马”的概念，不同于“马”的概念，是说“有角牲畜”概念中不包括“马”。

⑪无马者，羊不二，牛不二，而羊牛二：不包括马的那个有角牲畜的概念是由羊的概念和牛的概念结合而成的，但羊的概念不同于由羊、牛这两个概念结合而成的有角牲畜（“二”）的概念，牛的概念也不同于由牛、羊这两个概念结合而成的有角牲畜（“二”）的概念，而羊、牛概念的结合才是有角牲畜整体

("二")的概念。

⑫而羊而牛非马:即"羊合牛非马"——羊的概念与牛的概念结合而成的"有角牲畜"的概念不同于"马"这种无角牲畜的概念。而,和,又。

⑬若举而以是:以此而举例。若,语气助词,无义。举,举例。以是,以此;是,此。

⑭犹类之不同:由于概念的类的不同。犹,通"由";因,由于。

⑮若左右,犹是举:像"二无左"、"二无右"的道理,则有如这个例举所说。若,像,如。左,即所谓"二无左"。右,即所谓"二无右"。犹,如同,有如。

⑯谓鸡足一,数足二,二而一故三:笼统地说鸡足,得到一个关于鸡足的概念,数鸡足,又可以得到两个关于鸡足的概念,于是关于鸡足就有了三个概念。一,指"鸡足"这一个概念。二,指"鸡左足"、"鸡右足"这两个概念。三,指"鸡足"、"鸡左足"、"鸡右足"这三个关于鸡之足的概念;后文"鸡足三"即就此而言。

⑰谓牛羊足一,数足四,四而一故五:笼统地说牛足或羊足,得到一个关于牛足或羊足的概念,数牛足或数羊足,又可以得到四个关于牛足或羊足的概念,于是关于牛足或羊足就有了五个概念。一,指"牛足"(或"羊足")这一个概念。四,指牛(或羊)"前左足"、"前右足"、"后左足"、"后右足"等四个概念。五,指"牛足"(或"羊足")及牛(或羊)的"前左足"、"前右足"、"后左足"、"后右足"这五个关于牛(或羊)之足的概念;后文"牛羊足五"即就此而言。

⑱牛合羊非鸡:牛的概念和羊的概念结合而成的(四足牲畜)概念与鸡不是同类概念。

⑲非,有以非鸡也:这不同类,是有其与鸡不同类的原由的。以,原因,道理,缘故。

⑳与马以鸡，宁马：与其以“牛合羊非鸡”为例说明“二无一”，宁可以“羊合牛非马”为例说明“二无一”。与，用。以，用。马，指“羊合牛非马”的例子。鸡，指“牛合羊非鸡”的例子。

㉑材不材：可用不可用。材，用。

㉒审：清楚，明白。

㉓举是乱名，是谓狂举：《道藏》本原文为“举是谓乱名，是狂举”，有误。今据《子汇》本等改。其意为：举“牛合羊非鸡”的例子会把（牲畜和家禽）概念弄乱，这是狂谬的举例。是，这，这里指“牛合羊非鸡”的例证。乱名，搅乱概念。谓，通“为”，是。

【译文】

问：如果二这个概念中既不再有概念左，又不再有概念右，那又怎么能说二这个概念是由概念左与概念右结合而成的呢？

答：羊这一概念与牛这一概念结合可得到“牲畜”的概念，而“牲畜”这一概念不同于马这一概念，牛这一概念与羊这一概念结合可得到“牲畜”的概念，而“牲畜”这一概念不同于鸡这一概念。

问：什么意思？

答：羊和牛虽有差异，如羊有上齿，牛没有上齿，却不能据此判断牛和羊不是同类或羊和牛不是同类，这是因为即使它们不共有某些生理特征，也可能是同类。

诚然，羊有角，牛也有角，但据此断言牛和羊是同类或羊和牛是同类，那也是不行的，这是因为即使共有某些生理特征，它们也可能不是同类。羊和牛有角，马没有角，马长有长毛的尾，羊和牛没有这样的尾，因此羊和牛可归于牲畜中有角的一类，而不可与无角的马归于一类。牛和羊的概念结合而成的有角牲畜概念不与马的概念同类，没有马的概念参与。没有马的概念参与的有角牲畜概念是由羊的概念和牛的概念结合而成的，但羊的概念不同于羊和牛这两个概念结合而成的有角牲畜概念，牛的概念也不同于由牛和羊这两个概念结合而成的有角牲畜概念，而羊、牛概念的结合才是其整体的有角牲畜概念，这即是说，由羊的概念和牛的概念结合而成的有角牲畜概念有别于马这一无角牲畜概念。以此而举例，是由于概念的类的不同，像“二无左”、“二无右”的道理，则有如这个例子所说。

牛羊有毛，鸡有羽。笼统地说鸡的足，得到一个关于鸡足的概念，数鸡足，又可以得到两个关于鸡足的概念，即鸡左足的概念和鸡右足的概念，于是关于鸡的足就有了三个概念。笼统地说牛的足或羊的足，得到一个关于牛足或羊足的概念，数牛足或数羊足，又可以得到四个关于牛的足或羊的足的概念，即牛或羊前左足的概念、牛或羊前右足的概念、牛或羊后左足的概念、牛或羊后右足的概念，于是关于牛足或羊足就有了五个概念。关于牛足或羊足的概念有五个，关于鸡足的概念有三个，所以说由牛的概念和羊的概念结合而成的四足牲畜概念与鸡不是同类概念。这不同类是有其所以与鸡不同类的原由的。

与其用“牛合羊非鸡”为例，宁可用“羊合牛非马”为例。一个可用，一个不可用，二者不可类比，这一点是清楚不过的。举“牛合羊非鸡”的例子会使牲畜和家禽概念混淆，这是狂谬的举例。

曰：他辩[①]？

曰：青以白非黄[②]，白以青非碧[③]。

曰：何哉？

曰：青白不相与而相与[④]，反对也[⑤]；不相邻而相邻[⑥]，不害其方也[⑦]。不害其方者，反而对，各当其所，若左右不骊[⑧]。故一于青不可[⑨]，一于白不可，恶乎其有黄矣哉[⑩]？黄其正矣[⑪]，是正举也[⑫]。其有君臣之于国焉[⑬]，故强寿矣[⑭]！

而且青骊乎白而白不胜也[⑮]。白足之胜矣而不胜[⑯]，是木贼金也[17]。木贼金者碧，碧则非正举矣。青、白不相与而相与，不相胜则两明也[18]。争而两明[19]，其色碧也。

与其碧，宁黄[20]。黄其马也，其与类乎[21]！碧其鸡也，其与暴乎[22]！

暴则君臣争而两明也。两明者，昏不明，非正举也。非正举者，名实无当，骊色章焉[23]。故曰两明也。两明而道丧，其无有以正焉[24]。

【注释】

①他辩：可以举其他例子说说吗。

②青以白非黄：青色概念与白色概念结合可得到“正色”的概念，而正色这一概念不同于黄色概念。这是说：黄色是正色（青色、白色、黄色、赤色、黑色）中的一种，正像“白马”不就是“马”那样，“黄色”不就是“正色”。此即所谓“二无一”。以，与。

③碧：青白色。一种间色。古人以青、赤、黄、白、黑为五方正色，以绿、红、碧、紫、骝(liú)黄为五方间色。

④青白不相与而相与：青色与白色不相接近而使它们结合。相与，相合。

⑤反对：彼此对立。依五行说，青色配东方，白色配西方，东、西方彼此相对。

⑥不相邻而相邻：指青色与白色不相为邻而使它们为邻。以五行配五方、五色而言，木配东方而色青，金配西方而色白，火配南方而色赤，水配北方而色黑，土配中央而色黄；木与金相隔火、土，金与木相隔水，与此相应，东方与西方相隔南方、中央，西方与东方相隔北方，青色与白色相隔赤色、黄色，白色与青色相隔黑色。所以说青色与白色不相邻。

⑦不害其方:不妨碍其(青、白)各代表一方(东方、西方)。害,妨碍。方,方位,方向。

⑧若左右不骊:像左和右那样互不附丽。骊,通“丽”,附丽,附着,依附。

⑨一于:统一于。一,统一。

⑩恶乎其有黄矣哉:怎么可能会是黄色呢?有,为,作为。

⑪黄其正:黄色是一种正色。

⑫正举:正当的举例,恰当的举例。

⑬其有:其犹,那就像。有,借为“犹”。

⑭强寿:强盛而久长。寿,长寿,长久。

⑮青骊乎白而白不胜:青色附着于白色而白色不能制胜。依五行相胜之说,理当金胜木,白胜青,而青色一旦附着于白色,白色便被青色所掩蔽以致不再能制胜,此即下文所谓“白足之胜矣而不胜,是木贼金也”。

⑯足:可以,能够。

⑰贼:害,戕害。

⑱两明:青色、白色两者各显其明。

⑲争而两明:《道藏》本原文为“争而明”,今据上文“不相胜则两明”及下文“君臣争而两明”,从王琯《公孙龙子悬解》校注补一“两”字。

⑳与其碧,宁黄:与其以“白以青非碧”为例,宁可以“青以白非黄”为例。

㉑黄其马也,其与类乎:黄色就像上面所说“羊合牛非马”的马那样,它与青色、白色同属正色这一类。其,前一“其”义为“犹”,后一“其”为代词“它”。

㉒暴:乱,混乱。

㉓骊色章:青、白相杂之色彰显。骊色,这里指青、白相附丽而成的

青、白相杂之色,间色。骊,通“丽”,附丽。章,彰。

㉔无有以正:没有什么“正”可言。有以,有何,有什么。

【译文】

问:还有别的例证可辩吗?

答:青色概念与白色概念相结合可得到“正色”的概念,而正色这一概念不同于黄色概念,白色概念与青色概念相结合可得到“正色”的概念,而正色这一概念不同于碧色概念。

问:什么意思?

答:青色与白色不相接近而使它们结合,二者仍相反而对立;青色与白色不相为邻而使它们为邻,这并未妨碍它们各自代表东、西方位。所谓不妨碍它们各自代表东、西方位,是说它们正相反对,各处在其当处的位置上,就像是左和右那样互不连属。因此它们既不可以统一于青色,也不可以统一于白色,却又怎么可能会是黄色呢?黄色是一种正色,以“青以白非黄”为例说明“二无一”的道理是恰当的举例。这犹如君臣各当其位,国家就会因此强盛而久长。

而青色若是附着在白色上,白色就会被青色遮蔽而不能制胜青色。代表金的白色本可以胜代表木的青色而不能制胜,这叫做木妨害了金。代表木的青色妨害了代表金的白色就会出现碧这样的间色;碧色不是正色,以“白以青非碧”为例说明“二无一”的道理是不恰当的举例。青色与白色不相接近而使它们结合,致使白色不能制胜青色而两种颜色各显其明。青白两色争相显示,其所显现的便是间于二者的碧色了。

与其以“白以青非碧”为例说明“二无一”的道理,宁可以“青以白非黄”为例说明“二无一”的道理。黄色犹如上面所说的“羊合牛非马”的马那样,它与青色、白色同属正色这一类!碧色就像上面所说的“牛合羊非鸡”的鸡那样,它会带来不同类的颜色(正色与间色)概念的混乱!

名或概念混乱表现在一个国家里就是君臣相争而各显其高明。君臣各争其明,政局就会昏暗,这不是正当之举。所谓非正当之举,是说名实不相副,杂色彰显,所以称其为“两明”(有如青、白两色争明于碧)。两相争明而道义沦丧,那就没有什么“正”理可言了。

指物论

【题解】

《指物论》是《公孙龙子》中语义最艰深的一篇，其论旨在于"物莫非指，而指非指"。文中设问与答难的层递推绎，所探究的是"物"、"指"、"指物"、"物指"间错综而耐人寻味的关系。其篇名"指物"，即由此而来。《道藏》本《公孙龙子》序列《指物论》于第三，今与原编次为第五的《坚白论》对调。

《指物论》开篇即由主方立论："物莫非指，而指非指。"其前一"指"，指人的命名、指认活动；次一"指"，指进入命名、指认活动而被用来命名、指认某一或某种事物的名或概念，亦即后文所谓"与物"之指或"物指"；后一"指"，指未参与到具体指认情境中的名或概念，亦即所谓"自藏"着的名或概念。综摄主方之意，无非是要申明：为人所认知的事物没有不是被名或概念指认的，而用以指认事物的名或概念一旦出现在具体指认活动中而成为"与物"之指或"物指"，就不再是原初的名或概念——亦即所谓"自藏"之"指"了。

然而，依客方的看法，天下并不存在主方所说的用以指认事物的名或概念（"指也者，天下之所无也"），天下所有的只是事物（"物也者，天下之所有也"），以天下所没有的名或概念指认天下实际存在的事物是不可以的。主方没有否认实际事物与名或概念一者实存于天下一者非实存于天下的区别，但并不认为后者不可以用来指称前者。于是他这样应答客方的质疑：只要你说“物”不可“指”或这“物”那“物”如何如何与“指”没有关系，你就是在“指”着“物”而谈“物”，换句话说，不“指”物——以名或概念指认物——就无从说物，而这则正表明了，在人的认知视野中的物没有不是被人以名或概念命名或指认的物（“物莫非指”）。并且，他进而指出，既然没有什么物不是被名或概念指认的，那么名或概念一旦因指认物而被指认对象所规定（“与物”而为“物指”），它也就不再是原来意义上（“自藏”）的名或概念了（“而指非指也”）。

在又一轮的答问中，客方把问题归结到这一点：天下不存在概念那样的“指”，人们所以能够称“物”而谈是因为“物”原本各有其名，而这名并不就是概念之类的“指”（“天下无指者，生于物之各有名，不为指也”）。其实，“物”不能自有其名，“物之各有名”原是人为物命名的结果，而人为物命名则无论如何也离不开被称作“指”的名或概念。对于主方说来，“物之各有名”是不值一驳的，重要的只在于，当以“指”（名或概念）命名或指认事物时，必然会引出的“与物”之“指”与“自藏”之“指”同名相牵而又意谓相离的问题。就此，他把所谓“物”与“指”、“指”与“指物”、“指”与“物指”等的关系的思考以富于启迪性的问句提示给了人们，并着意分辩说：名或概念，不是不可以用来命名或指认事物（“指，非非指也”），不过，名或概念只要出现在具体指认情境中而成为“与物”之“指”或“物指”，就不再是“自藏”——不曾“与物”因而不受所指认对象规定——之“指”了（“指与物，非指也”）。

[曰：][①]物莫非指[②]，而指非指[③]。

[曰：]天下无指，物无可以谓物[④]。非指者天下，而物可谓指乎[⑤]？

指也者[⑥]，天下之所无也；物也者，天下之所有也。以天下之所有，为天下之所无[⑦]，未可。

［曰：］天下无指，而物不可谓指也[⑧]。不可谓指者，非指也[⑨]？非指者，物莫非指也。天下无指，而物不可谓指者，非有非指也[⑩]。非有非指者，物莫非指也。物莫非指者，而指非指也。

【注释】

①与《白马论》、《坚白论》、《通变论》同一体例，《指物论》亦以设问、应答方式行文，只是原文通篇无“曰”字，现依其脉络、语势并参酌诸注本之校释，在答、问的交接处逐一补“曰”以区别主、客。

②此“指”指人的命名、指认活动，凡进入人的视野的“物”，总是人以某一名或概念予以指认的物。

③前一“指”，即后文所谓“与物”之指，亦即所谓“物指”。如“白雪”之“白”、“白马”之“白”、“白石”之“白”，其“白”或形容“雪”而为雪的那种“白”，或形容“马”而为马的那种“白”，或形容“石”而为石的那种“白”；“白雪”之“白”、“白马”之“白”、“白石”之“白”是“与物”之“白”，因而如此进入具体指认情境的“白”这种“指”是“物指”。后一“指”，指未“与物”时“自藏”着的名或概念。“指非指”，即“与物”之“指”不再是未“与物”时的“自藏”之“指”，就是说参与到具体指认情境中的名或概念不同于未参与具体指认而以自藏方式自在的同名概念。如“白雪”之“白”是与“雪”之“白”，“白马”之“白”是与“马”之“白”，“白石”之“白”是与“石”之“白”，“白雪”之“白”不同于“白马”之“白”，也不同于“白石”之“白”，而“白雪”之“白”、“白马”之“白”、“白石”之“白”皆可谓“与物”之“白”；“与物”之“白”由其所“与”之“物”而有所规定，它不同于未“与物”之“白”或未规定其具体白色之“白”。

④天下无指，物无可以谓物：这是客方在提出诘难前以退而求进的姿态顺承主方“物莫非指”的看法所说的话，如此说是为了突出下文质疑的分量。意为：依你的说法，若是天下没有人的指认、命名活动，物将无法被称之为某物。这里的“指”，指人的指认活动。谓，称，称谓。

⑤非指者天下，而物可谓指乎：这是客方接着上面的话说出的疑问。意为：天下所有的事物都不同于指认它时所用的概念，这些与指认时所用概念不同的物怎么可以用概念称谓呢？这里，“非指者”之“指”指命名或指认物时所用的名或概念，“非指者”指不同于概念的实存之物。

⑥此“指”指用以指认事物的名或概念。

⑦为：归于；属于。文中所说“以天下之所有，为天下之所无，未可”，意为：以天下所实存的物归于天下所没有的名或概念，是不行的。

⑧天下无指，而物不可谓指也：这是主方在应答客方时对客方看法的复述。意为：在你看来，天下既然不存在名或概念，那天下实存的事物就不可以用名或概念去称谓。

⑨不可谓指者，非指也：这是主方在复述了客方的看法后对客方的反问。意为：当你说某某物不可以用名或概念相称时，你不就是在称呼着某某物而谈物吗？这里，“非指也”之“也”为表疑问的语气助词，相当于古汉语的“耶”或现代汉语的“吗”、“呢”。

⑩天下无指，而物不可谓指者，非有非指也：意为：所谓“天下既然不存在名或概念，那事物就不可以用名或概念相称谓”，并不能说明有什么事物不可以被指认。“非有非指”之“有”，指实存的事物；“非指”之“指”指指认。

【译文】

主方：为人所认识的物没有不是被概念所指认的，用以指认物的名或概念（指）一旦出现在对物的具体指认中而成为“与物”之指，就不再是原来概念的那种指了。

客方：依这种说法，天下若没有了指认活动，物将无法称之为某物。但天下所有的物都不同于指认它时所用的名或概念（指），这些与指认时所用概念不同的物怎么可以用名或概念（指）称谓呢？

用以指认事物的名或概念（指）并不实存于天下，实存于天下的只有物。以天下所实存的物归于天下所没有的名或概念（指），这是不可以的。

主方：你是说，天下既然不存在名或概念这样的指，那事物就不可以用名或概念之指相称谓。然而，当你说某某物不可以用名或概念（指）相称时，你不就是在称呼（指）着某某物而谈论物吗？这样说物不同于指认它时所用的名或概念（指），正表明对于人说来物没有不是被人用名或概念所指认的。

所谓“天下既然不存在名或概念这样的指，那事物就不可以用名或概念相称谓”，并不能说明有什么事物不可以被指认。没有什么事物不能被指认，即是在说对于人说来物总是被指认的物；既然没有什么物不是被名或概念指认的，那么，名或概念那样的指一旦因指认物而成为“物指”（“与物”之“指”），它也就不再是原来意义上的名或概念之指了。

［曰：］天下无指者，生于物之各有名，不为指也。不为指而谓之指，是无不为指①；以有不为指之无不为指②，未可。

［曰：］且指者，天下之所兼③。天下无指者，物不可谓无指也④。不可谓无指者，非有非指也⑤。非有非指者，物莫非指。指，非非指也⑥；指与物非指也⑦。

使天下无物指，谁径谓非指[8]？天下无物，谁径谓指？天下有指无物指，谁径谓非指[9]？径谓无物非指[10]？

且夫指固自为非指[11]，奚待于物而乃与为指[12]？

【注释】

①不为指而谓之指，是无不为指：《道藏》本原文为“不为指而谓之指，是兼不为指”。其“兼”或由于与“無”（无）字形相近而误，今据俞樾《读公孙龙子》之校释改。意为：把不是抽象概念那样的指说成是由抽象概念那样的指而来的指（“物指”），这就没有什么不是指了。

②以有不为指之无不为指：把不是指说成没有什么不是指。有，助词，无义。为，是。之，出，生出；这里引申为出口说成。

③且指者，天下之所兼：名或概念可兼称天下之物。且，句首助词，表示提挈，犹“夫”。“天下之所兼”之“兼”，俞樾等校改为“無”（无），或误。

④天下无指者，物不可谓无指也：名或概念（指）并不实存于天下，但不能因此说物不可以用名或概念指认。此句中，前一“指”为名词，指名或概念；后一“指”为动词，意为指认、指示。

⑤不可谓无指者，非有非指也：不能说物不可以用名或概念指认，亦即是说没有什么不可以用概念指认。“非有非指”之前一“非”意为没有，后一“非”意为不可。

⑥指，非非指也：前一“指”为名词，指名或概念，后一“指”为动词，指指认、指示。意为：名或概念，不是不可以用来指认物。

⑦指与物非指也：名或概念指认物（与物）而被所指认对象规定后，就不再是原来的名或概念了。与物，指认物而被所指认对象规定。

⑧使天下无物指，谁径谓非指：假使天下没有“与物”之指或“物

指”,谁还径直去说这“与物”之指或“物指”不同于未参与指认事物时的名或概念。使,假使,如果。物指,因指认事物而被指认对象规定了的名或概念。

⑨天下有指无物指,谁径谓非指:假使天下有作为名或概念的指而这种指不“与物”或不与事物的具体指认发生关系因而没有“物指”,谁还径直去说“物指”不同于指。此句中之“物指”亦如上句中的“物指”,是《指物论》的专有概念。

⑩无物非指:没有什么事物不可以指认。指,指认。

⑪指固自为非指:名或概念这样的指原本是自己使自己不同于“物指”或“与物”之指的。前后“指”皆名词,前者为离物自藏的名或概念,后者为与物发生指认关系的“物指”。固,原来,本来。自为,自己使自己。为,使。

⑫奚待于物而乃与为指:哪里是靠了物才成为不同于“物指”的指呢?这句话在于强调名或概念(指)的“自藏”对于物的“离”。奚,哪里。待,靠,依靠。乃,才。

【译文】

客方:天下不存在概念那样的指,这看法是由物原本各有其名这一点得出的,这名不是概念那样的指。不是概念那样的指,而要说它是由概念那样的指而来的指(“物指”),这样就没有什么不是指了。把不是概念那样的指说成没有什么不是概念之指,这是不可以的。

主方:名或概念(指),可兼称天下之物。名或概念(指)不实存于天下,但不能因此说物不可以用名或概念指认。不能说物不可以用名或概念指认,即是说没有什么不可以用概念指认。没有什么不可以用概念指认,也就是说物总是被概念所指认之物。名或概念,不是不可以用来指认物,只是名或概念一旦指认物(“与物”)而被所指认对象规定,就不再是原来的不受规定的名或概念了。

假使天下没有“与物”之指或“物指”,亦即没有指认事物时受所指认对象规定的名或概念，谁还会径直去说这“与物”之指或“物指”不同于“指”，或这具体指认事物的概念不同于未具体指认事物的同名概念？假使天下没有须待指认的物，谁还会径直去说指认物所不能没有的作为名或概念的“指”？假使天下有作为名或概念的“指”而这种指不“与物”或不与事物的具体指认发生关系因而没有“物指”，谁还会径直去说作为具体指认事物时受指认对象限定之概念的“物指”不同于作为自藏状态之概念的“指”？谁还会径直去说没有什么事物不可以为人所指认？

况且，自藏状态的名或概念之“指”原本是自己使自己不同于作为指认事物时受指认对象规定之概念的“物指”的，哪里是有待于物才成为不同于“物指”的“指”呢？

名实论

【题解】

《名实论》不再沿用主客答问的言说体例，篇中所有文字都用于正面立论。其对“名”、“实”的分辩，是对“白马”、“坚白”、“通变”、“指物”等篇所论之指归的道破，是公孙龙著书立说的初衷的吐露。本篇是《道藏》本《公孙龙子》的最后一篇，如此编次恰与战国之后古人著述将序或绪论置于卷末的惯例相合。今一仍其旧。

公孙龙这样界说他所指称的“实”：“物以物其所物而不过焉，实也。”“实”是从“物”说起的，但这“实”并不就是事物的实际存在。在公孙龙看来，某一事物（“物”）如果（“以”）体现（“物”）了这类（“其”）事物的实质（“所物”）而没有偏差（“不过”），这种情形才可以称得上“实”。就是说，“实”关涉一类事物的实质，关涉各别存在的实际事物对其所属种类事物的实质的体现，而这体现按要求是不可有偏差或失误的。由“实”，公孙龙提出了“位”的概念：“实以实其所实而不旷焉，位也。”其意思是说，某一事物对其所属种类事物实质的体现如果完满到它应有程度而没有缺陷，这时即可称之为“位”或当位。进而，公孙龙又由“位”推论出他所谓“正”：“位其所位焉，正也”——一事物完满无缺地体现其所属种类事物的实质因而处在它所应当处的状态，这种境地可称之为“正”。这当位而“正”指示了一个标准，用这个标准检验实际事物与其所属种类事物的实质是否相符，公孙龙称其为“正其名”或所谓“正名”。

一般说来，“名”是对实际事物的称谓，公孙龙并未否定或忽略这一常识。但他也注意到“名”的另一深层意味：“夫名，实谓也。”就是说，“名”是用来指称事物对其所属种类事物的实质的体现的。为公孙龙所把握的“名”关联着事物的实质，关联着事物对其所属种类事物实质的体现，而且也因此而关联着“位”和当“位”而“正”的那个标准。在一定意义上，也可以把公孙龙所说的“实”理解为一类事物由其可推想的那种完满状态所指示的共相，而共相总是由某一概念或“名”称谓的。于是，通常人们以“名”称呼物这件看似简单而习焉不察的事，在公孙龙这里变得复杂起来。称呼各别实际事物所用的名与表述其所属种类之事物的共相的“名”往往是同一个，这就有了由同一个“名”的不同指称引出的问题：若是某事物体现了其所属种类的事物的共相，用指称这共相的名称呼这一事物就可以说是“名”、“实”相副，否则，便是“名”、“实”不副。这里重要的在于以指称事物之共相（“实”）的“名”校雠那被同样的“名”称呼的某事物，而“离”——对指称共相（“实”）的“名”与称呼某事物的“名”的“离”而视之——是如此“正名”得以成为可能的契机所在。

公孙龙处于战国乱世而“疾名实之散乱”，其“‘守白’之论”的全部灵韵都激发于如此的“正名”，而这“正名”——与孔子之“正名”遥相呼应却又通而不同——也正是《名实论》曲尽其致的运思的焦点所在。

天地与其所产焉，物也。物以物其所物而不过焉①，实也。实以实其所实而不旷焉②，位也。出其所位非位③，位其所位焉④，正也。

【注释】

①物以物其所物而不过：某物如果体现了这类物所具有的实质而没有偏差。前一“物”为名词，指某一物。次一“物”为动词；体

现。后一“物”为名词,指事物的实质,与“言之有物”、“言之无物”之“物”同。过,指过失、失误或偏差。

②实以实其所实而不旷:某事物体现其所属种类事物的实质如果完满到它应有的程度而没有亏缺。前一“实”为名词,指事物的实质。次一“实”为动词;满,充满。而,《道藏》本无此字,今据王琯《公孙龙子悬解》、谭戒甫《公孙龙子形名发微》校释增补。旷,空缺,亏缺。

③出:脱离,超出。

④位:处,处在。

【译文】

天地及其所产生的一切,都可称之为“物”。某物如果体现了这类物所具有的实质而没有偏差,可称之为“实”。这“实”——物体现其实质而没有偏差——如果完满到它应有的程度而没有亏缺,可称之为“位”(当位)。越出这位置是不当其位,处在其所当处的位置上,这叫做“正”。

以其所正,正其所不正①;不以其所不正②,疑其所正。其正者,正其所实也;正其所实者,正其名也。

【注释】

①正其所不正:矫正那不正。前一“正”作动词,矫正,匡正。

②不以其所不正:此句《道藏》、《说郛》、《备要》及守山阁、崇文诸本皆无,《子汇》及马骕《绎史》本为“以其所不正”,胡适、伍非百据《墨子·经说下》所谓“夫名以所明,正所不知;不以所不知,疑所明”,于“以其所不正”五字前补一“不”字。今从胡、伍之说。

【译文】

以这正矫正那不正,不以那不正怀疑这正。这正,在于矫正那事物使其体现该类事物的实质,矫正事物使其体现该类事物的实质即是所谓正名。

其名正，则唯乎其彼此焉[①]。谓彼而彼不唯乎彼[②]，则彼谓不行[③]；谓此而此不唯乎此[④]，则此谓不行。其以当不当也[⑤]。不当而当[⑥]，乱也。

【注释】

①唯(wěi)：应答声。这里可引申为相应。

②谓彼：称其为彼。谓，称，称谓。

③彼谓：彼这个名称、称谓。

④谓此而此不唯乎此：《道藏》本原文为“谓此而行不唯乎此”，今依上文“谓彼而彼不唯乎彼”之句式，改其中之“行”字为“此”字。

⑤当不当：充当称谓的“彼”、“此”不恰当。前一“当”作动词；充任，充当。后一“当”作形容词；适当，恰当。

⑥不当而当：此句《道藏》本原文为“不当而”，参照下文“以当而当”当增补一“当”字。

【译文】

所谓名正，就在于彼名相应于彼之实，此名相应于此之实。如果称某事物为彼，而彼这个名与以彼相称的事物之实(所体现实质)不相应，那么彼这个称谓就不适用；如果称某事物为此，而此这个名与以此相称的事物之实(所体现实质)不相应，那么此这个称谓就不适用。这是由于充当称谓的彼、此不恰当。以不恰当的彼或此的称谓充当称谓，名与实的关系就乱了。

故彼彼当乎彼[①]，则唯乎彼，其谓行彼[②]；此此当乎此，则唯乎此，其谓行此。其以当而当也[③]。以当而当，正也。故彼彼止于彼[④]，此此止于此，可；彼此而彼且此[⑤]，此彼而此且彼，不可。

【注释】

①彼彼当乎彼:以彼这个名称称彼一事物而适合于彼一事物。当,适合,符合。

②其谓行彼:这个彼的名称对于所称的彼这个事物可行。其谓,指彼这一名称。

③以当而当:以恰当的名称来充当称谓。

④彼彼止于彼:《道藏》本原文为"彼故彼止于彼",其中"故"为衍字,今予删落。其意为:称彼为彼而仅限于彼。止乎彼,到彼为止。

⑤彼此而彼且此:称此为彼而又彼又此。彼且此,又彼又此;且,又。

【译文】

所以,以彼这个名称称彼一事物而适合于彼一事物,是彼这个名与以彼相称的事物之实相应,这个彼的名称对于所称的彼这个事物可行。以此这个名称称此一事物而适合于此一事物,是此这个名与以此相称的事物之实相应,这个此的名称对于所称的此这个事物可行。这是由于以恰当的名称来充当称谓。以恰当的名称来充当称谓,即是正。因此,称彼为彼而仅限于彼,称此为此而仅限于此,是可行的。称此为彼而又彼又此,称彼为此而又此又彼,那就行不通了。

夫名,实谓也①。知此之非此也②,知此之不在此也③,则不谓也④;知彼之非彼也,知彼之不在彼也,则不谓也。

【注释】

①实谓:称谓实;对实的称谓。

②此之非此:《道藏》本原文为"此之非",当有脱漏,今据下文"彼之非彼"增补一"此"字。其意为:此这个事物不能体现此一类事物

的实质。

③此之不在此:此这个事物不在此一类事物所当处的位置上。

④则不谓也:《道藏》本原文为“明不谓也”,今依下文“则不谓也”校改。

【译文】

名,是对实的称谓。如果已知此这个事物不能体现此一类事物的实质,已知此这个事物不在此一类事物所当处的位置上,那就不能以此这个名称称此这个事物了;如果已知彼这个事物不能体现彼一类事物的实质,已知彼这个事物不在彼一类事物所当处的位置上,那就不能以彼这个名称称彼这个事物了。

至矣哉[①],古之明王[②]!审其名实[③],慎其所谓。至矣哉,古之明王!

【注释】

①至:大;伟大。《易·坤象》:“至哉坤元,万物资生。”王引之《经义述闻·周易下》:“至,亦大也。《尔雅》曰:‘晊,大也。’郭璞作‘至’。《释文》曰:‘晊,本又作至。’郑注《哀公问》曰:‘至矣,言至大也。’高诱注《吕氏春秋·求人》及《秦策》并曰:‘至,大也。’至哉,犹大哉也。”

②明王:贤明的君王。

③审其名实:详察名实的关系。审,考察,详察。

【译文】

伟大啊,古时的贤明君王!他们详察名实关系,慎重地对待事物的称谓。伟大啊,古时的贤明君王!

惠施“历物之意”

前言

一　惠施其人

惠施的生平事略不载于正史，《史记》终篇未称其名，《汉书》则仅于《古今人表》列其姓名而于《艺文志·诸子略》著录"《惠子》一篇"——附注云："名施，与庄子并时。"汉唐学人或有以惠施为宋人者(见高诱:《吕氏春秋注》、成玄英:《南华真经注疏》)，但其说并无确证，倒可能是持此说者鉴于史籍所传"宋王之贤惠子，天下莫不闻也"(《战国策·楚三》)或惠施与宋人庄周过从甚密而作的一种推测。不过，从《庄子》、《吕氏春秋》、《战国策》等典籍毕竟可知，惠施曾事魏多年。他的生平事行当可就此勾勒出一个大致不误的轮廓，而其学术趣向亦当可由这一背景获得相当的理解。

至少，齐魏马陵之役(梁惠王二十八年，前342)时惠施已为梁惠王所重，这从《战国策·魏二》所载"齐、魏战于马陵，齐大胜魏，杀太子申，覆十万之军。魏王召惠施而告之曰……"可略闻其消息。如果《吕氏春秋·审应览·不屈》所记事由无误，则所谓"惠子之治魏为本，其治不治。当惠王之时，五十战而二十败……围邯郸三年而弗能取"当表明，惠施初事魏国的时间至晚亦应在梁惠王十六年(前354)。据《战国策·魏一》，惠施于梁惠王后元十三年因张仪相魏而见逐；又据《战国策·魏二》,惠施于惠王去世之年(惠王后元十六年)重返魏国,之后,亦尝出使楚国(梁襄王元年)、赵国(梁襄王五年)。梁惠王、襄王在位期间,惠施先后仕魏约三十八年,如以其初到魏国时二十五岁左右估算,这位著名的辩者和"合纵"主张的推行者或当生活于公元前380至前310年间。

惠施出仕的魏国摄乎秦、齐、楚诸大国之间,战事频仍,屡屡为强邻所凌逼。魏文侯曾以李悝为相,以吴起为将,开了战国时代为富国强兵而变法的先河,魏国国势一度为他邦所瞩目。到梁惠王时,原任魏国西河守的吴起因遭排挤而于多年前南奔楚地,曾为魏相公叔痤家臣的公孙鞅终不能见用亦西走秦国,当年文侯蓄积的国力在为攻城略地而连连发动的战争中亏耗殆尽。孟子游魏见梁惠王,梁惠王问计于孟子说:"晋国,天下莫强焉,叟之所知也。及寡人之身,东败于齐,长子死焉;西丧地于秦七百里;南辱于楚。寡人耻之,愿比死者一洒之,如之何则可?"(《孟子·梁惠王上》)这段话明白不过地说出了当时魏国的窘境,而惠施仕魏恰是在这样的背景下。魏武侯不能用吴起这样的法家人物,梁惠王则既不能用公孙鞅这样的法家人物,也不能用孟子这样的儒家人物,惠王虽说重用了惠施,但惠施的政治主张未必真正能够实施于魏国。惠施曾"为魏惠为法",其"为法已成,以示诸民人,民人皆善之。献之惠王,惠王善之。以示翟翦,翟翦曰:'善也。'惠王曰:'可行耶?'翟翦曰:'不可。'惠王曰:'善而不可行,何故?'翟翦对曰:'今举大木者,前呼舆謣(xū),后亦应之。此其于举大木者善矣。岂无郑、卫之音哉?然不若此其宜也。夫国亦木之大者也。'"(《吕氏春秋·审应览·淫辞》)这为"民人"、惠王一致称"善"的"法"究竟说了些什么已无从稽考,但从翟翦所说的话可以断定:(一)惠施所为"法",对于"举"魏国这样的"大木"是"善"的,其"善"就善在切于实用,善在其他法"不若此其宜";(二)这"法"终究未能推行于魏国,因为在翟翦一类有可能左右梁惠王之决策的臣子看来,惠施之"法"犹如"举大木"时"前呼舆謣,后亦应之"的号子声,固然相"宜",但"不可行"。其"不可行"就不可行在这对于"举大木”可称得上“善”的号子声中听得出所谓“郑、卫之音”。“郑、卫之音”不合礼乐之法度，翟翦借此而说惠施之“法”的“不可行”，正可以视为荀子对惠施以“不法先王，不是礼义”相责的先声。

在列国逞强凌弱、称雄争霸的乱世，惠施是主张“去尊”（见《吕氏春秋·开春论·爱类》）而“泛爱”的，可以想象，这与时风相去过甚的观念不可能对利害角逐中的人们发生切实的影响。实际上，即使是他所倡导的用以应对强秦的“合纵”策略，也很难为囿于一室一姓之私的诸侯们所奉行。“张仪欲以魏合于秦、韩而攻齐、楚，惠施欲以魏合于齐、楚以案兵”（《战国策·魏一》），“合纵”、“连横”在魏庭的对抗最终以张仪相魏、惠施被逐而告竟。梁惠王信用惠施或正如叶公好龙，至此，惠施的仕途差不多走到了尽头，魏国也一步步更深地陷入它的厄运。

一如惠施相应于其政治生涯的政治主张不无悲剧色调，其学术也并未得到他所处时代的相应理解，而且他身后不久，这被贬斥为“怪说”、“琦辞”的一家之言也很快就成了绝学。不像儒家、道家甚或墨家、法家、阴阳家的学说有某种统绪可寻，被列为名家的惠施似乎既没有师承也没有同好之友。不过，搜问其学缘，至少有两人是不可不留意的：一是春秋末叶的郑国人邓析，一是与惠施同时的宋国人庄周。邓析精于刑律而长于辩说，这与惠施善于“为法”而“日以其知与之辩”（《庄子·天下》）颇可比拟，而他们之间的关联从荀子的诸多诘难性话语中可得到相当的印证。荀子对惠施的贬诎是苛刻的，而且多次将其与邓析相提并论，如所谓：

> 君子行不贵苟难，说不贵苟察，名不贵苟传，唯其当之为贵。……“山渊平”，“天地比”，“齐秦袭”，“入乎耳，出乎口”，“钩有须”，“卵有毛”，是说之难持者也，而惠施、邓析能精之。（《荀子·不苟》）

> 不法先王，不是礼义，而好治怪说，玩琦辞，甚察而不惠，辩而无用，多事而寡功，不可以为治纲纪，然而其持之有故，其言之成理，足以欺惑愚众，是惠施、邓析也。（《荀子·非十二子》）

> 不恤是非，然不然之情，以相荐撙，以相耻怍，君子不若惠施、邓析也。(《荀子·儒效》)

荀子的苛责不必引为确论，但每每以惠施与邓析为俦伍决非出于偶然。从《汉书·艺文志》所著录《邓析》二篇、《惠子》一篇可以想见，邓析、惠施的著述在战国末期尚流传于世，以荀子之博学和其在所撰《不苟》、《非十二子》、《儒效》等篇章中对惠施、邓析的一再评说相推度，他一定亲睹过邓、惠的遗作，而且他对邓、惠以同道视之也一定于其著述有所依据。今本《邓析子》诚然为晋人伪托，其中理致或不尽合邓析之旨，但其篇目"无厚"、"转辞"则当是原著所遗。这"无厚"或正与惠施所谓"无厚不可积也，其大千里"之"无厚"意趣略通，其"转辞"亦可比拟于庄子之"卮言"或"连犿无伤"(《庄子·天下》)之语，而与惠施所谓"日方中方睨，物方生方死"、"南方无穷而有穷"等"两可之说"(刘向:《邓析子叙》)之"两可"言说方式相契。然而，惠施曾如何汲取邓析学说之智思，其可能的学脉传承是否尚有中间环节，则显然因着文献的佚遗再也无从探知其究竟了。

惠施与庄周是学术史上难得一见的诤友；与荀子出于儒门而严辞非难子夏、子游、子张以至子思、孟轲构成一种有趣的对比，道术根柢处大有径庭的惠施、庄周竟可以终生为友而相晤论学。《庄子·徐无鬼》中讲到这样一个故事：

> 庄子送葬，过惠子之墓，顾谓从者曰："郢人垩漫其鼻端，若蝇翼，使匠石斫之。匠石运斤成风，听而斫之，尽垩而鼻不伤，郢人立不失容。宋元君闻之，召匠石曰：'尝试为寡人为之。'匠石曰：'臣则尝能斫之。虽然，臣之质死久矣！'自夫子之死也，吾无以为质矣！吾无与言之矣！"

讲述故事的庄周是自比于那位斧艺绝伦的姓石的匠人的，这当然可看出他那恣纵不傥的生命情调，而他把惠施比作那个面对挥动的利斧"立不失容"的为"质"者，也足见被其引为论辩对手的惠施是何等沉着、从容而涵养深厚的人物。其实，庄周和惠施所以有可比之匠石与其质者关系的那份学缘，乃是因着庄周的“齐物论”与惠施的“合同异”的卓识之间有着足够大的通而不同的张力。庄周由“齐物”而倡言“天地与我并生，而万物与我为一”（《庄子·齐物论》），惠施由“毕异”的万物毕竟“毕同”而称论“天地一体”，在这“天地一体”与“天地与我并生，而万物与我为一”的相较处最可见出惠、庄之学的相通而相异。这是一种独特的学缘，它砥砺了惠施“合同异”之辩的凌厉辩锋，它也激发了庄周祈于“齐物论”而“物化”以“游逍遥之虚”（《庄子·天运》）的诡异灵思。而且，重要的是，这学缘也使学术史有了一份不期然的收获，它让后来散佚殆尽的惠施之言得以在《庄子》一书的不多的辑录和记述中略存其大旨。

二 惠施的“两可之说”

据庄子说，“惠施多方，其书五车”，可惜他的著述到汉代时就所存无几了。《汉书·艺文志》所著录的《惠子》仅有一篇，而至少在隋唐之后，人们想一睹惠施当年“辩说”的风采，就只能借助那些散见于《庄子》、《荀子》、《韩非子》、《吕氏春秋》等古籍的辑录或评说性文字了。在这类文字中，《庄子·天下》中所辑录的惠施“历物之意”的十个论题，最能表达立论者假物取譬、“遍为万物说”的措思意趣。这十个论题是：

（一）“至大无外，谓之大一；至小无内，谓之小一。”

（二）“无厚不可积也，其大千里。”

（三）“天与地卑，山与泽平。”

（四）“日方中方睨，物方生方死。”

（五）“大同而与小同异，此之谓小同异；万物毕同毕异，此之谓大同异。”

（六）“南方无穷而有穷。”

（七）“今日适越而昔来。”

（八）"连环可解也。"

（九）"我知天下之中央，燕之北，越之南是也。"

（十）"泛爱万物，天地一体也。"

依这十个论题，惠施的学说可一言以蔽之为"合同异"，也可一言以蔽之为"两可"之说。其实，所谓"合同异"，是说凡事物从其相同之处去看固然"可"，从其相"异"之处去看也未尝不"可"，将这察其"同"固然可、辨其"异"未尝不可"合"而言之，即是"两可"。当然，十论题各有其理致。为便于探悉究竟，可将其分作两组：一组为论题（一）、（五）、（十），一组为论题（二）、（三）、（四）、（六）、（七）、（八）、（九）；前者属"合同异"或"两可"之说创意、立制的元论题，后者则是对"合同异"或"两可"之微旨的取譬式喻示。

论题（一）"至大无外，谓之大一；至小无内，谓之小一"，看似并不难解，但在诸多注家那里往往被误盩（zhōu）。"大一"、"小一"或被理解为"道"的"至大"与"至小"，因而被认为是"'道'的自身同一中的差别"（见冯友兰：《中国哲学史新编》第一册，北京：人民出版社，1963 年，第 314－315页），或被理解为作为万物本体的"道"与构成万物的最小物质单位——"类似于印度古代思想的极微与希腊的原子"（见郭沫若：《十批判书》，《郭沫若全集・历史编》第二卷，北京：人民出版社，1982 年，第 268 页；又见郭沫若：《先秦天道观之进展》，《郭沫若全集・历史编》第一卷，北京：人民出版社，1982 年，第 366 页）。于是，此论题遂与"历物之意"的其他论题了不相涉。然而，真正说来，惠施这一论题是在申布"合同异"或"两可"之说的适用范域。大而至于"无外"的"大一"与小而至于"无内"的"小一"皆在人的时空视野之外，它们只作为一种虚灵的设定存在于人的观念中，这"大"、"小"的两极是无从讲"合同异"或"两可"的。换句话说，凡比"大一"小而比"小一"大的事物，亦即在人的时空视野之内因而为人所可经验的所有实际存在，皆适用于"合同异"或"两可"之说。事实是，为人所感知的世间万物，其"大"、"小"、"同"、"异"都是相对的,这相对而动态的存在情状非借“两可”之说难以对其作近于真切的表达。

论题(五)“大同而与小同异,此之谓小同异;万物毕同毕异,此之谓大同异”,可视为处于“历物之意”之枢纽地位的论题;用以概括惠施之学的“合同异”一语,即由此抽绎而出。晋、唐时期,尤其是近代以来,诠注惠施这一论题的见解颇繁,虽大端处的分歧不像诠注其他论题那样明显,但亦各有其异而亦各有其误。学者或受制于其对“大一”、“小一”的理解,以事物“表面的大同与表面的小同之异”解释“小同异”,以万物在本质上“都是‘大一’的显现”、万物“各以不同量的‘小一’积成”解释“万物毕同毕异”的“大同异”(见郭沫若:《十批判书》,《郭沫若全集·历史编》第二卷,第269页),或在以万物有其“共相”而又各有其“自相”解释“万物毕同毕异”的“大同异”的同时,以事物间的相同程度大者为“大同”、相同程度小者为“小同”解释“大同而与小同异”的“小同异”(见胡适:《中国哲学史大纲》卷上,上海:商务印书馆,1926年,第234页)。这里,对先贤诠注的得失不能详为评说,所要分外指出的只在于这一点,即此论题说出的原是“合同异”或“两可”之说的两个层次:一定范围的“同异”之辨是“小同异”之辨,整个经验世界的“同异”之辨是“大同异”之辨;由前者所讲的“合同异”是在种内、属内对此一物与彼一物或此一物种与彼一物种的既“异”又“同”的“合”而观之,由后者所讲的“合同异”是对天地间万物各各相“异”却又“同”为实存之“物”的“合”而观之。无论是在“小同异”的意义上,还是在“大同异”的意义上,事物间皆“可”察其“异”,亦“可”取其“同”,因而,“合同异”说到底是“合”此“可”与彼“可”而一体观之的所谓“两可”。

论题(十)“泛爱万物,天地一体也”,可看作“历物之意”前九个论题所论之指归。如果说“合同异”或“两可”之说在前九个论题中更多地显现为一种逻辑方法或运思格局,那么,这最后一个论题所晓告的则是“合同异”或“两可”之说的价值取向。由“合同异”推出“天地一体”的结论是顺理成章的,但仅就此而言,惠施之学尚相当程度地为同其相与论学的庄周所俯瞰。庄子曾以寓言方式借孔子的口说:"自其异者视之,肝胆楚越也;自其同者视之,万物皆一也。"(《庄子·德充符》)并且他也径直称:"天地一指也,万物一马也。"(《庄子·齐物论》)诚然,从庄子的"齐物论"同样可以导出"天地一体"的结论,而使惠、庄最终分道扬镳的仅在于其价值祈愿的相异:庄周由"齐物论"而诲喻"坐忘"(《庄子·大宗师》)、"心斋"(《庄子·人间世》),是要导示人们"明白入素,无为复朴,体性抱神"(《庄子·天地》)或所谓"彷徨于尘垢之外,逍遥乎无为之业"(《庄子·大宗师》);惠施则是要借"天地一体"的辩说为天下人启示一种教化,此即所谓"泛爱万物"。

论题"泛爱万物,天地一体也"与论题"至大无外,谓之大一;至小无内,谓之小一"、"大同而与小同异,此之谓小同异;万物毕同毕异,此之谓大同异",是其他若干论题的意义最后得以确定的依据。"大一"、"小一"、"小同异"、"大同异"等范畴或提法的原创特征是显而易见的,"合同异"或"两可"之说只是从这里出发才有了它的统绪可辨的格局;"泛爱万物,天地一体"则作为"合同异"或"两可"之说的价值神经,从一开始就赋予了其他论题某种内在的韵致,而使那些奇诡的措辞最终不至于落为机辩的游戏。

论题(二)、(三)、(四)、(六)、(七)、(八)、(九)等,是在论题(一)的前提下以取譬方式对论题(五)所作的发挥与深化,其出语"琦"、"怪",近于哑谜,但皆有胜意而耐人寻味。

论题(二)"无厚不可积也,其大千里",其得以破解的要害在于"无厚"一语。近人多以几何学意义上的面理解"无厚",看似运思巧捷,却将论题之所论置于惠施所限定的实存世界之外,也因此使寓于其中的"两可"之旨趣尽失。其实,倘对"无厚"作《庄子·养生主》所谓"刀刃者无厚"之"无厚"去领会,这"无厚"便只是对薄而几乎不见厚度之物的形容。任何细微的实存之物,若能在动态延展中薄之又薄,其必会在面积上大而又大——循着这一思路,此论题可得其谛解。

论题(三)“天与地卑(比),山与泽平”,其破解的契机在于消除天地悬隔这一人们习以为常的错觉。唐人杨倞注《荀子》一书,援引“或曰”(有人说)对荀子于《不苟》篇所诘难的“山渊平,天地比”一语已有贴切的解说,近代以来,学者多将此论题纳入东渐的西学视野,反倒陷进了自设的迷局。学人或以“地圆旋转,故上面有天,下面还有天;上面有泽,下面还有山”(胡适:《中国哲学史大纲》卷上,第 231 页)作解,或以“向远处看,又都好像是天与地是接联的……海拔高的地方的湖泊,可能跟在海拔低的地方的山一样高”(冯友兰:《中国哲学史新编》第二册,北京:人民出版社,1984 年,第 152 页)作解,结果终于不能得知论题的要领所在。倘不舍近求远,能对地表的高山深泽处处皆与天相接无间有所解悟,则可知晓此论题只是说出了一种极其平实而人们竟至于习焉不察的自然景观。

论题(四)“日方中方睨,物方生方死”,其中“方”字最为当紧。“方”所提示的是那种刹那流逝的时间观念,有了这种观念才可能对现实事物作动态的观察。若能把“日”的移动——这在古人那里当然也是一种错觉——置于时间之流去理会,其“中”只是刹那,“中”刹那间即转为“睨”(偏斜);若能懂得“生”的过程的维持只是在时间的刹那相续中,便也当懂得“生”的相续着的刹那不断流逝即意味着每一刹那的“生”都在失而不返,因而其刻刻与“死”相随。

论题(六)“南方无穷而有穷”,比起前此的若干论题来其显得似乎更为诡异。近人多以地圆说相附会(见胡适:《中国哲学史大纲》卷上,第 231—232 页;牟宗三:《中国哲学十九讲》,上海:上海古籍出版社,1997 年,第 195 页),也有学者以“(人)各有其南,则南为无穷;各不自以为南,则南为有穷”(钱穆:《惠施公孙龙》,上海:商务印书馆,1934 年,第 17 页)解此论题。前者不明惠施就此“琦辞”申说“两可”之旨的初衷,而将地圆说加于战国时期的惠施则显然不无独断之嫌;后者把问题归结为人人各自称"南"与不各自称"南",其与惠施就公设的"南方"这一方位本身而说其"无穷"而"有穷"的意致似已毫不相干。欲真正解这一论题,或当留心于这一点,即"南方"与"北方"的双向而一体。"南"、"北"在同一维度上而方向相反;依古人的观念,向"南"的延伸没有限止("无穷"),然而向"南"延伸的每一处南方都会因比其更南者而成为北方("南"至于"北"遂"有穷")——缘此,在南北维度上说任何一地,称其"南"固然可,而称其"北"也未始不可,此为"南"、"北"之"两可",与之相应的是"无穷"、"有穷"之"两可"。

论题(七)"今日适越而昔来",其与"南方无穷而有穷"相映成趣。解这一论题之机缄全在于由"日"之义而牵涉到的对"今"、"昔"的理解,此处若失误,可解之活题即成无解之死题。学者或由"地圆"、"地动"所产生的不同地域间的时差解"今"、"昔"(见胡适:《先秦名学史》,李建钊等译,上海:学林出版社,1983年,第100页),或以"今日的昨日,是昨日的今日;今日的今日,是明日的昨日"(冯友兰:《中国哲学简史》,涂又光译,北京:北京大学出版社,1985年,第104页)这样的语词逻辑释"今"、"昔",或以"今日适越而昔来"为惠施"南方无穷而有穷"这一空间逻辑在时间上的误用(见牟宗三:《中国哲学十九讲》,第196页),所有这些解法或说法皆未能切中所解论题的题旨。在不胜罗举的诸家之言中,蒋锡昌的诠解独具卓见,他说:"盖真正之时间,永在移动,决不可分割为'今日'之一段,使稍停留片刻。如吾人刚说'今日(上午十时十分)到越',则此所谓'今日'者,已早成为过去而为'昔来'矣。"(蒋锡昌:《庄子哲学》,上海:商务印书馆,1935年,第271页)只是他对论题中"今日"一语的释意尚不够确切,而对论题所蕴含的"两可"意味也还不曾道破。

论题(八)"连环可解也",这在诸多学人那里不得其解,而有的学者甚至认为它不构成一个独立的论题,却只是论题(六)、论题(七)何以得解的"提示语"(见牟宗三:《中国哲学十九讲》,第195页)。然而,冯友兰、蒋锡昌关联着论题(四)"物方生方死"之意解此"连环",则有识于惠施设题以喻“两可”——“连环”方“连”方“解”而谓其“连”亦“可”、“解”亦“可”——的真趣(冯友兰:《中国哲学史》,上海:商务印书馆,1934年,第250页;蒋锡昌:《庄子哲学》,第271－272页)。

论题(九)“我知天下之中央,燕之北,越之南是也”,其措辞之吊诡颇令人骇怪。近人对此一论题几无正解,倒是晋人司马彪以“天下无方,故所在为中”(见陆德明:《经典释文》)诠疏“天下之中央”,堪谓深得论题之神韵。“天下”——天之所覆——无边际可言,亦当无“中央”可言;由此说“天下”无中央固然“可”,但是,若要于“天下”设立中央,则“燕之北,越之南”而无处不“可”,是之谓“两可”。

综摄论题(二)、(三)、(四)、(六)、(七)、(八)、(九),其言说方式虽皆为取譬相喻,而视其大端却也略可分为两类。一类事关空间方位,如论题(二)“无厚不可积也,其大千里”、论题(三)“天与地卑(比),山与泽平”、论题(六)“南方无穷而有穷”、论题(九)“我知天下之中央,燕之北,越之南是也”;一类则事关时间的迁流,如论题(四)“日方中方睨,物方生方死”、论题(七)“今日适越而昔来”、论题(八)“连环可解也”。空间的相对性和时间的相对性使存在于时空中的现实事物皆不可以孤立、片面、静态的眼光视之,用言辞对其作表达往往不能取非此即彼的逻辑,却应取亦此亦彼或可此可彼的方式——而这,则正是惠施“两可”或“合同异”之说的最后的秘密所在。

三　结语

(一)惠施虽“以善辩为名”(《庄子·天下》)而被称作“辩者”、“察士”(《吕氏春秋·不屈》),但其所辩所察终是统之有宗,会之有元。所谓“万物毕同毕异”的“合同异”当是其“历物之意”的逻辑枢纽,而蕴含于逻辑进退中的价值取向则在于一体天地而“去尊”(《吕氏春秋·爱类》)以“泛爱”。那些被认为“逐万物”或“散于万物”(《庄子·天下》)的论题——诸如“天与地卑,山与泽平”、“日方中方睨,物方生方死”

等——不过是就近取譬的种种隐喻，其辞散，其意不散，在看似"逐"于"万物"的言辩中始终贯穿着一种"爱"的规劝。对这一份"爱"不能了悟，不足以讨论"合同异"，更不足以评说以辩难"合同异"为能事的惠施。

惠施没有明确提到儒、道、墨三家皆有称说的"道"，但处于人文眷注的重心在老子、孔子之后由"命"而"道"转换的时潮中，他不可能不受其陶染。他"遍为万物说"，而所说并不牵累于与利害相系的"命"；他倡导"泛爱"，这"泛爱"必至于为关联着人的心灵境界的"道"所笼罩。诚然，"道"对于惠施尚嫌朦胧，并不像它在儒、道、墨诸家那里虚灵而可辨。

（二）同是倡说一种不落于褊狭的"爱"，墨子"以天为法"（"法天"），取法"天之行广而无私，其施厚而不德，其明久而不衰"（《墨子·法仪》）而鼓吹"兼爱"，孔子由一以贯之的"仁"道教诲人们"爱人"（《论语·颜渊》）而"泛爱众"（《论语·学而》），惠施却是以"万物毕同毕异"的"合同异"之辩论说"泛爱万物"。单从字面上说，惠施所谓"泛爱万物"似乎与孔子的"泛爱众"之说更贴近些，但"泛爱万物"之"泛爱"是从一种道理讲起的，而"爱"就其根柢而言却并不就是一种道理。孔子所创始的儒家之学由"亲亲"讲"爱"，这"爱"缘起于真切生命中的一种自然而然、油然而发的"情"。由近及远而以"情"相推，儒家之"爱"遂有了"亲亲而仁民，仁民而爱物"（《孟子·尽心上》）的局度。"亲亲"之爱、"仁民"之爱、"爱物"之爱，这是一个"爱"有"等差"的过程，然而如此的"等差"并不构成"爱"的止碍，反倒显出润泽于"爱"中的情之自然。由"万物毕同毕异"的"合同异"证衍的"泛爱万物"之"爱"没有情之自然所呈现的等差，它犹如墨家的"兼爱"，在把普泛的"爱"讲成一种应然的理时削夺了"爱"中自然而本然的那份情愫。

此外，无论是孔子，还是墨子，在"爱"的祈向上都有"形而上"的信念，尽管墨子的"天志"所指示的是某种外在超越的形而上学，孔子的由

"仁"而"圣"("仁"的极致)的"中庸"之道(执"过"与"不及"之两端而用其"中"的修养之途)所开辟的是一种相契于生命体认的价值形而上学。惠施是取论理——辩说"物"理——的方式对"泛爱"作论证的,这使他终于与形而上的祈求无缘。少了形而上眷注的"爱"没有它的极致情境或理想境地,缺了这种极致情境或理想之境的论理无从立以为教而引导天下的风化。

(三)惠施的异乎寻常的论题,在古代或被认为"特与天下之辩者为怪"(《庄子·天下》),或被称作"怪说"、"琦辞"(《荀子·非十二子》),而在近现代则常被归之于"诡辩"——如思想史家侯外庐等就曾说"惠施为诡辩主义的有力开创者"(侯外庐等:《中国思想通史》第一卷,北京:人民出版社,1957 年,第 424 页),而逻辑史家汪奠基则指出:"由于惠施采取了离形而言名的抽象观点,结果陷进了诡辩的逻辑谬论。"(汪奠基:《中国逻辑思想史》,上海:上海人民出版社,1979 年,第 83－84 页)古人以"怪"、"琦"置评,原是囿于己见的纵意之谈,未可深诘,但今人责以"诡辩",则既已明确触及逻辑范畴,便不可不悉心予以分辨。关于"诡辩",黑格尔作过这样的界说:"诡辩这个词通常意味着以任意的方式,凭借虚假的根据,或者将一个真的道理否定了,弄得动摇了,或者将一个虚假的道理弄得非常动听,好像真的一样。"(黑格尔:《哲学史讲演录》第二卷,贺麟、王太庆译,北京:商务印书馆,1960 年,第 7 页)如果没有更好的界说可资循守,那么依黑格尔的说法,倘要责诮某一命题、判断或推理为"诡辩",就须指出其所采取的"任意的方式"或其所凭借的"虚假的根据"。然而,从上面对惠施"历物之意"十题的疏解看,所谓"任意的方式"或"虚假的根据"显然是无从说起的。

惠施以"日方中方睨"、"物方生方死"、"南方无穷而有穷"、"今日(时)适越而昔来"的论题,把人们习以为常的"非此即彼"的判断转换成了"亦此亦彼"(亦"中"亦"睨"、亦"生"亦"死"、亦"南"亦"北"、亦"今"〔当下〕亦"昔"〔刚才〕),为形式逻辑所不能范围,于是有人便以"诡辩"

相申斥。以"诡辩"责备惠施的人多是言必称"辩证法"的,但他们的失误恰恰在于:他们囿于形式逻辑的眼光终于未能看出惠施那里业已运用却还不曾全然达到自觉的"辩证"思维。

(四)在惠施"历物之意"诸论题留给人们的智思遗产中,取"譬"这一言说方式分外值得一提。除开"至大无外,谓之大一;至小无内,谓之小一"、"大同而与小同异,此之谓小同异;万物毕同毕异,此之谓大同异"、"泛爱万物,天地一体也"三题外,惠施其他论题无一不是设"譬"而谈,而且这些譬语大都是隐喻。"譬"的设用原在于"直言"难以"喻"其意。取"譬"出于说者达意的不得已,这不得已透露的是"直言"的局限,而惠施辩"譬"则正表明了他对"直言"所固有局限的觉知。

"直言"是纯概念性语言,它由表达抽象共相的语词依语法连缀成句,又由若干这样的句子构成有序的话语以言说。这样的言说借重语词的相互规定、句子的相互制约把某种意思陈述出来,总的说来属于与结构性思维相应或与结构性思维一而不二的结构性表意。表意的结构性注定了其所表之意的非动态、非有机、非整体性,而惠施既要述说那种赋有动态、浑整性状的"亦此亦彼"的道理,便不能不舍"直言"而取"譬"语以另谋言说蹊径。"譬"把人带进一种情境,使人以其全副阅历去感受、体味设"譬"者所感受、体味到的意趣,这意趣得以整全而非支离、生动而非孤静的传递乃在于非可解析的生命的感通。

附识:

本书所注、译惠施"历物之意"十题之原文取自《庄子·天下》,所据底本为清人郭庆藩之《庄子集释》(《诸子集成》版)。十题除第九题外,各传世《庄子》之文本载述皆同,唯第九题"我知天下之中央,燕之北,越之南是也",唐陆德明《经典释文》、明胡氏世德堂本等为"我知天之中央,燕之北、越之南是也"。今依清《古逸丛书》覆宋本、上海涵芬楼《续古逸丛书》影宋本、涵芬楼《道藏举要》影印《道藏》本等,采《集释》之所取"我知天下之中央"。

"历物之意"十题

【题解】

辑录于《庄子·天下》的惠施"历物之意"十题，是考寻惠施思想以探求名家"合同异"一派之究竟的最可凭信的史料，今逐题注释、译解于后。

（一）至大无外①，谓之大一②；至小无内③，谓之小一④。

【注释】

①至大无外：极大而至于无所不包。至，极。《论语·雍也》："中庸之为德也，其至矣乎！"朱熹注："至，极也。"无外，包举净尽，无任何物在其外，或谓其无外部可言。"无外"是对"至大"的喻示，"至大无外"略可比拟于《礼记·中庸》所谓"语大，天下莫能载焉"，亦略可比拟于《庄子·秋水》所谓"至大不可围"，而"不可围者，数之所不能穷也"。

②大一：惠施用以称谓"无外"（"不可围"）之"至大"的专用术语。一，独，不二；可引申为绝对。"大一"，意即绝对的大。

③至小无内：极小而无形迹以至于无入于其内可言。《淮南子·精神训》："无外之外至大也，无内之内至贵也。"高诱注："无内言其

小。""无内"是对"至小"的喻示,"至小无内"略可比拟于《礼记·中庸》所谓"语小,天下莫能破焉",亦略可比拟于《庄子·秋水》所谓"至精无形",而"无形者,数之所不能分也"。不过,子思的"天下莫能载"之"大"、"天下莫能破"之"小"皆就"君子之道"而言,庄子的"不可围"之"至大"、"无形"之"至精"则皆就道家之"道"而言,惠施的"无外"之"至大"、"无内"之"至小"却别有所指。

④小一:惠施用以称谓"无内"("无形")之"至小"的专用术语。相对于绝对的大的"大一","小一"则为绝对的小。

【译解】

惠施这一论题所指示的是"合同异"之说的适用范围,或"合同异"这一观念所能笼罩的领域,此即为"大一"与"小一"之间的"实"的世界。"至大无外"——大到没有边际因而没有它之外可言的境地——的"大一","至小无内"——小到没有迹象因而没有它之内可言的境地——的"小一",是"大"、"小"两极或所谓两个极端,这两极只能由下定义或作界说得到,不能从经验的世界中获取,因此,它们只能存在于我们的观念中,永远不可能为我们的经验所证实。"大一"与"小一"只有"异"而没有"同",两者无从讲"合同异"。也就是说,"合同异"的说法不适用于对"实"(实际事物)无所指的纯"名"(纯概念)或绝对的"名"(绝对概念)的领域。除此之外,"实"的世界或经验世界——"至大"与"至小"或"大一"与"小一"之间的世界——中的一切,所有事物相互间的"同"、"异"都是相对的,都可以"合"其"同"、"异"而将"同"、"异"作一体把握。

(二)无厚不可积也①,其大千里。

【注释】

①无厚不可积:薄而至于难以觅其迹象。这里,"无厚"是对经验之

物的薄的情状的一种形容，不可执著为没有厚度或无厚度可言。其为惠施专用术语，略可比拟于《庄子·养生主》所谓“无厚”：“彼节者有间，而刀刃者无厚；以无厚入有间，恢恢乎，其于游刃必有余地矣。”（节，骨头的关节。间，间隙，空隙。恢恢，宽绰。）“不可积”，历来学人解“积”为“积聚”、“积累”，似未妥。这里，“积”通“迹”，有“寻迹”之意；李贤注《后汉书·邓晨传》“晨发积射士千人”云：“‘积’与‘迹’同，古字通用。”

【译解】

如果以“无厚”为“刀刃者无厚”那种对“实”有之薄的形容，而不是对几何学的面那样的“无厚”（没有厚度）的称谓，那么，这个论题就应该作如下的解释：“不可积”——难以见到体积而几乎不可量度的“无厚”（极薄）之物，仍可以使它薄而又薄，在动态的薄下去而趋近（不是达到）几何学的面时，它可以延展到千里之大。可以用“无厚”来形容的极小极薄的“实”物（如金箔、锡箔等），其在上下维度上薄而又薄的动态延展中却在长宽维度或四围维度上可大到千里。从理论上讲，上下维度上的薄而又薄是没有限度的，而与之相伴的则是长宽维度或四围维度上的大而又大的没有限度。一方面是没有限度的薄而又薄，厚度没有限度的愈来愈小，一方面同时即是没有限度的大而又大，广度没有限度的愈来愈大，这“小”、“大”的相依相随正说明着“异”（小大有别）、“同”（同一个“无厚”之物）的相“合”。换句话说，这是“小”（厚度小）与“大”（面积大）或愈小（厚度愈小）与愈大（面积愈大）的“合同异”。

（三）天与地卑①，山与泽平②。

【注释】

①卑：通“比”，亲比，贴近。其所在句“天与地卑”意为：天与地相亲比、相比邻。“天与地卑”，《荀子·不苟》中为“天地比”。

②平:这里当以"均等"会其义。其所在句"山与泽平",意为:山、泽(与天的距离)是相平的。"山与泽平",《荀子·不苟》中为"山渊平"。唐人杨倞注《荀子》一书,其注所引"山渊平,天地比"一语如下:"或曰:天无实形,地之上空虚者尽皆天也,是天地长亲比相随,无天高地下之殊也。在高山则天亦高,在深泉则天亦下,故曰天地比。地去天远近皆相似,是山泽平也。"这个被引述的"或曰",对"天与地卑,山与泽平"剖释得很透彻,后世学人凡所解与此多少相左者,可以断言,其亦将多少与惠施之学无缘。

【译解】

唐人杨倞注《荀子·不苟》所援引之"或曰",当可视为对"天与地卑,山与泽平"的不易之论。"天"与"地"、"山"与"泽"在常人看来高下悬殊,其异别不言而喻。正是在这常人习焉不察、误而不疑之处,惠施试图让人们从他提示的全然陌生的视角看过去,对既经认定的观念作别一种思考。用语的陌生化看似一种措辞技巧,隐于其中的却是看得出世界、人生另一番真趣的眼光。这里要分外强调的是:"卑"("比")天地、"平"山泽不过是惠施"合同异"之指归的一个例说——山与泽一高一下两者相"异",但高下相"异"的山泽在吻接天地而使天地处处亲比无间这一点上又完全相"同","同"、"异"由此相"合"于一体。

(四)日方中方睨①,物方生方死②。

【注释】

①睨:偏斜;其在"日方中方睨"句中相对于"中"或"正中"而言。在中国古人的意识中,日月行天,日动而地静;由日有自朝而夕之动,遂有其"方中方睨"之说。单就语句而言,"日方中方睨"之意为:日当其行至正中时已正在偏斜。

②死:这里非指常识中的一次性的生命或生机的结束;它所对应的

“生”在动态行进中，因而这“死”也是一个非静态的过程。因此，其所在句“物方生方死”意即：物正生之时也是正死之时；“生”是生机的展露，也是生机的耗去，亦即“死”的进行。

【译解】

这论题是在说，万物处在不舍刹那的时间之流中每一刻都在变化，不会有瞬息的停顿。在古人的观念中，地是静止的，“日”是不停地在大地上空依一定的方向移动的。依惠施的看法，不停地移动着的“日”在它刚刚处于天的“正中”的那一刻就已经在偏斜（睨），这正与偏或“中”与“睨”在太阳看似正中的一刹那同时存在于移动着的“日”。同样，“物”有“生”必有“死”，它的“生”的开始也是它的“死”的开始，“生”历经着一个过程，“死”也历经着一个过程，而且这是顷刻不离的同一个过程；物“生”着的时候物也“死”着，“生”、“死”在同一有生之物上如影随形。一旦“生”的过程结束，“死”的过程也就结束了，物“生”的每一刹那就是“死”的每一刹那，刹那的相续对于物说来是“生”的相续，也是“死”的相续，这叫“方生方死”。“中”与“睨”（斜）对于“日”相“异”而又相依，“生”与“死”对于“物”相异而又相即，这是“同”、“异”相“合”或所谓“合同异”的又一示例。

（五）大同而与小同异①，此之谓小同异②；万物毕同毕异③，此之谓大同异④。

【注释】

①大同而与小同异：大同，指相对大范围的同类物。似亦可指相同程度较大的同类物，但从其所在论题后面所说“万物毕同毕异，此之谓大同异”看，以“大同”为相对大范围的同类物可能更切当些。小同，与“大同”相对，指相对小范围的同类物。

②小同异：指一定范围内或一定层次上的同类物既相同又相异而

其同其异可合而论之的情形。

③万物毕同毕异:万物都有相同之处而又皆各各相异。毕,皆,都。

④大同异:相对于"小同异",指整个有形世界范围内万物既有其同又皆各各相异而其同其异可合而论之的情形。

【译解】

惠施在这一论题中区分"小同异"、"大同异",乃在于强调其所主张的"合同异"的层次:经验事物的个体在"种"内的"同异"之辨或不同"种"的经验事物在"属"内的"同异"之辨是"小同异"之辨;"万物"各各相"异",而相异的万物毕竟在它们各各为"物"因而都是一种时空里的存在(占据一相对空间并发生变化)这一点上有它们的相"同"之处,这样的"同异"之辨是整个经验世界的"大同异"之辨。"小同异"之辨是一定范围的"同异"之辨,由此而有一定范围的事物之间既"同"又"异"的"合同异"之辨;"大同异"之辨是整个经验世界范围内万事万物既"异"又"同"之辨,由此而有天地万物范围的"合同异"之辨。对于惠施说来,"合同异"之辨,既包括了对这一物与那一物、这一种物与那一种物、这一物与所有其他物在同一时刻的既"异"又"同"的分辨,又包括了对某一物或某一种物在这一刻与那一刻既"同"又"异"的分辨;所以,无论是"小同异",还是"大同异",都既可以在空间扩展的意味上去说,也可以在时间推移的意味上求取。在这一意义上,正可以说,所谓"合同异"之辨总是那种动态的时空视野中的"异"中求"同"或"同"中涵"异"之辨。

(六)南方无穷而有穷。

【译解】

"天圆地方"是古代中国人根深蒂固的观念,至少,从传世的先秦载籍和迄今为止的考古发现,我们尚无从推知春秋战国时期某位先知曾有过"地圆"的猜度。"南方无穷而有穷"的论题是惠施在当时人们的天地观念背景下提出的，它同其他论题一样，以诡异的措辞示人，主要不在于传述某种新发现的知识，而在于矫正人们既成惯性的静态思维所造成的错觉。惠施借这一论题要告诉人们：任何一个被称作"南方"的地方对于比它稍南的地方来说都是北方，在"实"的世界或经验世界里，永远不会有绝对意义的"南方"。换句话说，正是因为"南"还有"南"而"南方"没有限界或边际("无穷")，所以无论怎样"南"的"南方"，都会相对地成为"北方"("有穷")；动态地看"南方"，"南方"可以说到"无穷"远处，但在这动态的"南方"中，每一处"南方"又无不可以说是更南方的某个地方的北方。在指向南方的位移中，每一个点都既是比它稍北的那个点的"南方"，又是比它稍南的那个点的"北方"，这向南位移途程中的任何一点都既"南"又"北"而亦"北"亦"南"。因"南方"之指向"无穷"而使南指中的所有"南方"之地一一变为北方之地以显出其"有穷"，并由此而使南移中所历经的每一点亦"南"亦"北"，其所道出的是"南"、"北"相即、"异"而却"同"的"合同异"的妙谛。

(七)今日适越而昔来①。

【注释】

①今日适越：今日，这里作"今时"解；现在，此时。日，古有"时"义。适，往，至。

【译解】

与"南方无穷而有穷"所表述的空间维度上的"南"、"北"的相对性相应，"今日适越而昔来"要告诉人们的是时间维度上的"今"、"昔"的相对性。破解这一论题的关键在于松开"今日"的执著。时光如水，原是刹那刹那都在流逝的。人们通常以"今日"、"昔日"计时，把时间分成有节奏的段落，只是为了生活上的方便，但习惯也往往使人们静态地看待某一时段，以致把这一时段与那一时段绝对地间隔开来。有学者谓"今日适越而昔来"之说"殊违反逻辑，不免涉于诡辩"（张默生著、张翰勋校补《庄子新释》，济南：齐鲁书社，1993 年，第 754 页），其所致误即在于今昔时段的机械划分。实际上，"日"在古代兼有"时"的意思，因此"今日"也可以解释为"今时"。如果以"今时"解"今日"，"今"与"昔"的相对就是当下的相对而不只是某个较长时段的相对。在时间之流中，今当下即是"昔"，才说是"今"，"今"已成"昔"。时间的方"今"方"昔"，正好与"日方中方睨"的理趣相贯；才"中"即"睨"方有日影的移动，才"今"即"昔"方有时间的永无止息的流逝。"适越"在"今"，但"今"在刹那间即变为"昔"，由"今"、"昔"的刹那转换领会"今日（时）适越而昔来"，并没有逻辑上的扞格，称这一论题"不免涉于诡辩"，实在是委屈了论题提出者的灵动的智慧。时间是流向无尽的未来的，这一往不返的流程的每一刹那都曾经是"今"，而这曾是"今"的那一刹那又无不因着下一个刹那的"今"的出现而成为"昔"，同一刹那会合了"今"、"昔"之"异"，这是时间维度上的"合同异"。

（八）连环可解也。

【译解】

"连环可解也"亦是援例以喻示"合同异"之说的论题。解"连环"或可比拟于《吕氏春秋·审分览·君守》所记之"解闭"（解一种死结），"解闭"的典故留下了"不解解之"的警语，解"连环"正可以从这里得到一种提示。惠施已有"物方生方死"的论题，"连环"为一物，依"物方生方死"的理路，则未始不可谓"环方连方解"。"物方生方死"所说的"死"并非死于非命的那种横死，"连环"的"解"自然也不是"引椎椎破之"（《战国策·齐六》）那样的骤然毁坏。物有生必有死，生死相从于物在时空中存在的每一个刹那；同样的道理，"连环"一经制成，一旦以环环相连的方式出现于时空，它也就开始了它的刻刻都在发生的解体的过程。"环"的每一刹那相"连"的情形都不同，其每一刹那相"连"情形的变化都既意味着"环"在时间的刹那相续中"连"着，也意味着"连"着的"环"在时间的刹那相续中"解"着——后一刹那的"连"与前一刹那的"连"的不同即是后一刹那的"连"对前一刹那的"连"的"解"。"连环"刻刻的"连"也是"连环"刻刻的"解"，"连"与"解"相"异"却又同在于"连环"存在的每一刹那，这由"连环"的"连"、"解"不二说出的理致仍在于所谓"合同异"。

（九）我知天下之中央①，燕之北，越之南是也②。

【注释】

①明世德堂本这里无"下"字，古注所本亦多有无"下"字者。今从清《古逸丛书》覆宋本、上海涵芬楼《续古逸丛书》影宋本、涵芬楼《〈道藏〉举要》本等，作"天下"。如无"下"字，此论题便为："我知天之中央，燕之北，越之南是也。"若果然所言为"天之中央"，则当以位置相对确定的星辰为参照物；既然以燕、赵之地为参照而说"中央"的位置，称"天下"或者更可取些。

②燕之北，越之南：在通常的方位判断中，"中"或"中央"应在燕之南、越之北，惠施措意以燕之北、越之南说"中央"乃在于打破囿于习惯的眼界，提醒人们重新体会"天下"之意谓。司马彪解此云："燕之去越有数，而南北之远无穷，由无穷观有数，则燕越之间未始有分也。天下无方，故所在为中，循环无端，故所行为始也。"（见陆德明：《经典释文·庄子音义下》）

【译解】

司马彪所谓"天下无方，故所在为中"，当可视为解"我知天下之中央，燕之北，越之南是也"这一论题的破的之语。这里尚可聊作申说的是："中"或"中央"原是相对于周边四围而言的，若周边无着，则"中"或"中央"无从确定。因此，真正说来，只是有限之域，亦即有周边限定的地方，才有"中"或"中央"可言；如此有限之域，小至一粒微尘，大至疆域辽阔的四方邦国，无不可寻究其"中"或"中央"。至于无限之域，既然其无涯际可觅，则"中"或"中央"自然亦无从说起。惠施所说"我知天下之中央，燕之北，越之南是也"之"天下"，非所谓"奄有四海，为天下君"（《书·大禹谟》）的那种"天下"，而是古人意想中的无边无际的天所覆盖的无边无际的大地。既然这样的"天下"无边无际，便无从找出它的一个确定的"中"或"中央"的位置。换句话说，对于无边无际的天下说来，本无所谓"中央"，若是一定要悬设其"中央"所在，则亦无处不可——"燕之北"固可，"越之南"亦未始不可。没有周边的"天下"的任何一处皆可以设其为"中央"，却又因为处处可谓"中央"而未始不可谓其处处不是"中央"；相异的"是"与"不是"、"可"与"不可"是就同一处而言的，如此正好提供了"合同异"的又一个示例。

（十）泛爱万物[①]，天地一体也[②]。

【注释】

①泛爱：普泛地爱。与墨子"兼爱"略通，但"兼爱"只及于人伦，而惠施所说"泛爱"及于万物。

②一体：和谐融洽，宛如一个整体。此处"天地一体"之"一体"可略比之于《仪礼·丧服》所谓"父子，一体也；夫妇，一体也；昆弟，一体也"之"一体"。

【译解】

"泛爱万物，天地一体也"这个收摄前九个论题的论题，申示的是"合同异"之辩的价值内涵：既然"大一"与"小一"之间的天地万物都既相"异"又相"同"，那么，从相对的"同"处看，天地原只是"一体"、一个不可割裂的整体，人处在这样的"一体"世界中，就应该同类相惜、同体相爱而"泛爱万物"。"泛爱"是"合同异"之说的主题，是惠施所有"苛察缴绕”之辞的命意所在、谜底所在。这由“天地一体”而说“泛爱万物”，看似诸多论题因果必至的一个结论，实际上作为价值祈求赋有对于所有其他论题说来的前导性。它虽然只是在最后才被道破，却自始就默寓于各论题的具体演述中。

尹文子

前言

一　尹文其人

尹文(约前360—前280),战国中叶齐国人,曾游于稷下,与宋钘(jiān)齐名。《汉书·艺文志》著录《尹文子》一篇,注称:“说齐宣王,先公孙龙。”《吕氏春秋》则载:“齐湣王是以知说士,而不知所谓士也。故尹文问其故,而王无以应。”由这两处史录可知,尹文游学、游事的年代应在齐宣王、齐湣王父子相继当位之时。

尹文游说齐宣王一事,刘向《说苑·君道》有简略而信实的记述:

> 齐宣王谓尹文曰:“人君之事(职责)何如?”尹文对曰:“人君之事,无为而能容下(宽容臣民),夫事寡易从,法省(简约)易因(依从),故民不以政获罪也。大道容众,大德容下,圣人寡为而天下理(治理)矣。《书》曰:‘睿(明智)作圣。’诗人曰:‘岐(岐周)有夷(平坦)之行(道路),子孙其保之。’”宣王曰:“善。”

尹文与齐湣王论“士”的趣闻,《吕氏春秋·先识览·正名》纂录颇为详尽,其中有这样一段极具雄辩性的话:

> 尹文曰:“言不敢无说(论据),请言其说。王之令曰:‘杀人者死,伤人者刑。’民有畏王之令,深(严重)见(被)侮而不敢斗者,是全(保全)王之令也。而王曰:‘见侮而不敢斗,是辱(耻辱)也。’夫谓之

辱者，非此(否定这样做)之谓(说法)也。以为臣(本当任用为臣子)不以为臣者，罪(怪罪)之也。此无罪而王罚之也。"齐王无以应。

从尹文以"无为而能容下"为齐宣王申说君主的职责看，可以断定他与道家学术有着不浅的渊源；从尹文对齐湣王前后抵牾的"说士"之谈的驳诘看，他显然是一位极其推重法治的名辩之士。《庄子·天下》将尹文与宋钘并提而视其为当时学术中的同一流派，《荀子·非十二子》则把宋钘与墨翟归为一派而以"上(崇尚)功用、大(推尚)俭约而僈(无)差等，曾不足以容辨异(辨别相异之处)、县(悬隔)君主"相诘责，却对尹文未予置评。合观《庄子》、《荀子》之言，撇开所评孰是孰非不论，一个不言而喻的结论当是：尹文与宋钘诚然有其同，却也有其异；凡宋钘近于墨学者，尹文与之多异，除此之外，尹文则更大程度地与之相同。

二 《尹文子》的古与今

《汉书·艺文志》标录尹文著述《尹文子》一篇，列名家。近六百年后，《尹文子》见录于《隋书·经籍志》时，其书名依旧，而书中的文字却已不再是汉时的原貌。自《隋书》以下，《旧唐书·经籍志》、《新唐书·艺文志》、《通志·艺文略》、《宋史·艺文志》等，历代载籍皆列世传本《尹文子》为名家；到清时，《四库全书》第一次将《尹文子》归入杂家。《四库全书总目提要》称：

其书本名家者流，大旨指陈治道，欲自处于虚静，而万事万物，则一一综核其实，故其言出入于黄老、申韩之间。

"书本名家者流"而"言出入于黄老、申韩之间"，这自相扞格的说法与其对《尹文子》以"杂家"视之是相应的，但也正表明《提要》并未真正理清这部典籍的运思头绪。不过，直至清末，人们并未分外留意《汉志》所列《尹文子》与隋后世传不辍的《尹文子》间可能发生的变故。

诚然，明人宋濂对今本《尹文子》已心存狐疑，其所谓"予因知统之序，盖后人依托者也。呜呼，岂独序哉"(见宋濂：《诸子辨》)即是在作一种隐示，但也仅此而已。此后，清人姚际恒曾附和宋氏之疑（见姚际恒：《古今伪书考》），然而，也仅此而已。严格说来，今本《尹文子》被径直斥为伪书始于近代。至少，近人顾实于上世纪二十年代讲疏《庄子·天下》即已断言“今本《尹文子》乃魏晋人依托之书”（顾实：《〈庄子·天下篇〉讲疏》，该书序文写于1925年），而此后系统论证今本《尹文子》为伪书的文字，最有代表性者则有唐钺发表于1927年的《尹文和尹文子》（见《清华学报》第四卷第一期）和罗根泽发表于1936年的《“尹文子”探源》（见《文哲月刊》1936年第8期）。唐文从“引用古书而故意掩晦来源”、“用秦以后的词语”、“文体不像先秦的书”、“剽袭别书的大段文字”、“袭用古书而疏谬”、“一篇之中自相矛盾”、“书中没有尹文子的主张”、“书中有些话与尹文子的主张相反”等方面举证，证明“《尹文子》确是伪书”，并强调指出：“我们要研究尹文子的学说，不能够拿今本《尹文子》作根据。”罗文则进而从“与古本不同”、“误解尹文学说”、“论及尹文以后学说”诸角度，揭示了今本《尹文子》的种种“伪迹”，并断定这一伪书出现的年代“当在魏晋，而魏晋两朝，又以在晋代的成分为多”。不过，罗根泽并未全然否定今本《尹文子》的学术价值。他说：“此书伪则伪矣，然其书言啬意丰，文简理富，聚百家而治之，合万流而一之，折中群说，兼揽众长，虽不无可议，而大体固亦整齐博赡之书。”

唐钺、罗根泽的辨伪文字有着极强的颠覆性，自此，今本《尹文子》为伪书几乎成为定论。但不同声音毕竟没有止息，胡适、伍非百、谭戒甫、汪奠基等都曾坚持认为《尹文子》世传本有其相当程度的真实性。上世纪七八十年代后，为今本《尹文子》辨诬的文字渐多，其倾向在于重新肯定世传本《尹文子》，且大有回到辨伪之前而以其不容置疑之势。然而，真正说来，辨伪者们所指出的今本《尹文子》的“伪迹”并非全然无据，例如，只是秦之后甚至汉之后才会有的术语、观念在今本《尹文子》中的大量出现，便是一个无从为之回护的问题。辨伪者的结论也许有所偏激，但针对辨伪起而驳诘的辨诬者也未始不无矫枉过正之嫌。相形之下，伍非百的说法显然更公允些。他以为："《庄子·天下篇》，论古之治道术者，以宋钘、尹文并称……综论其学曰：'以禁攻寝兵为外，以情欲寡浅为内，其大小精粗，其行适至是而止。'核以今世所传《尹文子》，大较不甚相远。"（伍非百：《中国古名家言·〈尹文子略注〉序》）不过，他所说"意其人（指尹文——引者注）本墨家之徒"（同上）一类话，却未必尽可信从。

《尹文子》古本已佚，倘要判断古、今本《尹文子》间差异的大小，先须由其他史料确定古本《尹文子》的思想宗趣及其措思的大致线索。这类可供选用的史料，除开上文已经引述的《吕氏春秋·正名》有关尹文与齐湣王论"士"的文字外，可能只有以下三者：《庄子·天下》对尹文学术的评说，刘向《别录》中涉及古本《尹文子》的文字及高诱《吕氏春秋注》关于尹文所作的注。《庄子·天下》这样评释尹文的学说：

> 不累于俗，不饰于物，不苟于人，不忮于众，愿天下之安宁以活民命，人我之养毕足而止，以此白心。古之道术有在于是者，宋钘、尹文闻其风而悦之。作为华山之冠以自表，接万物以别宥为始。语心之容，命之曰心之行。以聏（ér）合驩（huān），以调海内。请欲置之以为主。见侮不辱，救民之斗；禁攻寝兵，救世之战。以此周行天下，上说下教。虽天下不取，强聒而不舍者也，故曰上下见厌而强见也。虽然，其为人太多，其自为太少……以为无益于天下者，明之不如已也。以禁攻寝兵为外，以情欲寡浅为内。其大小精粗，其行适至是而止。

庄子之学首在明"道"，其有"古之语大道者，五变而形名可举，九变而赏罚可言。骤而语形名，不知其本；骤而语赏罚，不知其始也"（《庄子·天道》）之说。因此评说宋钘、尹文亦重在其"道"，对宋、尹可能涉及"名"（"形名"）、"法"（"赏罚"）之处则略而未论。从所谓"不累于俗，不饰于物，不苟于人，不忮于众"（不牵累于流俗，不矫饰于外物，于人无所苟求，于众无所忤逆）以至"接万物以别宥为始"（对待万物以消除偏见为首端)看，尹文与宋钘所奉行之“道”略本于庄、老；而其“道”之所导——亦即所谓价值取向——则可一言以蔽之为“以禁攻寝兵为外，以情欲寡浅为内”(外骛在于禁阻攻伐而止息兵戈，内修在于纯朴情感而淡泊欲望)。这里没有谈到尹文的“形名”观念或其对“名”的见解，但由其“道”已略可推见其论“名”或当重在世间的治理，而不重于知解的智慧，尽管他对“名”的见地不乏这样的智慧。东汉高诱注《吕氏春秋》，其注《正名》“尹文见齐王”句谓：

尹文，齐人。作《名书》一篇。在公孙龙前，公孙龙称之。

由《名书》之名可推知，高诱之前的汉人尚可一睹其真容的尹文著述可能有相当大的篇幅论说“名”或“形名”，而把握这一点则正可用以补《庄子·天下》在尹文学术评品上的某种缺略。并且，有趣的是，这时我们恰好可借重刘向《别录》关于《尹文子》的一个说法，对《庄子·天下》评释尹文的文字与高诱的注语作一种通洽的理解。刘向说：

尹文子学本庄、老，其书自道以至名，自名以至法；以名为根，以法为柄。(见元马端临《文献通考》卷二百十二《经籍》三十九《尹文子》下所引《周氏涉笔》“刘向谓”，又见《文心雕龙·诸子》清黄叔琳注所引刘向《别录》)

三条史料的互证互补，使我们由此可大略窥知古本《尹文子》之要义及其内在的逻辑线索。然而，以此为参照，我们则不难发现，今本《尹文子》虽有秦汉后的种种话语附益或窜杂其中，以至于不无依托之嫌，但在理致的大端处毕竟与古本《尹文子》相去不远。

三　今本《尹文子》旨趣述要

今本《尹文子》正文前有一篇不长的序文，署名仲长氏。序中涉及此书文本来历的文字略如下：

余黄初末始到京师，缪熙伯以此书见示，意甚玩之。而多脱误，聊试条次，撰定为上、下篇，亦未能究其详也。

依这位复姓仲长的人的叙述，他是在魏文帝曹丕当位末年(226)到洛阳时，从一位名叫缪袭(字熙伯)的人那里见到这部“意甚玩之”(心下非常喜爱)的书的。然而，书“多脱误”，经他按简册的次序编排后，撰(编)定为上、下篇。从末句“未能究其详”看，序文的作者只是对所得《尹文子》一书的诸简作了编排，并没有对其中的“脱误”做较仔细的校勘或订正，更不曾在文句或字词上有所增益。但是，今天我们所能看到的世传本《尹文子》尽管不无脱误，而脱漏或误文毕竟不多，其诚如称“此书伪则伪矣”的罗根泽所说“大体固亦整齐博赡之书”。至于今本《尹文子》中“以名、法、儒、墨治者”之类明显属于秦汉之后的话语，是否在仲长氏见到此书之前即载于其中，似已难以考稽。今仅以世传文字为准，对所见《尹文子》一书之旨趣作扼要说明。

“道”是今本《尹文子》(以下径称《尹文子》)运思的中枢，其开篇即申言：

> **大道无形，称器有名。**
>
> **大道不称，众有必名。**(《大道上》)

“大道无形”由老子所谓“道之为物，惟恍惟惚”(《老子》二十一章)、“大象无形，道隐无名”(《老子》四十一章)而来，而“大道不称”则径直掇拾于《庄子·齐物论》。此外，《尹文子》曾三次援引老子语：一为“道者，万物之奥(主)，善人之宝，不善人之所宝(保)”(《老子》六十二章，见《大道上》)，一为“以政(正)治国，以奇用兵，以无事取天下”(《老子》五十七章，见《大道下》)，一为“民不畏死，如(奈)何以死惧之”(《老子》七十四章，见《大道下》)。对“道”的看重和在相当程度上借老、庄之言以释“道”，表明《尹文子》诚如刘向所说“学本庄老”。不过，同是称“道”而谈，老、庄之“道”以“素”、“朴”为终极价值取向，这用老子的话说即是“见素抱朴，少私寡欲，绝学无忧”(《老子》十九章)，用庄子的话说即是“明白入素，无为复朴，体性抱神”(《庄子·天地》)，而《尹文子》却不同，其所谓“道”并不在终极意味上由执守“素”、“朴”而弃绝一切人为。《尹文子》的"道"没有更深的人生价值取向的底蕴,它的指归只在于天下国家的治理。在《尹文子》这里,由"道"而治是一种理想的政治,此即所谓"道治":

> [以]大道治者,则名、法、儒、墨自废。以名、法、儒、墨治者,则不得离道。……是道治者,谓之善人;藉名、法、儒、墨者,谓之不善人。(《大道上》)
>
> 道行于世,则贫贱者不怨,富贵者不骄,愚弱者不慑(惧),智勇者不矜(傲),定于分也。(《大道上》)

然而"道治"终究是一种至高的政治理想,在战国那样的乱世,可期望实现的政治依《尹文子》看只能是"法行于世"的"法"治:

> 法行于世,则贫贱者不敢怨富贵,富贵者不敢陵(凌)贫贱,愚弱者不敢冀(觊觎)智勇,智勇者不敢鄙(鄙视)愚弱。此法之不及道也。(《大道上》)
>
> 圣人者,自己出(从一己的品德才能出发)也;圣法者,自理出(从治国的道理出发)也。……故圣人之治,独治者也;圣法之治,则无不治矣。(《大道下》)

《尹文子》承认"法之不及道"("法"治不如"道治"),但从"道行于世"的"不怨"、"不骄"、"不慑"、"不矜"到"法行于世"的"不敢怨"、"不敢陵"、"不敢冀"、"不敢鄙"看,这里所说的"法行于世"("法"治)的现实追求当是在"道行于世"("道"治)这一理想目标的引导下,而这一点也可印证于其"以名、法、儒、墨治者,则不得离道"之说。可以说,《尹文子》所推重的"法"是以"道"为前提的"法",其所一再强调的"法"治或"法行于世"为"道治"或"道行于世"的光耀所引导。"法"并不即是"道",由"道"而"法"的契机或中间环节是"名"而至于"分"。

实际上,当《尹文子》说"大道无形,称器有名"、"大道不称,众有必名"时,其在"道"、"器"对举的同时,已经引出了"名"的问题。大道无名可称,但因形而上的道而获得存在依据的形而下的"器"或"众有",却不能不判之以类而称之以名。“道”与“器”关联着，“器”与“名”关联着，因此无名可称的“道”与称“器”而有的“名”便有了牵连。“大道无形”，但依“道”而有的“器”则有“形”，“器”有“形”有“名”，于是“形”与“名”关系的问题随之产生：

> 名也者，正形者也。形正由名，则名不可差。……(形)生于不称，则群形自得其方、圆。名生于方、圆，则众名得其所称也。(《大道上》)

这说法看似前后抵牾，实则蕴含了名家一种深湛的智慧。“(形)生于不称”是说有形之物(“器”)因“不称”(无名可称)的“大道”而生，而有形之物生于“道”却是“道”的不生而生，亦即有形之物因“道”而自生，所以说“群形自得其方圆”(众多有形物的方圆之形的获得是由于有形物自己)；“名”的发生则是因为有着方圆之形的有形之物，因此“众名得其所称”(众多的“名”与众多的有形之物相应)。但“名”总是某一类有形之物的名，它作为同类之“形”的称谓，也是界说这一类有形之物的概念，因而它指示了这一类有形之物的实质，换句话说，它表达着这一类有形之物成其为这一类有形之物的理由，从而为这一类有形之物提示某种标准；实际存在的这一或那一个别有形物是否体现了所属种类有形之物的实质，须得以这类有形物的“名”所提示的标准来衡量，这衡量及由衡量所要求的实存有形物与“名”的相副即是“正形”，亦即所谓“形正由名”(衡量某有形之物是否合于所属种类的有形物的实质应由“名”作尺度)。要而言之，“(形)生于不称”而“名生于方圆”是在时间先后意义上讲“形”、“名”关系，“名也者，正形之也”而“形正由名”是在个别事物实际存在状况与这类事物实质相副状况的意义上讲“形”、“名”关系，二者通洽而并不矛盾。

有了“名”，也就有了“分”，与“形”、“名”之辨相应的是所谓“名”、“分”之辨。在《尹文子》这里，“名”与“分”密切相关，却又各有所指。其举例说：

> 五色、五声、五臭、五味凡四类，自然存焉天地之间，而不期为人用。人必用之，终身各有好恶，而不能辨其名分。名宜属彼，分宜属我。我爱白而憎黑，韵商而舍徵，好膻而恶焦，嗜甘而逆苦。白黑、商徵、膻焦、甘苦，彼之名也。爱憎、韵舍、好恶、嗜逆，我之分也。定此名分，则万事不乱也。(《大道上》)

色、声、臭、味自然存在于天地之间，人为不同的色、声、臭、味命名，这"名"是因着不同的色、声、臭、味而有，并且不同的"名"指示那些不同类的色、声、臭、味的实质，所以说"名宜属彼"；而人对不同的色、声、臭、味有爱或憎、韵(欣赏)或舍(厌弃)、好或恶、嗜(嗜好)或逆(排斥)的态度，《尹文子》把这种种态度称作"分"，而这些态度为每个人自己所有，所以说"分宜属我"。这"名"与"分"的"彼"、"我"之分用在《尹文子》真正属意的政治人事或国家治理上，则是君臣、上下以至于贤、愚、贵、贱的定"名"明"分"。这里，"名"是指君、臣(作为臣子的不同等级的官吏)、贤、愚、贵、贱等，"分"却是指处在不同名位上的人所宜守持的职分。若是不同名位上的人各尽其职分，则天下国家自会得到治理而诸事决不至于紊乱不清。而这即是《尹文子》所说的：

> 名定则物不竞，分明则私不行。物不竞，非无心；由名定，故无所措其心。私不行，非无欲；由分明，故无所措其欲。(《大道上》)

> 全治而无阙者，大小多少，各当其分。农商工仕，不易其业。老农(经验丰富的农夫)、长商(精明老道的商人)、习工(技能娴熟的工匠)、旧仕(德高望重的仕宦)，莫不存(存其所长)焉。则处上者何事哉？(《大道上》)

"名定"、"分明"倘使纯然出于自然而自觉，那便是"道治"，所以《尹文子》在说到"贫贱者不怨，富贵者不骄，愚弱者不慑，智勇者不矜"的那种"道治"("道行于世")时，分外申明了"定于分也"。但战国乱世想要求得"名定"、"分明"，则舍"法"而别无蹊径。因此，《尹文子》在作了"自道以至名"的推绎后其思路又延伸到"自名以至法"：

> 故人以度审长短，以量受多少，以衡平轻重，以律均清浊，以名稽虚实，以法定治乱，以简制繁惑，以易御险难。以万事皆归于一，百度皆准于法。归一者，简之至。准法者，易之极。如此，则顽、嚚、聋、瞽，可与察、慧、聪、明同其治也。（《大道上》）

“以度审长短，以量受多少”等，是为了喻说“以名稽虚实，以法定治乱”的，这里定“名”明“分”是标的，而“法”只是保证“名定”、“分明”的手段。《尹文子》就“名”、“法”所说的一切，其宗旨倘一言以蔽之，正可谓“万事皆归于一，百度皆准于法”。“一”，诚然也可以关联于“道”，但相对于“法”，它也许被了解为定“名”明“分”更确切些。“准法”固然说的是以“法”为绳墨，“归一”则也意味着诸事以“名定”、“分明”为指归，所谓“归一”而“准法”，说到底不过是“道行于世”导示下的“法行于世”。

《尹文子》作为名家著述，其对“名有三科”——“命物之名”、“毁誉之名”、“况谓之名”（见《大道上》）——的划分，对世间“违名以得实”、“因名以失实”（见《大道上》）现象的说明，对作为“物之通称”之名（如“好”）与作为“物之定形”之名（如“牛”、“马”、“人”等）的区别与关联——“以通称随定形，不可穷极”（“好牛”、“好马”、“好人”……）（见《大道上》）——的探究，都达到了无愧于所在时代的深度，但其论“名”并不在于建构一个首尾贯通的名学体系，而更多地是为了定“名”、明“分”以谋求不无“道治”向往的“法”治。所以，由“名”而及于言行，《尹文子》声称：

> 有理而无益于治者，君子弗言；有能而无益于事者，君子弗为。君子非乐有言，有益于治，不得不言；君子非乐有为，有益于事，不得不为。故所言者不出于名、法、权、术，所为者不出于农稼、军阵，周务而已。（《大道上》）

“所言不出于名、法、权、术”，《尹文子》所称述的这一言说原则始终为其本身所笃守。其属文缀句除依“道”言“名”、因“名”言“法”外，也对“权”、“术”多有涉及：所谓“奇者，权术是也。以权术用兵，万物所不能敌”(《大道下》)固然是在为君主讲说“权”、“术”,而所谓“刑罚中,则民畏死。畏死,由生之可乐也。知生之可乐,故可以死惧之”(《大道下》),所谓“古之为国者,无使民自贫富,贫富皆由于君,则君专所制,民知所归矣”(《大道下》),所谓“人君处权乘势,处所是之地,则人所不得非也”(《大道上》)等,也未尝不是在为君主讲说“权”、“术”。但对于《尹文子》说来,“权”、“术”对于“名”、“法”一如“名”、“法”对于“道”原是一体的,因此我们从中可读到这样的文字:

> 道不足以治则用法,法不足以治则用术,术不足以治则用权,权不足以治则用势。势用则反(返)权,权用则反术,术用则反法,法用则反道,道用则无为而自治。故穷则徼(依次至)终,徼终则反始。始终相袭,无穷极也。(《大道上》)

“道”、“法”、“术”、“权”、“势”,“名”似乎不在这“徼终则反始”的五种治国方略之中,然而这五种治国方略却无一不关涉定“名”明“分”。列于名家的《尹文子》不以用“名”为“用道”、“用法”、“用术”、“用权”、“用势”等诸“用”之一,却使它在“用道”而至“用势”中无处不有,这真可谓此处无“名”而胜似有“名”了。

四 结语

今本《尹文子》诚然不再是著录于《汉书·艺文志》的《尹文子》,但以《庄子·天下》对尹文所治“方术”的评说、刘向《别录》对《尹文子》一书要义的抉示、高诱对《吕氏春秋·正名》所载“尹文见齐王”一事所作的注等为参照,可大体认定,世传至今的《尹文子》与古本之意趣在大端处相去不远。如能对窜杂其中的战国末叶以至秦汉之后的若干观念与用语有所留意,其仍不失为考寻尹文思想之原委的重要史料。

综核今本《尹文子》与《庄子·天下》、刘向《别录》、《吕氏春秋·正名》及高诱注以作判断,尹文当属早期名家人物。所谓“名也者,正形者也。形正由名,则名不可差……(形)生于不称,则群形自得其方圆。名生于方圆，则众名得其所称也”，所谓“无名，故大道不称；有名，故名以正形。今万物具存，不以名正之则乱。万名俱列，不以形应之则乖。故形名者，不可不正也”（《大道上》），可能是尹文为此后以“名”称家的学术流派留下的奠基性文字和经典性话语。先秦名家略分两派：一是着眼于时空中实际存在的事物以求用“名”（名称、概念、言语）对其作出尽可能切近的表达，一是着重于“名”所指示的一类事物的实质而以此为标准衡量实际存在的事物与之相副的程度，以求对现存事物有所督正；前者必至引出“两可”之说，其以邓析为先驱而以惠施为典型，后者必至倡言“控名责实”，其以尹文为前导而大成于公孙龙。尹文“以名为根，以法为柄”，其或更重“名”在国家治理中的切实运用，但他毕竟以“形之与名，居然别矣”（《大道上》）、“形正由名”、“名以正形”之说，为公孙龙昭示“离也者天下，故独而正”（《公孙龙子·坚白论》）、“正其所实者，正其名也”（《公孙龙子·名实论》）的名学体系的建构提供了决定性的启示。换言之，高诱所谓“（尹文）在公孙龙前，公孙龙称之”决非无据之谈。

鉴于今本《尹文子》的史料价值，兹对这一至今仍不无争议的文献注、译于后，愿尹文及名家著述的论究者于参考、质疑之余不吝赐正。

附识：

本书所注、译《尹文子》之原文以明正统《道藏》本（上海涵芬楼影印版）为底本，参校以《群书治要》本、《守山阁丛书》本、《百子全书》本及汪继培、王启湘、陈仲荄、钱基博、王恺銮、伍非百诸家之校注。所附《尹文子》逸文，以《守山阁丛书》本为底本，注、译时核对了《意林》、《文选注》、《艺文类聚》、《太平御览》等所辑之相关文字。

大道上

【题解】

《尹文子》原为一篇，篇名取自首句“大道无形”的“大道”；也许由于篇幅稍长而前后所论的侧重略有不同的缘故，这被编纂成集而互不连属的数十则文字又被分为上、下两部分，上篇称作《大道上》。本篇从“道”说起，以“道”与“器”的对举引出了“形”与“名”关系的分辨，又由“形”与“名”关系的分辨进到“名”与“分”关系的探究，而这一切的指归则在于申论：如何以“道行于世”为最高目标而实现所谓“法行于世”，如何相应于“万事皆归于一”而做到“百度皆准于法”。

“道”是《尹文子》演述思趣的至高范畴，其开篇即提出的“大道无形”、“大道不称”的说法径直取自老、庄，而对老子所谓“道者，万物之奥，善人之宝，不善人之所宝（保）”（《老子》六十二章）的援引也正表明了这一文献的纂集者同道家学术的渊源之深。但这里对“道”的借重更多地只是为了使其心目中的“道治”获得一种神圣感，而并没有依从“道”在老、庄那里的“见素抱朴”（《老子》十九章）或“无为复朴”（《庄子·天地》）的价值取向。“（以）大道治者，则名、法、儒、墨自废；以名、法、儒、墨治者，则不得离道。”这里所说的“（以）大道治者”即“道治”，亦即：“道行于世，则贫贱者不怨，高贵者不骄，愚弱者不慑（恐惧），智勇者不矜（倨傲），定于分也。”不过，“道治”固然最值得向往，而在战国乱世所真正可希望实现的却只能是法治或所谓“法行于世”:“法行于世,则贫贱者不敢怨富贵,富贵者不敢陵(欺凌)贫贱,愚弱者不敢冀(觊觎)智勇,智勇者不敢鄙(鄙视)愚弱。此法之不及道也。”“法”治虽然不及“道治”,但“法行于世”的“法”却是由“道”而“法”,其“法”治为“道治”之光所照亮,而其中间环节即是正“名”定“分”。于是,“形名”就成了《尹文子》措意颇深的话题。

《尹文子》的纂集者认为,“名也者,正形者也。形正由名,则名不可差”;同时,他又指出,“(形)生于不称(无名可称的道),则群形自得其方圆。名生于方圆,则众名得其所称也。”依前一种提法,“名”主动于“形”,“形”须得由“名”来“正”;依后一种提法,“形”主动于“名”,“名”由“形”而“生”。两种提法看似相互抵牾,其实却表达了这样一种“形”、“名”关系:从发生时间的先后上讲,有了“形”(有形状的“器”或器物)之后,才有了“名”或命名的必要,这即是文中所说“称器有名”;但从“名”对同类之“形”的领率看,“名”作为界说一类有形之物的概念,它是对这类有形之物的实质的喻示,它蕴含着这类有形之物成其为这类有形之物的理由并因此而与“道”相通,所以实际存在的这一或那一个别有形之物是否体现了所属物类的性态,便须由“名”所提示的标准作裁别,而这则正是所谓“形正由名”。《大道上》中涉及“形”、“名”关系和由这一关系所派生的“名”、“分”关系的文字颇多,但都可以从“称器有名”(“名”由“形”而“生”)与“形正由名”的辩证联结上获得思路条畅的理解。

大道无形①,称器有名②。名也者,正形者也③。形正由名,则名不可差。故仲尼云“必也正名乎④!名不正,则言不顺”也。

【注释】

①道:先秦诸子运思、立论的最高范畴,它由通常所谓道路之道升

华而来，用以喻示人生而至于天地万物的某种终极性道理或终极性依据。《周易·系辞上》称“形而上者谓之道”，“道”在晚周被赋予了“形而上”的品格。

②称器有名：由于称呼事物，就有了种种名称。称，称呼，述说。器，这里指时空中存在的各种事物；其相对于“道”而言，为《周易·系辞上》所说“形而下者谓之器”的“形而下者”。名，名称，名号；这里，“名”相对于“形”而言，它用以称谓分门别类的有形事物，也因此而指示一类事物的本质属性或当有属性。

③正形：以一类事物的当有属性为标准，衡量并匡正该类事物中的某一事物。形，这里指有形事物。

④正名：辨正名分，以求名实相副。这里指辨明某类人或事物的本质属性或当有属性，以求确立用来衡量现实的人或事物的某种标准。

【译文】

大道没有形迹，由于称呼各类事物方才有了种种名称。名或名称指示着一类事物的当有属性，可作为标准来衡量或匡正这类事物中的某一现实事物。既然对有形事物的衡量或匡正有赖于名，那么名就不能有差错。所以，仲尼才说了“一定要辨正名分！名分不正，说话就不会顺当”这样的话。

大道不称①，众有必名②。生于不称③，则群形自得其方、圆④，名生于方、圆⑤，则众名得其所称也⑥。

【注释】

①大道不称：大道是无从以名相称的。此“大道不称”，取自《庄子·齐物论》所谓“大道不称，大辩不言，大仁不仁，大廉不嗛(qiān)，大勇不忮(zhì)”(大道无名可称，大辩不逞言辞，大仁无

所偏爱,大廉不作谦虚姿态,大勇没有凶狠之相)。

②众有必名:万物必得有其名称。众有,万物。

③生于不称:万物生于大道。不称,这里承接上文代指大道。

④群形自得其方、圆:众多有形之物自己获得其方、圆之形。群,多,众多。方、圆,这里泛指有形之物的各种形状。

⑤名生于方、圆:名由有形的万物而产生。方、圆,这里指有着各种形状的万物。

⑥众名得其所称:众多名称各各适宜于其所称的事物。得,适宜。所称,指被称谓的事物。

【译文】

大道是无名可称的,万物却必得有其名称。万物因大道而生,众多有形之物自己获得其方、圆之形。名称由于有形的万物而产生,众多名称各各相宜于它们所称谓的事物。

[以]大道治者[①],则名、法、儒、墨自废[②]。以名、法、儒、墨治者,则不得离道。老子曰:"道者,万物之奥,善人之宝,不善人之所宝。"[③]是道治者,谓之善人;藉名、法、儒、墨者,谓之不善人。善人之与不善人,名分日离[④],不待审察而得也[⑤]。

【注释】

①大道治者:以大道治理国家。从下句"以名、法、儒、墨治者"看,此句句首当有"以"字。

②自废:自当废弃。

③此"老子曰"句出自《老子》六十二章。"万物之奥",即万物之所归宗;"奥",当训为"注",意即流注、归向,《老子》帛书本此句即

为“万物之注”。“不善人之所宝”，谓不善于治国之人也为道所保摄；此句之“宝”同“保”。

④名分日离：谓善于治国之人与不善于治国之人由名而分，日渐区别。

⑤不待审察而得：无须仔细察看即可知晓。待，须，需要。审，详细，仔细。得，明白，知晓。

【译文】

以大道治理国家，名家、法家、儒家、墨家的治国方式相形见绌，自然会被废弃。以名家、法家、儒家、墨家的方式治理国家，却终究不可背离大道。老子说：“道，为万物之所归，是善于治国者的瑰宝，而不善于治国者也往往为其所庇佑。”以道治理国家的，是善于治国之人；凭借名家、法家、儒家、墨家的主张治理国家的，是不善于治国之人。善于治国之人与不善于治国之人由名（“道”与“名”、“法”、“儒”、“墨”）而分，其区别日渐分明，这种情形无须详审明辨即可知晓。

道不足以治则用法[①]，法不足以治则用术[②]，术不足以治则用权[③]，权不足以治则用势[④]。势用则反权[⑤]，权用则反术，术用则反法，法用则反道，道用则无为而自治。故穷则徼终[⑥]，徼终则反始。始终相袭[⑦]，无穷极也。

【注释】

①道不足以治则用法：在一定情势下，难以依道治理国家，于是就用法。法，指律法、政令，韩非所谓“以法为本”（《韩非子·饰邪》）之法即是此法。

②术：指用以驾驭臣属的策略、手段。《韩非子·守法》谓：“术者，因任而授官，循名而责实，操杀生之柄，课群臣之能者也。此人

主之所执也。”（术，是指根据才能授予其官职，依照名位督促检查其实际所为，操持生杀予夺的权柄，考核诸位臣子是否胜任。这是君主所要掌握的。）其论及的“术”，即指此。

③权：指处理君臣上下关系时所施用的计谋、谋略。

④势：与地位相应的威势。《韩非子·功名》谓：“有材而无势，虽贤不能制不肖。”（有才能而没有势位，即使是贤者也不能节制那些才德低下的人。）其强调的“势”，即指此。

⑤势用则反权：用势就必至于返回到用权。反，同“返”，返回、还归。

⑥穷则徼（jiào）终：作用穷尽而依次达于止境。徼，巡；逐个、依次之意。终，与“始”相对，指终了、终结。

⑦始终相袭：开端与终点相承接、相沿袭。袭，继承，沿袭。

【译文】

时迁势移，在一定情势下难以依道治理国家时就会采用法，法不足以治理国家时就会取用术，术不足以治理国家时就会使用权，权不足以治理国家时就会借用势。借用势治理国家就会回归于用权，使用权治理国家就会回归于用术，取用术治理国家就会回归于用法，采用法治理国家必至于回归到依道而行，奉行道则无所施为而国家自会不治而治。所以，这些治国的方术，一旦其作用穷尽而依次到了止境，就会由终端返向起始，此一开端与彼一终点相承接、相沿袭，这种情形永无终止。

有形者必有名，有名者未必有形。形而不名[①]，未必失其方、圆、白、黑之实；名而[无形][②]，不可不寻名以检其差[③]。故亦有名以检形[④]，形以定名[⑤]，名以定事[⑥]，事以检名[⑦]。察其所以然，则形、名之与事物，无所隐其理矣[⑧]。

【注释】

①形而不名：有形之物而未曾予以命名。

②名而[无形]：有名可称而没有形体的物事。《道藏》本、《群书治要》本、守山阁本、《百子全书》本等此处皆脱“无形”二字，此句既与上句“形而不名”对举，则当补“无形”以顺其句脉。孙诒让《札迻·尹文子·大道上》云：“‘名而’下当有‘无形’二字，各本并脱。‘名而无形’，古上文‘形而不名’正相对。”其说甚是，可从。

③不可不寻名以检其差：不能不依循名之所指的应然之境以察验其差失。寻，依循，按照。检，考查，察验。

④名以检形：依据名来检验有形之物。

⑤形以定名：依据有形之物来确定其相应的名称。

⑥名以定事：依据名来鉴定为名所称之事与名相副的程度。

⑦事以检名：依据实有之事来验证用以指事的名是否恰当。

⑧无所隐其理：其理明晓而无所隐蔽。

【译文】

有形之物一定可予命名，有名可称者却未必有形可见。有形之物而未曾予以命名，不会失去其方、圆、白、黑等性状之实；有名可称而没有形体的物事，则不可不依循名所指向的应然之境来察验其差失。因此也就有了名与有形物和无形物的这样的关系：依据名来检验有形之物，依据有形之物来确定其相应的名称，依据名来鉴定为名所称之事与名相副的程度，依据实有之事来验证用以指事之名的是否恰当。细究其原委，那形、名及其与事物间关系的真相就会明晓于人而无所隐蔽。

名有三科[①]，法有四呈[②]。一曰命物之名[③]，方、圆、白、黑是也；二曰毁誉之名[④]，善、恶、贵、贱是也；三曰况谓之名[⑤]，贤、愚、爱、憎是也；一曰不变之法，君臣、上下是也；二曰齐俗之法[⑥]，能鄙、同异是也[⑦]；三曰治众之法[⑧]，庆赏、刑罚是也[9];四曰平准之法[10],律度、权量是也[11]。

【注释】

①科:品类,等级。这里用作量词,略相当于类、种。

②呈:准则,程式。这里用作量词,略相当于类、种。

③命物之名:称呼品物的名称。这种名即上文所说"有形者必有名"之名。命,命名,称呼。

④毁誉之名:贬斥或赞誉人或事物所用的名。

⑤况谓之名:以比较方式言说人或事物所用的名。"毁誉之名"、"况谓之名"皆属上文所说"有名者未必有形"的那种名。

⑥齐俗:使风俗一致。东汉学者高诱为《淮南子·齐俗训》作题注谓:"齐,一也。四宇之风,世之众理,皆混其俗,会为一道也,故曰齐俗。"(齐,一致。四方的风气,世间的众多道理,都混杂在习俗中,使其达于一致,所以称之为齐俗。)

⑦能鄙:有能力者与无能者。鄙,浅陋,这里指浅陋无知者。

⑧治众:治理民众。

⑨庆赏:赏赐,奖赏。

⑩平准:平衡,公平。

⑪律度、权量:标准计量单位及相应器具。度,指长度的计量、度算;古代计度出于黄钟之律,所以称作律度。权量,即权与量,测定轻重、多少的器具;权为用以测定重量的秤,量为斗、斛等,用以计量麦、粟及其他物的容器。

【译文】

名有三类,法有四种。三类名:一为称呼品物之名,它指示物的方、圆、白、黑;二为贬责或赞誉人或事物之名,它表达言说者对所言对象的喜爱或厌恶、尊尚或鄙视;三为以比较方式谈论人或事物之名,它评说所论对象的贤良或愚昧、仁惠或可憎。四种法:一为不变之法,它规定君臣上下的关系;二为齐俗之法,它使有能者与无能者、习尚相同者与不同者在风俗上达于一致;三为治众之法,它定立一个标准以对所治臣民施予奖赏或刑罚;四为平准之法,它对度算单位及计量器具作出规定。

术者,人君之所密用①,群下不可妄窥②。势者,制法之利器③,群下不可妄为④。人君有术而使群下得窥,非术之奥者⑤。有势[而]使群下得为⑥,非势之重者。大要在乎先正名分⑦,使不相侵杂。然后术可秘⑧,势可专。

【注释】

①人君之所密用:为君主所秘密使用。人君,君主。

②群下不可妄窥:群臣不可非分窥视。群下,群臣。妄,非分。

③制法之利器:维系法度的精良器具。制法,制度,法制。利器,锋利的武器或精良的器具,这里用以喻说法度得以维系的重要手段。

④妄为:非分求取。为,求取。

⑤非术之奥者:不是术的深藏不露者。奥,深,深藏。

⑥有势[而]使群下得为:《道藏》本、《群书治要》本、守山阁本、《百子全书》本等,此句皆为"有势使群下得为",今据《说郛》本于"势"后补一"而"字。

⑦大要在乎先正名分:要旨在于首先端正名位与身份。名分,这里指君臣的名位、身份。

⑧秘:保守秘密。

【译文】

术,为君主所秘密使用,群臣不可非分窥视。势,是维系法度的重要手段,群臣不可非法求取。君主施用之术,倘使能为群臣所窥知,那就不是深藏不露的术。君主拥有之势,倘使能为群臣所窃取,那就不是尊贵而不可轻犯之势。要旨在于首先厘正名分，使君臣各守其道，不相越位侵扰。然后术的秘密方可为君主所保守，而作为国家利器的势方可为君主所专有。

名者，名形者也[①]。形者，应名者也[②]。然形非正名也[③]，名非正形也[④]。则形之与名，居然别矣[⑤]。不可相乱[⑥]，亦不可相无[⑦]。无名，故大道无称[⑧]；有名，故名以正形[⑨]。今万物具存[⑩]，不以名正之，则乱。万名俱列[⑪]，不以形应之，则乖[⑫]。故形名者，不可不正也。

【注释】

①名形：命名有形事物。

②应名：相应于名。应，应和。

③形非正名：形不可以证实名。正，通"证"，证实。

④名非正形：此句"名非正形也"后《道藏》本衍"则形也"三字，今据守山阁本、《百子全书》本删之。句意为：名不可以证实形。此句与上句所言在于强调，名自是名，形自是形，名虽命形，形虽应名，但二者毕竟不同，不可相互证实，不可以同一系统之物事视之。

⑤居然别：显然有别。居然，显然。

⑥相乱：相混淆。乱，混淆。

⑦相无：相非，相互否定。无，非，否定。

⑧大道无称：即大道不称，谓大道不可命名，不可称说。

⑨名以正形：名用以端正或厘正有形事物。此"名以正形"与上文所言"名非正形"并不矛盾，"名以正形"之"正"，意为端正、厘正，"名非正形"之"正"，意为证实、证明。

⑩具存：即具在，全部存在。具，完全，全部。

⑪具列：悉数列举，一一列举。

⑫乖：差谬，差错或谬误。

【译文】

名，是用来命名有形事物的。有形之物，是相应于称呼它的名的。但形不可以证实名，名也无从证实形。形与名，显然有别而不可以同一系统的物事看待。两者不可相混淆，两者也不可相互否定。就大道无从称说而言，名可予以弃置；就名可以厘正有形之物而言，名又不能不予以肯定。如今万物皆在眼前，不以名予以厘正就会杂乱而没有头绪；诸多名称皆一一可予列举，不以有形之物与其相应就难免会出差错或谬误。因此，形与名的关系不可不予以辨正。

善名命善①，恶名命恶②。故善有善名，恶有恶名。圣、贤、仁、智，命善者也③。顽、嚚、凶、愚，命恶者也④。今即圣、贤、仁、智之名⑤，以求圣、贤、仁、智之实⑥，未之或尽也⑦。即顽、嚚、凶、愚之名，以求顽、嚚、凶、愚之实，亦未之或尽也。使善、恶之名，画然有分⑧，虽未能尽物之实⑨，犹不患其差也。故曰，名不可不辩也⑩。

【注释】

①善名命善：以褒意的名称呼善的物事。前一“善”为形容词，意为褒扬的、赞美的；后一“善”为名词，指善的物事，即善事、善行、善人等。这里所说的“善名”及下文所说的“恶名”皆为上文提到的“毁誉之名”。

②恶名命恶：以贬意的名称呼恶的物事。前一“恶”为形容词，意为贬抑的、诋斥的；后一恶为名词，指恶的物事，即恶事、恶行、恶人等。

③圣、贤、仁、智，命善者也：“圣”、“贤”、“仁”、“智”这些褒意的名，是用来命名那些善事、善行和善人的。

④顽、嚚(yín)、凶、愚,命恶者也:"顽"(顽劣、顽固)、"嚚"(暴虐、奸诈)、"凶"(凶狠、凶恶)、"愚"(愚昧、愚妄)这些贬意的名,是用来命名那些恶事、恶行和恶人的。

⑤即圣、贤、仁、智之名:依据"圣"、"贤"、"仁"、"智"这些名。即,依据,按照。

⑥求圣、贤、仁、智之实:责求或检验被以"圣"、"贤"、"仁"、"智"相称的人或行为的实际情形。求,责求。

⑦未之或尽:名与实未必时常全然一致。或,常,时常。尽,完全,全部;这里指全然一致。

⑧画然有分:明确有划分。画然,界限分明的样子。此句与上句《道藏》本作"使善恶之尽然有分",守山阁本、《百子全书》本等皆作"使善恶尽然有分"。伍非百《尹文子略注》指出:"此句旧有脱误:(一)'使善恶之名','之名'二字,各本皆无。惟《道藏》本有'之'字,但仍脱'名'字,盖由各本误删去'之'字也。今以上下文义校之,当补'名'字。盖此段皆论'辩名'……《道藏》本脱一'名'字,各本又误删去'之'字,遂致上下文有漏义耳。(二)'画然有分',画(畫)旧作尽(盡),形近而误。画然,分别貌。《庄子·庚桑楚》'其臣之画然知者去之',即其义。画然有分,谓名词之定义,内包外延,界限分明,如画线之各别也。"伍说甚是,今从之。

⑨虽未能尽物之实:即使不能全然合于事物的实际情形。

⑩辩:通"辨",辨别,区分。

【译文】

以褒义的名称呼善的人或事物,以贬义的名称呼恶的人或事物。因此,善人、善行、善事有善名,恶人、恶行、恶事有恶名。圣、贤、仁、智等褒义的名,被用来命名那些善人、善行、善事;顽、嚚、凶、愚等贬义的名,被用来命名那些恶人、恶行、恶事。现在依据圣、贤、仁、智等名,责求被以这些名相称的人或行为的实际情形，名与实未必常能全然一致。依据顽、嚚、凶、愚等名，察验被以这些名相称的人或行为的实际情形，名与实也未必常能全然一致。然而，倘若善名与恶名明确有所划分，即使名称不能与名称所指的实际情形全然相合，也可不必顾虑这中间可能出现的误差。所以说，名是不可不分辨的。

名称者[①]，别彼此而检虚实者也[②]。自古至今，莫不用此而得，用彼而失。失者，由名分混；得者，由名分察[③]。今亲贤而疏不肖[④]，赏善而罚恶，贤、不肖、善、恶之名宜在彼[⑤]，亲、疏、赏、罚之称宜属我[⑥]。我之与彼，又复一名[⑦]，名之察者也。名贤、不肖为亲、疏[⑧]，名善、恶为赏、罚，合彼我之一称而不别之[⑨]，名之混者也。故曰，名称者，不可不察也。

【注释】

①名称：此"称"及下文"亲疏赏罚之称"、"名称者不可不察也"之"称"，或皆当作"分"，其由本节文字旨在倡说"名分察"而力戒"名分混"可知。对此，陈仲荄之《尹文子直解》已有指出。

②别彼此而检虚实：《道藏》本此句之"别"作"何"，今据守山阁本改。此句意为：分别彼与此而检验其虚与实。检，检验。

③名分察：明辨名分。察，明辨，详审。

④亲贤而疏不肖：亲近贤者而疏远不肖之徒。

⑤贤、不肖、善、恶之名宜在彼："贤"、"不肖"、"善"、"恶"等名应当用于对方。宜，应当，应该。彼，他，对方，客方。

⑥亲、疏、赏、罚之称宜属我："亲"、"疏"、"赏"、"罚"等名应当归于主方我。

⑦又复一名：（"我"和"彼"）又构成再一个层次的名。复，再。

⑧名贤、不肖为亲、疏：把“贤”、“不肖”称作“亲”、“疏”。

⑨合彼我一称而不别之：将用于对方的名与用于主方的名（分）合为一种称谓而不加以区别。称，名称，称谓。

【译文】

名分，在于分别彼与此而检验虚与实。从古到今，莫不由此而有所得，由彼而有所失。失，是由于名分混淆；得，是由于明辨名分。通常所谓亲近贤者而疏远不肖之徒，褒赏善人善行而惩罚恶人恶行，那“贤”、“不肖”、“善”、“恶”之名应当是就对方而言的，而“亲”、“疏”、“赏”、“罚”之分应当是就我方而言的。这样，“我”与“彼”又构成再一个层次的名，这是对名的明辨详审。把“贤”、“不肖”称作“亲”、“疏”，把“善”、“恶”称作“赏”、“罚”，把用于客方的名与用于主方的名（分）合为一谈而不加以区别，这是对名的混淆。所以说，对于名与分，不可不仔细而明确地辨别。

语曰“好牛”，又曰不可不察也[①]。“好”则物之通称[②]，“牛”则物之定形[③]，以通称随定形，不可穷极者也[④]。设复言“好马”[⑤]，则复连于“马”矣，则“好”所通无方也[⑥]。设复言“好人”，则彼属于“人”也。则“好”非“人”、“人”非“好”也[⑦]。则“好牛”、“好马”、“好人”之名自离矣。故曰：名、分不可相乱也[⑧]。

【注释】

①又曰：此为衍文，当删。陈仲荄《尹文子直解》以“又曰不可不察也”七字皆为衍文，今由上下文之文脉看，或断其衍“又曰”二字更切当些。

②“好”则物之通称：“好”是对所当称赞之人或物的通称。则，是。物，指人与物。

③“牛”则物之定形：此句之“形”与下句“以通称随定形”之“形”，皆当为“名”。陈仲荄《尹文子直解》对此已指出。倘“形”作“名”，则该句意为：“牛”是一种动物的“定名”。

④不可穷极：不可穷尽。这里指以通称随定名而构成的复合名称可以有无穷多个。

⑤设复言“好马”：若是再说“好马”。设，这里为假设连词；若，倘若、设使之意。

⑥“好”所通无方：“好”这一通称所通没有限制。无方，没有方所（方向、处所）或没有范围的限制。

⑦“好”非“人”、“人”非“好”：“好”这样的通常不是“人”那样的定名，“人”这样的定名不是“好”那样的通称。

⑧名、分：由上文所谓“定形（名）”、“通称”可知，这里“名、分”当为“名、称”，即“定名”与“通称”。

【译文】

常言说“好牛”，对这说法不可不留心分辨。“好”是对所当称赞的人或物的通称，“牛”是一种动物的定名，以通称随定名，其所构成的复合名称可以有无穷多个。若是又说“好马”，“好”这一通称又与“马”这一定名相连了，可见“好”这一通称的所通没有范围的限制。若是又说“好人”，那么“好”这一通称又关联着“人”了。“好”这一通称不是“人”那样的定名，“人”这样的定名不是“好”那样的通称。懂得了这一点，“好牛”、“好马”、“好人”这些名自然也就会区别开了。所以说，定名与通称不可相混淆。

五色、五声、五臭、五味凡四类①，自然存焉天地之间②，而不期为人用③。人必用之④，终身各有好恶，而不能辩其名分。名宜属彼⑤，分宜属我⑥。我爱白而憎黑，韵商而舍徵⑦，好膻而恶焦，嗜甘而逆苦⑧。白黑、商徵、膻焦、甘苦，彼之名也。爱憎、韵舍、好恶、嗜逆，我之分也。定此名分，则万事不乱也。

【注释】

①五色、五声、五臭、五味：五色，指青、赤、黄、白、黑五种颜色。五声，指角(jué)、徵(zhǐ)、宫、商、羽五个音级。五臭，指膻(shān)、焦、香、腥、朽五种气味。五味，指酸、苦、甘、辛、咸五种味道。

②自然存焉天地之间：自自然然地存在于天地之间。焉，此处作介词，于。

③不期为人用：无意于被人所用。不期，不意。

④人必用之：人们都用它。必，通“毕”，意为都、俱或皆。

⑤名宜属彼：名(色、声、臭、味)理当系属于对象彼。

⑥分宜属我：分(爱憎、韵舍、好恶、嗜逆)理当属于与对象发生关系的我。《道藏》本此句句首脱一“分”字，今据守山阁本、《百子全书》本补之。

⑦韵商而舍徵：喜欢商音而舍弃徵音。韵，这里作动词，美之意，亦即喜欢。

⑧嗜甘而逆苦：喜好甜味而排斥苦味。嗜，喜好，喜爱。逆，排斥，拒绝。

【译文】

青、赤、黄、白、黑五种颜色，角、徵、宫、商、羽五个音级，膻、焦、香、腥、朽五种气味，酸、苦、甘、辛、咸五种味道，色、音、臭、味共四类，它们自自然然地存在于天地之间，无意于为人所用。世间的人用它们，终其一生各有喜好与厌恶，却不能辨别其名分。名，理当系属于色、声、臭、味等对象；分，理当系属于与对象发生关系的我。我喜爱白色而讨厌黑色，喜欢商音而厌弃徵音，喜好膻的气味而厌恶焦的气味，嗜悦甜的味道而排斥苦的味道。白与黑、商与徵、膻与焦、甘与苦，是那色、音、臭、味的名，而爱与憎、喜欢与厌弃、好与恶、嗜悦与排斥，则是与色、声、臭、味发生关系的我的分。确定了这些名和分，万事就不会紊乱不清。

故人以度审长短①，以量受多少②，以衡平轻重③，以律均清浊④，以名稽虚实⑤，以法定治乱，以简制繁惑⑥，以易御险难⑦。以万事皆归于一，百度皆准于法⑧。归一者，简之至。准法者，易之极。如此，则顽、嚚、聋、瞽，可与察、慧、聪、明同其治也⑨。

【注释】

①以度审长短：以标准长度单位计量长短。度，计量长短的标准；这里指依一定计量标准确定的长度单位。审，察知，这里指计量。

②以量受多少：以标准容量单位计量多少。量，依一定标准确定的容量单位。受，计量。

③以衡平轻重：以秤来称量轻重。衡，秤。

④以律均清浊：以标准的定音仪器调节音的清浊。律，古代用竹管或金属管制作的定音仪器，以管的长短确定音阶高低。均，调，调节，调和。

⑤稽：查考，察验。

⑥繁惑：繁乱，繁杂混乱。惑，乱。

⑦御：控驭，驾驭。

⑧百度皆准于法：百事都以法为准。百度，百事，各种制度。

⑨顽、嚚、聋、瞽可与察、慧、聪、明同其治：《道藏》本“与”作“以”，“与”意长，今据《群书治要》本、《百子全书》本改“以”为“与”。此句意为：迟钝者、声哑者、失聪者、失明者可与敏察者、慧辨者、耳

聪者、目明者一样治理国家。顽，麻木，迟钝。嚚，哑，失声。

【译文】

所以人们以丈、尺、寸等标准长度单位测量长短，以斛、斗、升等标准容量单位计量多少，以秤称量轻重，以标准的定音仪器调节音色的清浊，以名察验事物的虚实，以法决定国家的治乱，以简约制裁繁乱，以简易控驭艰难。使万物皆归宗于一，使百事皆准裁于法。归宗于一，是简的至境。准裁于法，是易的极致。这样，即使是那些迟钝者、声哑者、失聪者、失明者，也可与敏察者、慧辨者、耳聪者、目明者一样治理国家。

天下万事，不可备能①。责其备能于一人②，则贤圣其犹病诸③。设一人能备天下之事④，则左右、前后之宜⑤，远近、迟疾之间⑥，必有不兼焉⑦。苟有不兼，于治阙矣⑧。全治而无阙者，大小多少，各当其分⑨。农商工仕，不易其业⑩。老农、长商、习工、旧仕⑪，莫不存焉。则处上者何事哉？

【注释】

①备能：皆能，无所不能。备，皆，尽。

②责：要求，期望。

③贤、圣其犹病诸：怕是贤者、圣人也会有所不足呢。其，这里作推测语助词，有大概、也许、恐怕意。病，疵病，缺陷，不足。

④设一人能备天下之事：设使某一人能做天下所有的事。

⑤则左右、前后之宜：其左右、前后都做得恰当或适宜。“则”，《道藏》本作“能”，现据《群书治要》本改“能”为“则”。

⑥远近、迟疾之间：远近、缓急之间的分寸感。

⑦不兼：兼顾不到。

⑧于治阙矣：在国家治理上就有缺漏了。阙，缺误，缺漏。

⑨各当其分:各各得当而不失其分际。

⑩不易其业:各安其业而不改变其所从事。

⑪老农、长商、习工、旧仕:老农,指经验丰富的农夫。长商,老谋深算的商人。习工,技艺熟练的工匠。旧仕,德高望重的仕宦。

【译文】

天下万千件事,一人难以事事皆能。责求一个人无所不能,怕是贤者、圣人也不足以胜任呢。设使一个人去做天下所有的事,那他对事情的左右、前后、远近、缓急一定会有兼顾不到的地方。如果兼顾不到,在国家治理上就会留下缺陷。要想做到治理完备而没有缺失,那就得在大小、多少的权衡与处置上做得处处得当而不失其分际。而要能够这样,就须得农、商、工、仕各安其业而不变易其所从事。若是经验丰富的农夫、老谋深算的商贾、技艺娴熟的工匠、德高望重的仕宦都各尽其能,存其所长,那处在上位的君主还会有什么事可做呢?

故有理而无益于治者,君子弗言;有能而无益于事者,君子弗为。君子非乐有言,有益于治,不得不言;君子非乐有为[①],有益于事,不得不为。故所言者不出于名、法、权、术[②],所为者不出于农稼、军阵[③],周务而已[④]。故明主任之[⑤]。治外之理,小人之所必言;事外之能,小人之所必为。小人亦知言损于治[⑥],而不能不言;小人亦知能损于事,而不能不为。故所言者极于儒、墨是非之辩[⑦],所为者极于坚、伪、偏、抗之行[⑧],求名而已。故明主诛之[⑨]。古语曰:"不知无害于君子[⑩],知之无损于小人[⑪]。工匠不能,无害于巧[⑫];君子不知,无害于治。"此言信矣[⑬]!

【注释】

①君子非乐有为:《道藏》本脱“乐”字,今据《群书治要》本、守山阁本等补之。

②所言者不出于名、法、权、术:所说的话不出名、法、权、术的范围。

③所为者不出于农稼、军阵:所做的事不在农耕、作战之外。

④周务:济事,成事。

⑤故明主任之:所以贤明的君主任用他们。自“故明主任之”至“小人之所必为”,《道藏》本原文为“故明主不为治外之理,小人必言事外之能”,今据《群书治要》本予以订正。

⑥损于治:有害于国家治理。

⑦极于儒、墨是非之辩:极尽于儒、墨之间那样的是非辩难。极,穷尽,竭尽。

⑧坚、伪、偏、抗之行:固执、虚伪、偏辟、抗逆的行为。

⑨诛:惩罚、责罚。

⑩不知无害于君子:不过问那些与国家治理不相干的道理,不妨碍一个人成为君子。知,懂得,过问。害,妨碍。

⑪知之无损于小人:知晓那些与国家治理不相干的道理,不能防止一个人成为小人。损,妨碍。

⑫工匠不能,无害于巧:工匠不掌握那些于世事无补的技艺,不妨碍他成为一位巧匠。

⑬此言信矣:这话说得真诚可信啊。《道藏》本无“言”字,今依句脉,据《群书治要》本补之。

【译文】

所以,对于那些不无道理却无益于国家治理的话,君子不说;对于那些可以显示才能却于世无补的事,君子不做。君子并非乐意言说,但那些有益于国家治理的话,他不能不说;君子并非乐意有为,但那些对于世人有益的事,他不能不做。所以君子所说的话不出名、法、权、术的范围，君子所做的事不在耕稼、军阵之外，其所言所行只在于成就国家治理和耕战之事罢了。因此贤明的君主会任用他们。反之，国家治理之外的那些道理，小人总要去说；耕战之外的那些才能，小人总会去显示。小人也知道其所言有害于国家治理，却不能不说；小人也知道其所能有损于耕战之事，却不能不做。因而他们的所言往往极尽于儒、墨之间那样的是非争辩，他们的所做往往极尽于固执、虚伪、偏辟、抗逆的行为，其所言所行只是一味贪图虚名罢了。因此，贤明的君主会对他们施以惩罚。古语说："不懂得那些与国家治理不相干的道理，不妨碍一个人成为君子；懂得那些与国家治理不相干的道理，不能防止一个人成为小人。工匠不掌握于世事无补的技艺，不妨碍他成为一位巧匠；君子不过问那些于世事无补的东西，不妨碍对国家的治理。"这话说得真诚可信啊！

为善使人不能得从[①]，此独善也；为巧使人不能得从[②]，此独巧也。未尽善巧之理[③]。为善与众行之[④]，为巧与众能之，此善之善者[⑤]，巧之巧者也。故所贵圣人之治[⑥]，不贵其独治，贵其能与众共治也。所贵工倕之巧[⑦]，不贵其独巧，贵其能与众共巧也。今世之人，行欲独贤，事欲独能，辩欲出群，勇欲绝众[⑧]。独贤之行[⑨]，不足以成化[⑩]。独能之事，不足以周务。出群之辩，不可为户说[⑪]。绝众之勇，不可与征阵[⑫]。凡此四者，乱之所由生。是以圣人任道以夷其险[⑬]，立法以理其差[⑭]，使贤愚不相弃，能鄙不相遗[⑮]。能鄙不相遗，则能鄙齐功[⑯]。贤愚不相弃，则贤愚等虑[⑰]。此至治之术也[⑱]。

【注释】

①为善使人不能得从：做善事不能使他人得以追随。从，跟从，

追随。

②为巧使人不能得从：习巧技不能使他人得以跟从。

③未尽善巧之理：未能全然体现善和巧的理致。尽，穷尽，竭尽。

④与众行之：同众人一起施行。

⑤善之善者：善中之善。

⑥故所贵圣人之治：此句《道藏》本无"故"字，依文意，今据《群书治要》本补之。贵，崇尚，推重。

⑦所贵工倕(chuí)之巧：此句《道藏》本为"工倕之巧"，今据《群书治要》本加"所贵"二字，以与上句"所贵圣人之治"对应。工倕，亦称巧倕，相传为尧时的工匠，以巧著名。

⑧绝众：超出众人。绝，超过，超出。

⑨独贤之行：《道藏》本及其他世传本此句皆作"独行之贤"，倘以下文"独能之事"、"出群之辩"、"绝众之勇"之文例，应改为"独贤之行"。伍非百《尹文子略注》对此已有辨正，当从。

⑩成化：成就教化。

⑪户说：逐家逐户予以告说。

⑫征阵：征战，出征上阵。

⑬任道以夷其险：此句《道藏》本作"任道以其险"，似有脱漏，今据守山阁本于"以"下补一"夷"字。其意为：(圣人)依据道以克服其艰险。任，凭依，依据。夷，铲平，削平。

⑭立法以理其差：确立法度以纠正其不当。理，正，纠正。差，错，不当。

⑮能鄙不相遗：有能力者与无能者不相遗弃。遗，遗弃。

⑯齐功：齐心协力而各各有其成功。

⑰等虑：平等相待而各各尽其思虑。

⑱至治之术：最佳的治理的方术。术，途径，方法，方术。

【译文】

做善事而不能使他人得以追随，这是独自一人的善；习巧技而不能使他人得以跟从，这是独自一人的巧。独自一人的善和巧不能全然体现善和巧的当有之理。做善事而能使众人同其所行，习巧技而能使众人同其所能，这才是善中之善，巧中之巧。所以人们崇尚圣人的治理，不是崇尚圣人独自一人的治理，而是崇尚圣人能与众人一道共同治理。人们推重工倕的技巧，不是推重他独自一人的技巧，而是推重他能与众人一道运用其技巧。当今的人，行为总想要独显其贤，任事总想要独逞其能，辩说总想要出类拔萃，勇武总想要超群绝伦。独显其贤的行为，不足以成就教化。独逞其能的任事，不足以完成功业。出类拔萃的辩说，难以使家喻户晓。超群绝伦的勇武，不可使其参与征战。所有这四者，都是祸乱滋生的缘由。所以圣人依据大道以夷平艰险，确立法度以匡正不当，使贤明者与愚昧者不相抛舍，有能者与无能者不相遗弃。有能者与无能者不相遗弃，就能齐心协力而各有其成功；贤明者与愚昧者不相抛舍，就能平等相待而各尽其思虑。这是最佳的治理的方术。

名定则物不竞①，分明则私不行②。物不竞，非无心；由名定，故无所措其心③。私不行，非无欲；由分明，故无所措其欲。然则心欲人人有之，而得同于无心无欲者④，制之有道也⑤。田骈曰："天下之士，莫肯处其门庭，臣其妻子⑥，必游宦诸侯之朝者⑦，利引之也。游于诸侯之朝，皆志为卿大夫⑧，而不拟于诸侯者⑨，名限之也。"彭蒙曰："雉兔在野，众人逐之，分未定也⑩。鸡豕满市，莫有志者，分定故也。物奢则仁、智相屈⑪，分定则贪、鄙不争⑫。"

【注释】

①名定则物不竞:“名”一经确定,众人就不会(像“名”未确定时那样)争竞。物,这里指人或众人。竞,争竞,角逐。

②分明则私不行:“分”一旦明确,私心就不会(像“分”未明确时那样)肆行。分,分际,界限,在这里,“分”是一专用术语。

③无所措其心:其争竞之心无从引出。措,安放,投放。

④而得同于无心无欲者:《道藏》本此句作“而得同于心无欲者”,似有脱漏;由上下文意看,当据《群书治要》本、守山阁本、《百子全书》本,于“心”上补一“无”字。其意为:而能够做到如同没有私心没有贪欲一样。得,能够。

⑤制之有道:节制私心、贪欲得法。制,节制,控制。有道,有办法,得法。

⑥臣其妻子:驱使其妻与子女。臣,役使,驱使。

⑦游宦诸侯之朝:远赴他乡求官于诸侯的朝廷,游宦,指春秋战国时士人远赴他乡以求官。朝,朝廷,君主接受朝见及颁布政令、处理政事之处。西周、春秋战国时,各诸侯国皆有朝廷。

⑧志为卿大夫:有志于做卿、大夫。志,有志于。

⑨不拟于诸侯:没有人预想做诸侯。拟,打算,准备。

⑩分未定也:《道藏》本此句作“分求定也”,意未洽,今据《群书治要》本、守山阁本、《百子全书》本等改“求”为“未”。其意为:分际或界限还不曾确定。

⑪物奢则仁、智相屈:人有了奢求,即使是仁者、智者也会相互贬抑。则,这里作表示假设让步的连词,即使。屈,屈抑,贬抑。

⑫分定则贪、鄙不争:“分”一旦认定,即使是爱财者、贪吝者也不再会相争。贪,爱财,贪婪,这里指爱财者,贪婪的人。鄙,贪吝,鄙吝,这里指贪吝者,鄙吝的人。

【译文】

名一经确定，众人就不会像名未确定时那样争竞；分一旦明确，私念就不会像分未明确时那样肆行。人不争竞，并不是无心于争；由于名确定了，所以其争心无从引出。私念不得肆行，并不是没有了欲求；由于分明确了，所以其贪欲无从发动。私心与贪欲人人皆有，而能够做到如同没有私心、没有贪欲一样，是因为对私心、贪欲的节制得法。田骈曾说："天下的士人，没有人愿意蛰居在自家门庭之内，以驱使他的妻子、儿女，其必至于远赴他乡求官于诸侯的朝廷，是因为利禄引诱着他。士人求官于诸侯的朝廷，皆有志于做卿、大夫，而没有人谋图做诸侯，则是因为名限制了他。"彭蒙也说过："野鸡和兔子在野外，众人争相猎取它，这是由于分还没有确定下来。鸡和猪满市井都是，没有人一心想得到它，这是由于分已经确定的缘故。人有了奢求，即使是仁者、智者也会相互贬抑；而分一旦认定，即使是贪财者、悭吝者也不再会相争。"

圆者之转[①]，非能转而转[②]，不得不转也。方者之止[③]，非能止而止，不得不止也。因圆之自转[④]，使不得止[⑤]。因方之自止，使不得转。何苦物之失分[⑥]？故因贤者之有用[⑦]，使不得不用。因愚者之无用，使不得用。用与不用，皆非我也[⑧]。因彼可用与不可用[⑨]，而自得其用也[⑩]。自得其用[⑪]，奚患物之乱乎[⑫]？物皆不能自能[⑬]，不知自知[⑭]。智非能智而智[⑮]，愚非能愚而愚，好非能好而好[⑯]，丑非能丑而丑。夫不能自能，不知自知，则知好何所贵[⑰]？愚丑何所贱[⑱]？则智不能得夸愚[⑲]，好不能得嗤丑[⑳]。此为得之道也[㉑]！

【注释】

①圆者之转：天体的运转。圆者，这里代指天；《淮南子·兵略训》："圆者，天也。"在古人的观念中，天圆地方，天体运转而大地不动。先前注家多以圆形之物释"圆者"，亦可通，然意未尽洽。今以"圆者"为"天"，似更贴切。后注以"方者"为"地"，义趣与此相贯。

②非能转而转：并不是它能运转就运转（而是它不得不转）。而，这里作承接连词；就，然后。

③方者之止：大地的静止。方者，这里代指地；《淮南子·兵略训》："方者，地也。"高诱注《淮南子·本经训》"戴圆履方"云："圆，天也；方，地也。"止，不动，静止。朱彬《礼记训纂》注《礼记·间传》"大功貌若止"引吴幼清语云："止，谓止而不动貌。"

④因圆之自转：由于天体本来就运转。自，本来。

⑤使不得止：使它（天）不能停下来。

⑥何苦物之失分：（天地都是如此）何苦让人失了他的本分呢？物，这里指人。分，这里是专用术语，略有本分之意。

⑦因贤者之有用：因为贤能的人本来就有用。此句与上文"因圆之自转"、"因方之自止"等句式略同，而"自转"、"自止"意为本来就运转、本来就静止。所以，"贤者之有用"可疏解为：贤者本来就有用。

⑧皆非我也：《道藏》本此句作"皆非我用"，今据上下文意，按《群书治要》本改"用"为"也"。其意为：（任用贤者而不用愚者，是因为他们本来的可用或不可用）这可用与不可用皆不在于我。

⑨因彼可用与不可用：《道藏》本此句作"因彼所用与不可用"，今据《群书治要》本改"所用"为"可用"；这样，"可用"与"不可用"对举方能与上文"用与不用"相应。彼，指贤者与愚者。

⑩而自得其用也：《道藏》本此句句末无"也"字，今据《群书治要》本加一"也"字以使语气完整。其意为：而自得其宜。用，宜，适宜。

⑪自得其用：《道藏》本此句无，今据《群书治要》本补之，以使与下

句连贯而语意圆足。

⑫奚患物之乱乎:哪里会有人事的错乱可担忧呢?物,事情,人事。

⑬物皆不能自能:人皆不能选择自己的天赋之能。"自能"之"能",非指后天培养之能力,而指天赋之潜能。

⑭不知自知:(人皆)不能把握自己的天赋之智。"自知"之"知"为天赋之智。第二个"知"字,同"智"。

⑮智非能智而智:聪智者不能使自己聪智而成为聪智者。这里的智是指自然的天赋之智。

⑯好非能好而好:美貌者不能使自己美貌而成为美貌者。好,美。《说文·女部》:"好,美也。"

⑰知好何所贵:聪智与美貌可贵在何处?

⑱愚丑何所贱:愚钝与丑陋低贱在哪里?

⑲则智不能得夸愚:所以聪智者不可炫耀于愚钝者。则,这里作因果连词,所以。

⑳好不能得嗤(chī)丑:美貌者不可嘲笑丑陋者。嗤,嘲笑,讥笑。

㉑此为得之道:这才是于道有所得。之,于。

【译文】

天体的运转,不是它能运转就运转,而是它不能不运转。大地的静止,不是它能静止就静止,而是它不能不静止。因为天体本来就是运转的,这使它不能停下来。大地本来就是静止的,这使它不能动起来。天地尚且如此,何苦让人失了他的本分呢?所以,因为贤能的人本来就有用,这使他不能不被任用。因为愚钝的人本来就不可用,这使他不能被任用。被任用与不被任用,都不在于我。他们由于他们的可用与不可用,而自得其宜。自得其宜,还有什么人事上的错乱可担忧的呢?人皆不能选择自己的天赋之能,不能把握自己的天赋之智。聪智者不能使自己聪智而成为聪智者,愚钝者不能使自己愚钝而成为愚钝者,美貌者不能使自己美貌而成为美貌者,丑陋者不能使自己丑陋而成为丑陋者。

既然人不能选择自己的天赋之能，不能把握自己的天赋之智，那么聪智与美貌可贵在何处？愚钝和丑陋又低贱在哪里？所以，聪智者不可炫耀于愚钝者，美貌者不可嘲笑那丑陋者。这才是于道有所得啊！

道行于世[①]，则贫贱者不怨，富贵者不骄，愚弱者不慑[②]，智勇者不矜[③]，定于分也。法行于世，则贫贱者不敢怨富贵，富贵者不敢陵贫贱[④]，愚弱者不敢冀智勇[⑤]，智勇者不敢鄙愚弱[⑥]。此法之不及道也。

【注释】

①道行于世：大道通行于世间。

②愚弱者不慑：愚钝者、弱小者不会恐惧。慑，恐惧。

③智勇者不矜：《道藏》本此句作"智勇者不陵"，为与下文"富贵者不敢陵贫贱"语意略有所别，今据《群书治要》本改"陵"为"矜"。其意为：聪智者、勇武者不倨傲。矜，自负，自傲。

④陵：通"凌"，欺侮，欺凌。

⑤冀：觊觎(jì yú)，非分地图谋。

⑥鄙：轻蔑，鄙视。

【译文】

大道通行于世间，贫贱者不会抱怨，富贵者不会骄奢，愚弱者不会恐惧，智勇者不会倨傲，因为其名分依道而确定了。法禁颁行于世间，贫贱者不敢怨恨富贵者，富贵者不敢欺凌贫贱者，愚弱者不敢觊觎智勇者，智勇者不敢鄙视愚弱者。这是法比不上道的地方。

世之所贵[①]，同而贵之[②]，谓之俗；世之所用，同而用之，谓之物[③]。苟违于人[④]，俗所不与[⑤]。苟忮于众[⑥]，俗所共去[7]。故人心皆殊[8]，而为行若一；所好各异，而资用必同[9]。此俗之所齐[10]，物之所饰[11]。故所齐不可不慎，所饰不可不择。

【注释】

①世之所贵：世人有所崇尚。

②同而贵之：（我）同于世人而崇尚它。

③物：这里指物役，亦即为外物所役使或驱使。

④苟违于人：如果与他人不一致。违，有差异，不一致。

⑤俗所不与：为习俗所不允许。与，允许，许可。

⑥苟忮（zhì）于众：如果违逆了众人。忮，违逆，违忤（wǔ）。

⑦俗所共去：被世俗中人一起屏弃。去，屏弃，舍弃。

⑧故人心皆殊：《道藏》本此句为"故心皆殊"，似有脱文，今据《群书治要》本于"故"下补一"人"字。其意为：所以虽然人心各不相同，但人们的行为如一。

⑨资用：指所使用的器物。

⑩齐：一致。

⑪饰：通"饬（chì）"，整治，整饬。

【译文】

世人有所崇尚，我须得与世人一样而崇尚它，这就叫做习俗；世人有其所用，我须得与世人一样使用它，这就叫做物役。如果与他人有差异，那是为习俗所不允许的。如果违逆了众人，就会被世俗中的人们一起屏弃。所以尽管人心各不相同，而行为却能如一，尽管喜好各各殊异，而所用器物却都相同。这是习俗使人们一致，所共用之物使人们得以整饬的。因此，对那使人们一致的习俗不可不谨慎，对那使人们得以整饬的共用之物不可不选择。

昔齐桓好衣紫[①]，阖境不鬻异彩[②]；楚庄爱细腰[③]，一国皆有饥色。上之所以率下[④]，乃治乱之所由也。故俗苟沴[⑤]，必为法以矫之[⑥]。物苟溢[⑦]，必立制以检之[⑧]。累于俗[⑨]，饰于物者[⑩]，不可与为治矣。

【注释】

①齐桓好衣紫：齐桓公喜好穿紫色的衣服。衣，穿。齐桓公（？—前643），姓姜，名小白，齐襄公弟。襄公被杀，他自莒（jǔ）地返国即位，任用管仲而使国力富足。其以"尊王攘夷"相号召，遏止戎狄，九合诸侯，一匡天下，为春秋时第一霸主。

②阖（hé）境不鬻（yù）异彩：整个国境内没有人售卖不同色彩的衣料。鬻，售，售卖。

③楚庄爱细腰：楚庄王喜爱细腰之人。楚庄王（？—前591），姓芈（mǐ），名旅（又作吕、侣），楚国国君。任用冒死进谏的伍举、苏从，整饬内政，兴修水利，国力大增。先后攻灭庸国、大败晋军，迫使鲁、宋、郑、陈诸国归附。曾进击陆浑之戎，陈兵周郊而"问鼎"。为春秋时霸主之一。据《墨子》、《韩非子》、《战国策·楚策》等所载，"爱细腰"者为楚灵王。如《墨子·兼爱中》所载如下："昔者楚灵王好士细要（腰）。灵王之臣皆以一饭为节，胁息然后带，扶墙然后起。比期年，朝有黧黑之色。"（从前楚灵王喜爱腰细的卿士，灵王的臣僚们因此每天只吃一顿饭以节食，屏气之后束紧其腰带，扶着墙才得以站立。等到一年后，朝中臣子们因饥饿而个个脸色黑中带黄。）

④上之所以率下：居上位者的所作所为为下面的人作表率。所以，所作，所为。率，作表率。

⑤俗苟沴（lì）：习俗如果有害了。沴，相伤，相害。

⑥必为法以矫之：一定要颁布法令来加以矫正。

⑦溢：过度，过分。

⑧必立制以检之：一定要确立制度来予以约束。检，约束，限制。

⑨累于俗：被习俗所牵累。累，牵连，牵累。

⑩饰于物：被器物所整饬，亦即役于物。

【译文】

从前齐桓公喜好穿紫色的衣服，以致齐国境内不再有人售卖其他颜色的衣料；楚庄王欣赏细腰之人，结果整个国家的人因节食而面有饥色。居上位者的所作所为为下面的人做怎样的表率，这是国家治乱的缘由所在。因此，习俗如果有害，一定要颁布法令来加以矫正；物用如果奢侈，必须要定出制度来予以约束。若是被习俗所牵累，被器物所役使，那就难以进行治理了。

昔晋国苦奢[①]，文公以俭矫之[②]。乃衣不重帛[③]，食不兼肉[④]。无几时，人皆大布之衣，脱粟之饭[⑤]。越王勾践谋报吴[⑥]，欲人之勇，路逢怒蛙而轼之[⑦]。比及数年，民无长幼，临敌虽汤火不避。居上者之难[⑧]，如此之验。

【注释】

①苦奢：苦于奢靡之风。苦，苦于，困于。

②文公：即晋文公（前697—前628）。晋献公之子，名重耳。公元前655年，献公因宠骊姬而立幼子，杀太子申；重耳出奔。十九年后，他借秦穆公之力得以返国即君位。晋文公任用狐偃、赵衰，励精图治，后以强盛之国力平定周之内乱，迎周襄王复位，于城濮之战中击溃强大的楚军，由此而成为春秋一代霸主。

③重帛：穿两件或两件以上的绸衣。

④兼肉：吃两道或两道以上的肉食。

⑤脱粟：只脱去谷壳而未精细加工的米，亦即糙米。粟，古时为黍、稷、粱、秫的总名，这里专指粱中的细小者；今北方称其为"谷子"，脱去谷壳后称之为小米。

⑥越王勾践谋报吴：越王勾践图谋报复吴国（以求雪耻）。勾践（？—前465），春秋末年越国国君，曾兵败于吴，屈节求和。后卧薪尝胆，谋图雪耻，任用范蠡、文种而实施十年生聚、十年教训方略，致使越国由弱变强，于公元前473年攻灭吴国。

⑦路逢怒蛙而轼之：路上碰见鼓足气而敢于挡道的蛙，就凭轼（手扶车前横木）向其致敬。怒蛙，鼓足了气而敢于迎向车马、行人的蛙（青蛙或金线蛙）。轼，古时车箱前供站立的乘车者手扶的横木，这里指手扶横木以示敬意。

⑧难：戒慎，谨慎。

【译文】

从前晋国苦于奢靡之风，晋文公以节俭矫正这种风气。于是，他平时着装只穿一件绸衣，每餐用饭不吃两道肉食。没有过多久，国人都穿粗布衣、吃糙米饭了，习俗为之一变。越王勾践图谋报复吴国以求雪耻，想要人们变得勇敢尚武，一次在路上碰见一只鼓足了气迎向车马的蛙，就起立而凭轼向其致敬。等到几年后，越国人不分长幼，临阵对敌即使赴汤蹈火也决不退避。居上位者对自己行为的不可不慎，竟是如此的可证验。

圣王知民情之易动，故作乐以和之[①]，制礼以节之[②]。在下者不得用其私，故礼乐独行。礼乐独行，则私欲寝废[③]。私欲寝废，则遭贤之与遭愚均矣[④]。若使遭贤则治，遭愚则乱，是治乱续于贤愚[⑤]，不系于礼乐。是圣人之术，与圣主而俱没[⑥]。治世之法，逮易世而莫用[⑦]，则乱多而治寡。乱多而治寡，则贤无所贵，愚无所贱矣。

【注释】

①和：调适，和齐。

②节：节制，调节。

③寖废：废止，废弃；消除。

④遭贤之与遭愚均矣：遇到贤明君主与遇到愚昧君主就没有什么两样了。均，等同。

⑤续：属，系。

⑥俱没：一起亡失。没，消失，亡失。

⑦逮易世而莫用：一到朝代更替就不再能用。易世，变换朝代。逮，到，及，及至。

【译文】

圣明的君主懂得民情易于波动，于是就创制乐音对其予以调适，制定礼仪对其加以节制。使处在下位的臣民不得以私心行事，因而唯独礼乐能够通行于天下。唯独礼乐通行于天下，人们的私欲就会渐次消除。人的私欲消除了，遇到贤明的君主与遇到愚昧的君主就没有什么两样了。与此相反，若是遇到贤明君主国家才得以治理，遇到愚昧君主国家就陷于动乱，那就意味着国家的治乱系于君主的贤愚，而不是系于礼乐的施行。这样，圣人的治国方略便会与贤明的君主一起亡失。盛世的治理之法一到朝代更替就不再能用，那么国家就一定会乱世多而治世少。而一旦乱世多而治世少，贤明者就没有什么可推重而愚昧者也就没有什么可鄙视的了。

处名位[①]，虽不肖，不患物不亲己[②]。在贫贱，虽仁贤，不患物不疏己。亲疏系乎势利，不系乎不肖与仁贤。吾亦不敢据以为天理[3],以为地势之自然者尔[4]。今天地之间,不肖实众,仁贤实寡。趋利之情[5],不肖特厚[6]。廉耻之情,仁贤偏多。今以礼义招仁贤,所得仁贤者,万不一焉[7]。以名利招不肖,所得不肖者,触地是焉[8]。故曰:礼义成君子,君子未必须礼义。名利治小人,小人不可无名利。

【注释】

①处名位:处在名声显赫的地位。名,有名,著名。

②不患物不亲己:此句及下文"在贫贱,虽仁贤,不患"等十四字,《道藏》本原文仅为"不愚"(显然为"不患"之误)二字。钱熙祚《尹文子校勘记》云:"此处有脱误。《文选·任彦升荐士表》注引作'处名位,虽不肖,不患物不亲己。在贫贱,不患物不疏己'。观下文云'亲疏系乎势利',则此处亦当亲疏并举为是。'不患'误作'下愚',字形并相似也。藏本'下'作'不',此其迹之未尽泯者。"王启湘《尹文子校诠》以钱氏语为是,且加案语云:"'在贫贱'下,疑尚脱'虽仁贤'三字。"今据钱、王之说,更正并补足相关词句。"不患物不亲己"句,意为:不用担心人们不亲近自己。物,人。

③天理:合于天道之理。

④地势之自然:地位和权势的自然结果。地势,地位与权势。

⑤趋利:趋附势利。趋,趋向,趋附。

⑥厚:重,深。

⑦万不一焉:一万个人里得不到一个。

⑧触地:到处,遍地。

【译文】

处在名声显赫的地位上,即使是不肖之辈,也不用担心人们不亲近自己。处在贫困低贱的地位上,即使是仁者、贤者,人们也会疏远他。

亲近与疏远关乎权势和利禄，不关乎其为不肖之徒或仁贤之人。我也不敢据之以为合于天道之理，只是以为那是地位和权势自然使其如此罢了。现在，世间的不肖之徒的确是太多了，而仁贤之人实在是太少了。趋附势利的心理，在不肖之徒那里分外严重。而唯有仁贤之人，尚偏多廉洁知耻之心。现在如果以礼义招请仁贤之人，所能得到的仁者、贤者不会达到万分之一。倘若以名利招引不肖之徒，所能引来的不肖之徒将会遍地皆是。所以说：礼义可以成全君子，但君子不一定有赖于礼义。名利是用来治理小人的，对于小人说来不可以没有名利。

庆赏刑罚①，君事也；守职效能②，臣业也。君料功黜陟③，故有庆赏刑罚；臣各慎所任④，故有守职效能。君不可与臣业⑤，臣不可侵君事⑥；上下不相侵与，谓之名正。名正而法顺也。接万物使分，别海内使不杂，见侮不辱⑦，见推不矜⑧，禁暴息兵，救世之斗⑨，此仁君之德，可以为主矣。守职分使不乱，慎所任而无私，饥饱一心，毁誉同虑⑩，赏亦不忘，罚亦不怨，此居下之节⑪，可以为臣矣⑫。

【注释】

①庆赏：褒扬、赏赐。庆，褒美；赐，赏。

②效能：效力。效，进献，贡献。

③料功黜陟(chù zhì)：考核贡献以决定升降。料，估算，考量。功，通“贡”，贡献。黜，贬降，罢退。陟，升迁，提拔。

④各慎所任：各自谨慎地履行职责。任，职务，责任。

⑤与：参与，干预。

⑥侵：越权，越分。

⑦见侮不辱：被欺侮而不以为屈辱。此句与下文“禁暴息兵，救世

之斗”与《庄子·天下》对宋钘、尹文之“道术”所作的“见侮不辱，救民之斗；禁攻寝兵，救世之战”的述说，可相印证。

⑧见推不矜：被推许而不生骄矜之心。推，推重，推许。矜，骄傲，矜慢。

⑨救世之斗：制止世间的争斗。救，阻止，制止。

⑩毁誉同虑：对贬斥和赞誉以同等心态对待。虑，考虑，思虑。

⑪居下之节：臣子的节操。居下，指处在君主之下的臣子。节，节操。

⑫可以为臣矣：《道藏》本此句作“可为人矣”，今据与之对举的上文“可以为主矣”于“可”下补一“以”字，并改“人”为“臣”。

【译文】

褒奖功绩，惩处过恶，这是君主所过问的事情；忠于职守，尽其所能，这是臣子应操持的业务。君主考核臣子的贡献以决定其贬降或升迁，于是有庆赏刑罚；臣子各自谨慎地履行职责，于是有守职效能。君主不可以参与臣子的事务，臣子不可以问津君主的所谋；上下互不越权干预，这才称得上名正。名正了，律法制度才得以有条理地施行。接纳万物使其各有其分，区别境内各类事宜使其不相混杂，遭遇欺侮而不以为屈辱，受到推许而不生骄矜之心，禁用暴力而休兵罢战，制止世间的种种争斗，这是一位仁厚君主的当有德行；能这样，就可以做好一国之君。恪守职分而有条不紊，谨慎负责而去除私欲，无论饥饱都心志不变，被贬被褒都思虑如一，得到褒奖不忘乎所以，遭受处罚不心生怨恨，这是一个处于下位的人的节操，能这样，就可以做好一个臣子。

世有因名以得实，亦有因名以失实①。宣王好射②，说人之谓己能用强也③，其实所用不过三石④。以示左右，左右皆引试之⑤，中关而止⑥。皆曰：“不下九石，非大王孰能用是？”宣王悦之。然则宣王用不过三石，而终身自以为九石。三石，实也；九石，名也。宣王悦其名而丧其实。

【注释】

①亦有因名以失实：《道藏》本此句作"亦以因名以失实"，今据守山阁本等将"亦以"改为"亦有"。其意为：也有依据名求实而失实者。因，凭借，依据。

②宣王好射：此宣王指齐宣王。齐宣王（？—前301），妫（guī）姓，田氏，名辟彊，齐威王子，约公元前319—前301年在位。《史记》载："齐威王、宣王用孙子、田忌之徒，而诸侯东面朝齐。"宣王亦曾继其父置学官于稷下，招揽学者以讲学议论。

③说人之谓己能用强：喜欢别人说自己能拉开强弓。说，通"悦"。

④石：计量弓弩强度的单位。

⑤引：拉弓，开弓。

⑥中关而止：《道藏》本此句作"中阙而止"，"中阙"于此处义欠通。今据《吕氏春秋·贵直论·壅塞》所载"齐宣王好射……左右皆试引之，中关而止"，改"中阙"为"中关"。高诱注"中关"云："关，谓关弓弦正半而止也。""中关而止"意为：将弓拉开到一半时就停下来。中，半，一半。关，控制。

【译文】

世间有依据名之所指求实而得到实的，也有依据名之所指求实而失去实的。齐宣王爱好射箭，喜欢别人奉承自己能拉开强弓，其实他所用的弓只有三石的强度。他拿出弓来给左右的随从看，左右的随从都拉开弓试了试，拉到一半时就停下来（像是再也拉不动了似的），都说："这张弓的力度不少于九石，要不是大王，还有哪个能用这么强的弓呢？"宣王听了很高兴。事实上，齐宣王用的弓只不过三石，而他终身都自以为所拉的是九石之弓。三石是这张弓的实际力度，九石是这张弓的虚假之名。宣王对九石之名有所爱，而对这名之所指的实有所失。

齐有黄公者,好谦卑。有二女,皆国色[①]。以其美也,常谦辞毁之,以为丑恶[②];丑恶之名远布,年过而一国无聘者[③]。卫有鳏夫[④],时冒娶之[⑤],果国色。然后曰:"黄公好谦,故毁其子不姝美[⑥]。"于是争礼之[⑦],亦国色也。国色,实也;丑恶,名也。此违名而得实矣[⑧]。

【注释】

①国色:指容貌冠绝一国的女子。

②常谦辞毁之,以为丑恶:时常以谦卑的言辞贬低她们,说她们丑陋。丑恶,丑陋。

③年过而一国无聘者:过了正常婚嫁的年龄而国中竟没有人聘娶。年过,指过了通常的谈婚论嫁之年。聘,这里指聘娶。

④卫有鳏(guān)夫:卫国有一位成年无妻的男子。鳏夫,成年无妻或丧妻的男子。

⑤冒:冒然,冒失。

⑥而毁其子不姝(shū)美:贬损其女儿容貌不美。子,这里指女。姝,美好。

⑦争礼之:争相下聘礼向她(黄公另一女儿)求婚。

⑧违名而得实:逆着名之所指以求实而得到了实。

【译文】

齐国有位黄公,喜好谦卑待人。他有两个女儿,都是冠绝一国的美人。由于她们太美了,黄公反倒时常用自谦的话贬损她们,说她们长得丑陋;于是丑陋之名传布到很远的地方,姑娘们过了谈婚论嫁的年龄而一国之中竟没有人聘娶她们。当时卫国有个年岁不小的单身汉,贸然娶了姑娘中的一个,结果发现她是冠绝一国的美女。事后他说:“黄公喜好谦卑,以至于贬称他的女儿不美。”于是人们争相下聘礼向黄公的另一个女儿求婚,果然她又是一位有着倾国容貌的美女。倾国之美是实情,丑陋是名声,像这样,只有逆着名声去求实情才能得到实情啊。

楚人担山雉者①,路人问:“何鸟也?”担雉者欺之曰:“凤凰也。”路人曰:“我闻有凤凰,今直见之②,汝贩之乎③?”曰:“然。”则十金,弗与。请加倍,乃与之。将欲献楚王,经宿而鸟死④。路人不遑惜金⑤,惟恨不得以献楚王。国人传之,咸以为真凤凰⑥,贵,欲以献之。遂闻楚王⑦。王感其欲献于己⑧,召而厚赐之,过于买鸟之金十倍。

【注释】

①山雉(zhì):山间的野鸡。

②直:竟然,居然。

③贩:卖。

④经宿(xiǔ):过了一夜。宿,夜。

⑤不遑(huáng)惜金:顾不得心疼钱。不遑,无暇,来不及。

⑥咸:都,皆。

⑦遂闻楚王:于是传布到了楚王那里。闻,传布。

⑧王感其欲献于己:《道藏》本此句作“感其欲献于己”,似有所脱,今据守山阁本补一“王”字。其意为:楚王有感于他想把那凤凰进献给自己,或楚王为他想把那凤凰进献给自己这件事所感动。

【译文】

楚国有个挑着野鸡赶路的人,路上有人问他:“这是什么鸟?”挑野鸡的人骗他说:“是凤凰。”路人说:“我听说过有一种叫凤凰的鸟,今天竟然见到了,你卖它吗?"挑野鸡的人回答他:"卖。"路人于是用十金来买,卖的人嫌出价低了不愿卖,买者愿付出加倍的钱,卖者这才卖给了他。路人打算把鸟献给楚王,但过了一夜鸟就死了。他顾不上心疼买鸟的钱,只是遗憾没能把鸟进献给楚王。这件事很快就在国人中传开了,大家都以为那只死了的鸟就是真凤凰,是因为它珍贵,买鸟的人才想把它献给楚王。于是,故事传到了楚王那里。楚王为那个想进献凤凰给自己的人的事迹所感动,就召请他来以重金赏赐了他,赏金超过了买鸟的钱的十倍。

魏田父有耕于野者①,得宝玉径尺②。弗知其玉也,以告邻人。邻人阴欲图之③,谓之曰:"此怪石也,畜之弗利其家④,弗如复之⑤。"田父虽疑,犹录以归⑥,置于庑下⑦。其夜玉明,光照一室。田父称家大怖⑧,复以告邻人,曰:"此怪之征⑨,遄弃⑩,殃可销⑪。"于是遽而弃于远野⑫。邻人无何⑬,盗之以献魏王。魏王召玉工相之⑭。玉工望之,再拜而立:"敢贺王!王得此天下之宝,臣未尝见。"王问其价,玉工曰:"此无价以当之⑮,五城之都,仅可一观。"魏王立赐献玉者千金,长食上大夫禄⑯。

【注释】

①田父:农夫。

②径尺:直径一尺。径,直径。

③阴欲图之:暗地里想谋取这块宝石。

④畜之弗利其家:收藏它对家宅不利。畜,藏,收藏。

⑤弗如复之:不如把它放回原处。复,还,返回。

⑥犹录以归:还是把它带回了家。录,收藏,收留。

⑦置于庑(wǔ)下:放在堂屋的屋檐下。庑,堂下周围的走廊、廊屋;庑下,这里指堂屋的房檐下。

⑧称家:全家,举家。

⑨征:征兆,兆头。

⑩遄(chuán)弃:赶快扔掉。遄,迅疾,疾速。

⑪殃可销:灾祸可以消除。殃,祸,祸害。销,消除,消散。

⑫遽(jù):急忙,立即。

⑬无何:没多久。

⑭相:观察,察看。这里指鉴定、鉴别。

⑮无价以当之:没有什么价格适合于它。当,适宜,适合;相当。

⑯食:享受,受用。

【译文】

魏国有个农夫在田间耕作,得到一块直径约一尺的宝石。他不知道这是宝玉,就把事情的经过告诉了邻居。这个邻人暗地里想谋取这块宝玉,于是对那农夫说:"这是一块古怪的石头,收留了它会对你们家不利,不如把它放回老地方去。"农夫听了这话虽然有点犹豫,但还是把它拿回了家,放在了堂屋的屋檐下。那天夜里宝玉放出光来,整个屋室都被照亮了。农夫全家非常害怕,就又把这情形告诉了邻居。邻人说:"这是怪异的先兆,尽快扔了它,祸患才可以消除。"农夫于是慌忙把那宝玉抛到了远处的野外。没多久,邻人偷拿了宝玉,把它献给了魏王。魏王召来玉工鉴别这块玉,玉工细细察看后拜了又拜,起身说:"恭贺大王!大王得到的这个天下罕有之宝,小臣从不曾见到过。"魏王问起玉的价值,玉工回答说:"这玉是无价之宝,没有什么珍贵的东西能与它相当,即使拿了五座城那么大的都邑来,那也只配看它一眼。"魏王当即给了进献宝玉者千金的赏赐,并让他从此享受上大夫的俸禄。

凡天下万里,皆有是非,吾所不敢诬[①]。是者常是[②],非者常非，亦吾所信。然是虽常是，有时而不用；非虽常非，有时而必行。故用是而失[③]，有矣；行非而得[④]，有矣。是非之理不同，而更兴废[⑤]，翻为我用[⑥]，则是非焉在哉？观尧、舜、汤、武之成[⑦]，或顺或逆，得时则昌；桀、纣、幽、厉之败[⑧]，或是或非，失时则亡。五伯之主亦然[⑨]。

【注释】

①诬：抹煞。

②是者常是：正确的总是被肯定的。此句中，前一“是”为形容词，与“者”合为“是者”作名词，即正确的东西（道理、作法等）；后一“是”作动词，即肯定。后一句“非者常非”之两“非”字，其词性、词义与此句两“是”字对举，可关联于此句作诠解。

③用是而失：采用被认为“是”（正确）的做法反倒有所失。

④行非而得：施行被认为“非”（错误）的做法反倒有所得。

⑤更兴废：兴与废相更替。更，更替，更换。

⑥翻为我用：轮番为我所用。翻，更番，轮番。

⑦尧、舜、汤、武：尧，传说中的上古圣王，帝喾（kù）之子，陶唐氏，名放勋，史称唐尧；设羲和之官掌管时令，制定历法，选拔舜为继任人，命舜摄位行政，终传位于舜。舜，传说中的上古圣王，姚姓，有虞氏，名重华，史称虞舜；尧在世时即摄政，巡行四方，除去鲧（gǔn）、共工、驩兜、三苗等“四凶”，尧去世后即位，选拔治水有方的禹为继任人。汤，子姓，名履，亦称武汤、武王、天乙、成汤；汤伐桀亡夏，建立商朝，因此又称商汤。武，即周武王，文王之子，姬姓，名发，其伐纣灭商，为西周王朝的建立者。

⑧桀、纣、幽、厉：桀，名履癸，夏代最后一位君主，暴虐残忍，荒淫无度，为商汤所败，出逃南方而死。纣，名受，号帝辛，商代最后一

位君主，以残暴著称；其宠妲己，杀谏臣比干、梅伯，囚禁西伯姬昌（即后所称周文王），后为周武王所败，自焚身死。幽（？—前771），即周幽王，姬姓，名宫涅，宣王子，西周最后一位君主，公元前781—前771年在位；其宠褒姒，废申后及太子宜臼，遂使申侯联合曾、犬戎等攻周，被杀于骊山之下。厉（？—前828），即周厉王，姬姓，名胡，穆王五世孙，西周君主，公元前877—前841年在位；其任用荣夷公执政，施行“专利”，又命卫巫监视“国人”，“国人”于公元前841年发难，厉王被逐，14年后死于彘（zhì）。

⑨五伯：春秋时先后称霸的五个诸侯，又称“五霸”。指齐桓公、宋襄公、晋文公、秦穆公、楚庄王，一说为齐桓公、晋文公、楚庄王、吴王阖闾、越王勾践。

【译文】

普天之下，域内万里，凡事都有其是与非。这是我所不敢抹杀的。正确的总会被肯定，错误的总会被否定，这也是我所确信不疑的。然而，尽管正确的总会被肯定，却也有不被采用的时候；错误的总会被否定，却也有不得不施行的时候。所以，有时采用被肯定的作法反倒会失败，有时按被否定的做法去做却可以获得成功。是与非的道理原是不同的，而它们此兴彼废，可轮番为我所用，然而是非的标准又在哪里呢？纵观尧、舜、汤、武的成功，他们有顺有逆，因为与时势相应，就都能臻于昌盛；而桀、纣、幽、厉的失败，他们有是有非，因为与时势不相应，就都未能免于丧亡的下场。被称为五霸的君主们的情形也是这样。

宋公以楚人战于泓①。公子目夷曰②：“楚众我寡，请其未悉济而击之③。”宋公曰：“不可，吾闻不鼓不成列④。寡人虽亡国之余⑤，不敢行也。”战败，楚人执宋公⑥。齐人弑襄公⑦，立公孙无知⑧。召忽、夷吾奉公子纠奔鲁⑨，鲍叔牙奉公子小白奔莒[10]。既而无知被杀,二公子争国[11]。纠,宜立者也,小白先入,故齐人立之。既而使鲁人杀纠,召忽死之,征夷吾以为相[12]。晋文公为骊姬之谮[13],出亡十九年,惠公卒[14],赂秦以求反国,杀怀公而自立[15]。彼一君正[16],而不免于执;二君不正,霸业遂焉[17]。

【注释】

①宋公以楚人战于泓:宋襄公率兵与楚军战于泓水(今河南柘[zhè]城西北)。宋公,即宋襄公(?—前637),名兹父,春秋时宋国国君,公元前650—前637年在位。公元前638年襄公伐郑,与救郑的楚军战于泓水,兵败受伤,次年伤重而亡。

②目夷:宋襄公庶兄。

③请其未悉济而击:请求下令在楚军尚未悉数过河时予以攻击。悉,全部,尽数。济,渡河。

④不鼓不成列:不进攻没有列好阵形的军队。鼓,击鼓使军队进攻。成列,排成行列;这里指完成列阵。

⑤寡人虽亡国之余:《道藏》本此句作"寡人虽亡之余",今据《左传·僖公二十二年》所载相关文字,于"亡"字后补一"国"字。其意为:我虽是亡国之人的后裔。寡人,古代诸侯对下的自谦之称,意为寡德之人。亡国,这里指亡国的商族。余,指后裔。宋国为商族后裔受封所建,所以宋襄公自称为"亡国之余"。

⑥楚人执宋公:楚军俘虏了宋襄公。执,擒,捉。据《左传》之僖公二十二年、二十三年载,宋襄公兵败负重伤,次年因伤不治而亡,并未被楚军俘获。

⑦襄公:即齐襄公。襄公名诸兒,齐庄公之孙,春秋时齐国国君,公元前697—前685年在位,为其弟公孙无知所杀。

⑧公孙无知：齐禧（釐）公之子，襄公之弟。公元前685年，无知弑襄公，自立为君。不久，往游雍林，被袭杀。

⑨召忽、夷吾奉公子纠奔鲁：召忽与夷吾（管仲）辅佐公子纠出逃到鲁国。召忽，齐国大夫，与管仲同为公子纠的辅佐者，后公子纠被杀，召忽殉主而死。夷吾，姓管，名夷吾，字仲，曾辅佐公子纠，公子纠被杀后管仲应齐桓公（小白）的征聘为相，辅佐桓公九合诸侯，一匡天下。孔子对管仲有“管仲之器小哉”（《论语·八佾》）的批评，也对其有“如其仁！如其仁”（《论语·宪问》）的赞誉。

⑩鲍叔牙奉公子小白奔莒（jǔ）：鲍叔牙辅佐公子小白出逃到莒国。鲍叔牙，齐国大夫，他与管仲分别辅佐公子小白与公子纠，公子纠被杀后他推荐管仲做了齐桓公的相。公子小白，即后来做了齐国国君的齐桓公。莒，西周时分封的诸侯国，己姓，一说曹姓，公元前431年为楚国所灭。

⑪争国：争做齐国国君。

⑫征夷吾以为相：征聘管仲做了齐国的相。征，征聘。

⑬为骊姬之谮（zèn）：由于骊姬的诬陷。骊姬（？—前651），一作丽姬，晋献公宠姬，生奚齐。她为其子奚齐图太子位，诬陷太子申、公子重耳（后为晋文公）、夷吾谋反，申生自杀身亡，重耳、夷吾出逃国外。谮，诬陷，谗毁。

⑭惠公：姬姓，名夷吾，春秋时晋国国君，献公之子，文公重耳之弟。

⑮杀怀公而自立：《道藏》本及其他世传本此句为“杀怀公子而自立”，从上下文看，“子”字衍，今删之。怀公，即晋怀公，名圉（yǔ），晋惠公之子；惠公卒，在秦国做人质的圉逃回晋国即君位，五个月后被返晋的公子重耳所杀。

⑯正：行事合于既有的标准。

⑰遂：成，成就。

【译文】

宋襄公率兵与楚军战于泓水，公子目夷建议说："楚军人多而我军人少，请下令在他们还未全部渡过河时发动攻击。"宋襄公说："不能这么做，我听说君子不进攻没有列好阵形的军队。我虽然是亡国了的殷人的后裔，却不敢按照你的提议去做。"结果宋国军队战败了，楚军俘虏了宋襄公。齐国人杀了齐襄公，公孙无知即位做了国君。召忽、管仲辅佐公子纠逃到了鲁国，鲍叔牙辅佐公子小白逃到了莒国。没多久，公孙无知被杀，公子纠与公子小白开始争夺国君之位。公子纠本当立为君主，可公子小白先回到了齐国，齐国人就立了公子小白。不久，公子小白逼使鲁国人杀了公子纠，召忽殉主而死，管仲被征聘做了齐桓公小白的相。晋文公重耳因为骊姬的陷害，流亡国外十九年。晋惠公死后，文公贿赂秦国而在秦国的帮助下返回晋国，回国后杀了即位不久的怀公而自立为国君。上述三位国君，宋襄公依正理而行，却不免被楚国人俘虏；齐桓公、晋文公没有依正理而行，反倒成就了霸业。

己是而举世非之①，则不知己之是；己非而举世是之，亦不知己所非。然则是非随众贾而为正②，非己所独了③。则犯众者为非，顺众者为是。故人君处权乘势④，处所是之地，则人所不得非也。居则物尊之⑤，动则物从之，言则物诚之⑥，行则物则之⑦，所以居物上、御群下也⑧。国乱有三事：年饥民散⑨，无食以聚之，则乱；治国无法⑩，则乱；有法而不能用，则乱。有食以聚民⑪，有法而能行，国不治，未之有也。

【注释】

①己是而举世非之：自己做得对而普天下的人都不认可。举世，世间所有的人，普天下的人。

②是非随众贾而为正：是与非随众人的评价而立其标准。贾，同“估”，估量，估计。

③独了：独立决断，独自决断。了，决断，决定。

④处权乘势：掌握权柄而利用威势。处，执掌，掌握。乘，利用，凭借。

⑤居则物尊之：安居，则人们尊仰您。物，人，众人。

⑥诚：信，信服。

⑦物则之：人们效法您。则，效仿，效法。

⑧居物上、御群下：处在众人之上而驾驭臣属。

⑨年饥：年成荒歉。

⑩法：指法令、制度。

⑪有食以聚民：《道藏》本此句为“有法食以聚民”，“法”为衍字，今据守山阁本、《群书治要》本删之。

【译文】

自己做得正确的，普天下的人却不认可，于是自己不知该怎么断定自己是正确的；自己做得错误的，普天下的人却都认可，于是自己也就无从知道自己是错误的了。这样，是非标准随众人的评价而定，不是个人自己所能独立决断。于是违犯众人看法的就被认为是错误的，依顺众人看法的就被认为是正确的。所以君主一定要执掌权柄，利用威势，让自己处在众人认可的地位，这样别人就无从非议了。安居人们仰尊您，施政人们听从您，言说人们信服您，行止人们效仿您，这样，一个君主就可以处在众人之上而驾驭臣属了。国家混乱有三种情形：年成荒歉，百姓离散，没有粮食使他们得以聚合，国家就会乱；治理国家没有法令、制度为凭借，国家就会乱；有法令、制度而不能切实施行，国家也会乱。有粮食使百姓得以聚合，有法令、制度而能切实施行，如此而国家不能得到治理，那是从未有过的事。

大道下

【题解】

相对于上篇，本篇是《大道》的下半部分，所以标题为《大道下》。与上篇重在“道”与“器”、“形”与“名”、“名”与“分”、“道治”与“法”治的理论辨析略不同，此篇沿袭既有思路而较具体地谈论“治世之术”（治理世间的方策）。其开篇的一则文字即提出“仁、义、礼、乐、名、法、刑、赏”为自古以来治理国家的八种方术，接着又以“国之存亡”的“六征”（六种征候）对在位的君主们作了规戒。但本篇最值得留意的文字却是另外两处：一是引述老子语以强调名、法、权、术及刑罚得当对天下国家治理的必要，一是对“圣人之治”与“圣法之治”的差异的辨察。

“以政（正）治国，以奇用兵，以无事取天下。”《大道下》的一则文字在援引《老子》五十七章这几句话后，对其作了如下的诠释：“政（正）者，名、法是也，以名、法治国，万物所不能乱。奇者，权、术是也，以权、术用兵，万物所不能敌。凡能用名、法、权、术而矫抑残暴之情，则己无事焉。己无事，则得天下矣。”以“名”、“法”为老子所说的“治国”之“正”，这是对老子思想的歧出，是对老子学理的“刑名”、“权术”化。“治世之术”虽有八种，唯各为其中之一的“名”、“法”被视为“治国”之“正”，足见《尹文子》纂集者对正“名”定“分”、“法行于世”的推重，也由此可以看出“道”与“名”、“法”、“权”、“术”在这里所显现的独特关联。此外，老子所说

“民不畏死，如何以死惧之”(《老子》七十四章)也被引证，用以正告君主如何施用刑罚：“凡民不畏死，由刑罚过(滥用)，刑罚过，则民不赖其生(无所凭借以维系生存)。生无所赖，视君之威末如(对君主的威严视之若无)也。刑罚中，则民畏死。畏死，由生之可乐(活着可享有乐趣)也。知生之可乐，故可以死惧之。”由百姓的是否畏死说到刑罚的是否得当，这意趣在发端处与老子初衷约略相合，但与老子“复归于朴”(《老子》二十八章)的取向不同，《尹文子》更大程度地将“刑罚中”视为“人君所宜执(把握)”的一种“术”。

当《尹文子》的编纂者借宋钘之口提到“尧时”的“圣人之治”时，可以说这在一定程度上触到了儒、墨对上古“太平”之治的向往，但他也借彭蒙所说的“圣法之治”对“圣人之治”这一不恰当的“名”作了矫正：“圣人者，自己出也(圣人是从某个人自己出发说起的)；圣法者，自理出也(圣法是从治理国家的道理出发说起的)”，“圣人之治，独治者也(圣人之治意味着圣人这个人独自对他所在国家的治理)；圣法之治，则无不治矣(圣法之治意味着按圣人提出的治国道理去做，没有哪个国家不能得到治理)。”实际上，这是对人治与法治的裁别，它既是对“圣法之治”的“正名”，也是对以“道行于世”为最高目标的“法行于世”之主张的昭示。

仁、义、礼、乐、名、法、刑、赏，凡此八者，五帝、三王治世之术也[①]。故仁以道之[②]，义以宜之[③]，礼以行之，乐以和之，名以正之，法以齐之，刑以威之，赏以劝之[④]。故仁者所以博施于物，亦所以生偏私；义者所以立节行[⑤]，亦所以成华伪[⑥]；礼者所以行恭谨[⑦]，亦所以生惰慢；乐者所以和情志，亦所以生淫放[⑧]；名者所以正尊卑，亦所以生矜篡[⑨]；法者所以齐众异[⑩]，亦所以乖名分[⑪]；刑者所以威不服，亦所以生陵暴[⑫]；赏者所以劝忠能，亦所以生鄙争[13]。凡此八术，无隐于人而常存于世。非自显于尧、汤之时，非自逃于桀、纣之朝。用得其道则天下治，失其道则天下乱。过此而往[14]，虽弥纶天地[15]，笼络万品[16]，治道之外，非群生所餐挹[17]，圣人错而不言也[18]。

【注释】

①五帝、三王治世之术：五帝、三王治理天下的方术。五帝，上古的五位帝王，依《史记·五帝本纪》，其指黄帝、颛顼(zhuān xū)、帝喾、尧、舜。三王，指夏禹、商汤、周文王、武王。世，世间，天下。

②道：引导，开导。

③宜：适宜，使适宜。

④劝：勉励，鼓励。

⑤节行：节操品行。

⑥华伪：浮华虚伪。

⑦恭谨：恭敬谨慎。

⑧淫放：纵欲放荡。

⑨矜篡：骄矜篡逆。

⑩齐众异：使众多心思各异的人行动一致。

⑪乖名分：《道藏》本此句作"乖分"，今据守山阁本、《百子全书》本于"分"上加一"名"字。其意为：背离名分。乖，背离，违背。

⑫陵暴：轻视、欺侮。

⑬鄙争：以不正当的手段争夺。

⑭过此而往：除此以外。

⑮弥纶：统摄，笼罩。

⑯笼络：控制，控御。

⑰餐挹(yì)：采用，吸收。

⑱错：通"措"，弃置，舍弃。

【译文】

仁、义、礼、乐、名、法、刑、赏，所有这八者，都是五帝、三王治理天下的方术。仁，用来引导人们的德行；义，用来使人们的所行各得其宜；礼，用来约束人们的举止；乐，用来调适人们的性情；名，用来检正人们的位分；法，用来规整人们的行动；刑，用来震慑人们的所为；赏，用来勉励人们的善举。所以，仁可以使人广博施惠于人，也可以使人萌发偏爱之心；义可以使人树立品行节操，也可以使人变得浮华虚伪；礼可以使人举止恭敬谨慎，也可以使人流于怠惰疏慢；乐可以调适人的情感志趣，也可以使人放荡而纵欲；名可以督正尊卑上下秩序，也可以滋生骄矜篡逆之心；法可以使心思各异的人行动一致，也可以因此而对名分有所乖离；刑可以震慑不愿顺服的人们，也可以因此演变出欺凌与暴虐；赏可以激励人的忠贞与贤能，也可以因此引出手段不正当的争竞。所有这八种方术，从未对任何人隐遁过而一直存在于世间。它不会因为尧、汤时期的清明而径自显现，也不会因为桀、纣朝代的暴虐而径自隐匿。这八种方术运用得当，天下就会得到治理；这八种方术运用不当，天下就可能出现变乱。除此以外，即使有笼罩天地、控御万物的办法，那也是治理天下的方术之外的东西，百姓不会采用它，圣人则弃置而不会过问它。

凡国之存亡有六征①：有衰国，有乱国②，有亡国，有昌国③，有强国，有治国。所谓乱、亡之国者，凶虐残暴不与焉④。所谓强、治之国者，威力仁义不与焉。君年长，多妾媵⑤，少子孙，疏宗强⑥，衰国也。君宠臣，臣爱君，公法废，私政行⑦，乱国也。国贫小，家富大⑧，君权轻，臣势重，亡国也。凡此三征，不待凶虐残暴而后弱也。虽曰见存⑨，吾必谓之亡者也。内无专宠⑩，外无近习⑪，支庶繁字⑫，长幼不乱，昌国也。农桑以时[13]，仓廪充实[14]，兵甲劲利，封疆修理[15]，强国也。上不能胜其下[16]，下不能犯其上，上下不相胜纪，故禁令行，人人无私，虽经险易[17]，而国不可侵，治国也。凡此三征，不待威力仁义而后强。虽曰见弱，吾必谓之存者也[18]。

【注释】

①征：征兆，预兆，征候。

②有乱国：《道藏》本及守山阁本、《百子全书》本等此句在“有治国”之后，今据《群书治要》本将其移于“有衰国”之下。如此，方可与下文逐一论述“衰国”、“乱国”、“亡国”、“昌国”、“强国”、“治国”之次序相应。

③昌国：兴盛之国或昌盛之国。昌，兴盛，昌盛。

④不与：不算在内。与，算，计算。

⑤多妾媵（yìng）：《道藏》本此句为“多媵”，有脱字，今据《群书治要》本于“媵”上补一“妾”字。妾，男子于正妻之外所娶女子。媵，古时诸侯嫁女以侄娣（侄辈同姓女子）陪嫁，陪嫁者称媵。

⑥疏宗强：疏远的宗族兴旺。疏宗，远房宗族。

⑦私政行：《道藏》本及守山阁本、《百子全书》本等此句均作“私欲行”，今据《群书治要》本改“欲”为“政”，以与上句“公法废”之“法”相对应。

⑧家富大：大夫或陪臣富足而势大。家，相对于国而言，这里指大夫或陪臣。

⑨见存：即现存。见，这里同“现”。

⑩专宠：指独得宠幸的妾媵。

⑪近习：指臣子中为君主所宠爱亲信之人。

⑫支庶繁字：嫡子之外的旁支生育繁衍。支庶，指作为旁支的庶子。繁字，繁殖，生育。这里所谓“支庶繁字”，似指包括嫡系在

内的后辈子孙繁多。

⑬以时:按时,及时。

⑭仓廪:储藏米谷的仓库。

⑮封疆修理:边境布防周密。封疆,边疆。修理,治理;治理妥善。

⑯胜:欺凌,凌侮。

⑰险易:吉凶,治乱;这里指艰难险阻。

⑱吾必谓之存者也:《道藏》本此句作"吾必谓之存者",今据《群书治要》本、守山阁本、《百子全书》本等于句末补一"也"字,以与上文"吾必谓之亡者也"句相应。

【译文】

大凡国家的存与亡有六种征候:有衰落之国,有动乱之国,有将亡之国,有昌盛之国,有强大之国,有治平之国。所谓动乱、将亡之国,当政者的凶虐与残暴因素不算在内。所谓强大、治平之国,当政者的威势与仁义因素不算在内。君主年老,妾媵众多,子孙稀少,血缘疏远的宗族人丁兴旺,这是衰落之国的征候。君主宠幸臣子,臣子亲媚君主,公法废弛,私政径行,这是动乱之国的征候。邦国贫困卑弱,大夫富足雄大,君主权力过轻,臣属势力过重,这是将亡之国的征候。凡有这三种征候,无须等待君主施虐行暴,国家就已经疲弱不堪了。即使这类国家眼下还幸存,我也敢断定它必至于灭亡。宫内没有一味宠幸的妾媵,朝廷没有分外偏昵的大臣,嫡庶子孙繁多,长幼之序不乱,这是昌盛之国的征候。农桑不误时令,库存粮食充足,军队强劲有力,边境布防周密,这是强大之国的征候。君主不欺凌臣属,臣属不冒犯君主,上不凌下而下不犯上,因而令行禁止,人人不谋私利,即使遭遇艰难困厄,邦国也岿然屹立而不可侵犯,这是治平之国的征候。凡有这三种征候,无须凭借君主的威势与仁义,国家自会强盛而无虞。即使这类国家眼下还较贫弱,我也敢断定它必至于长存不衰。

治主之兴[①]，必有所先诛。先诛者，非谓盗，非谓奸。此二恶者，一时之大害，非乱政之本也。乱政之本，下侵上之权，臣用君之术，心不畏时之禁，行不轨时之法[②]，此大乱之道也。

【注释】

①治主：治平之国的君主。治，指上文所谓"治国"，亦即治平之国。

②行不轨时之法：所行不遵循当时的法度。轨，遵循，按照。

【译文】

治平之国的君主在施政之初，总要先诛除某些人。首先诛除的这类人，不是所谓盗贼，也不是所谓奸诈之徒。这两种恶人，只是国家一时的大害，不是政局混乱的根本所在。政局混乱的根本，在于处下位的人侵取处上位者的权力，在于臣子僭用君主控御朝政的手段，其内心对当时的禁令无所畏惮，其行为对当时的法度不予遵循，这才是导致国家大乱的根源。

孔丘摄鲁相[①]，七日而诛少正卯[②]。门人进问曰："夫少正卯，鲁之闻人也[③]。夫子为政而先诛，得无失乎？"孔子曰："居[④]，吾语汝其故。人有恶者五，而窃盗、奸私不与焉。一曰心达而险[⑤]，二曰行僻而坚[⑥]，三曰言伪而辩[⑦]，四曰强记而博[⑧]，五曰顺非而泽[⑨]。此五者，有一于人，则不免君子之诛，而少正卯兼有之。故居处足以聚徒成群，言谈足以饰邪荧众[⑩]，强记足以反是独立[⑪]。此小人雄桀也[⑫]，不可不诛也。是以汤诛尹谐[⑬]，文王诛潘正[⑭]，太公诛华士[⑮]，管仲诛付里乙[⑯]，子产诛邓析、史付[⑰]。此六子者，异世而同心，不可不诛也。《诗》曰：‘忧心悄悄，愠于群小[18]。’小人成群，斯足畏也！”

【注释】

①孔丘摄鲁相：《史记·孔子世家》载：“定公十四年，孔子年五十六，由大司寇行摄相事。”“摄”有二义，一为代理，一为兼任。“相”作为春秋时的官职，亦有二说，一为百官之长，略相当于后世所通称的宰相，一为赞礼或相礼之官。其所谓“相事”，可能指赞礼或相礼之事，这即是说，孔子作为大司寇兼行相礼之事。但《尹文子》此处所说“孔丘摄鲁相”，则似指作了大司寇的孔子代理相（宰相）职。

②少正卯：春秋末年鲁国人，少正氏，名卯。一说少正为官名。《史记·孔子世家》载：孔子“由大司寇行摄相事”后“诛鲁大夫乱政者少正卯”。《荀子·宥坐》记有“孔子为鲁摄相，朝七日而诛少正卯”一事，《尹文子》此处所述“孔丘摄鲁相，七日而诛少正卯”之故事与《荀子·宥坐》所记略从同。

③闻人：知名人士，有名望的人。

④居：坐，坐下。

⑤心达而险：心思放恣而险恶。达，这里读 tà；放恣，放纵。

⑥行僻而坚：行为不正而顽固。僻，歪，不正。坚，牢固，可引申为固执、顽固。

⑦言伪而辩：言论讹谬而巧辩。伪，讹错，讹谬。辩，巧言，巧辩。

⑧强记而博：固执己见而博取声望。记，通“己”；陆德明《经典释文》释《礼记·表记》“彼记之子”谓：“记，本又作‘己’。”博，获取，博取，得到。这里有必要指出的是，作为“恶者五”之一的“强记而博”，当不是通常所谓记忆力强而广闻博见之义。

⑨顺非而泽：放任邪妄而引以为乐。顺，放任。非，邪妄，乖谬。

泽,通“怿(yì)”,乐。

⑩饰邪荧众:掩饰邪恶而眩惑众人。荧,眩惑,迷惑。

⑪反是独立:违背正道而独标异说。是,正,正确。

⑫雄桀:即雄杰,一类人中的杰出者或突出者。

⑬尹谐:人名,事迹不可考。

⑭文王诛潘正:文王诛除潘正。文王,指周文王姬昌,商末为西伯,曾被纣囚禁于羑(yǒu)里(在今河南汤阴北),儒家“祖述尧舜,宪章文武”,其所说“文”即周文王。潘正,即《荀子·宥坐》所述“文王诛潘止”之潘止,人名,事迹不可考。

⑮太公诛华士:姜太公诛除华士。太公,姜姓,吕氏,名望,字子牙,辅佐武王伐纣灭商,封于齐,为齐国始祖。华士,即《荀子·宥坐》所述“太公诛华仕”之华仕;据《韩非子·外储说右上》所云,华士“不臣天子,不友诸侯,耕作而食之,掘井而饮之”、“无上之名,无君之禄,不事仕而事力”,太公望“恐其乱法易教”而杀之。

⑯付里乙:人名,事迹不可考。

⑰子产诛邓析、史付:子产诛除邓析、史付。子产(? —前 522),春秋时郑国人,名侨,字子产,又字子美,谥成子,郑穆公之孙,子国之子,因名公孙侨;子产于郑简公时即为卿,历定公、献公、声公三朝,其治郑多有政绩,使郑虽摄乎晋、楚两强国之间而得以安处,孔子称其为“惠人”(《论语·宪问》),为“古之遗爱”(《左传·昭公二十年》)。邓析(? —前 501),春秋时郑国大夫,因不满子产所铸刑书(“刑鼎”)而另制“竹刑”;精于律法,善于讼事,刘向《邓析子叙》称其“操两可之说,设无穷之词”,《汉书·艺文志》著录《邓析》二篇(已佚),列名家,今本《邓析子》系后人托名之作。史付,人名,事迹不可考。这里须得说明的是,邓析被诛(前 501)在子产去世(前 522)21 年之后,谓“子产诛邓析”显然属误传。

⑱忧心悄悄,愠于群小:这两句诗出自《诗·邶(bèi)风·柏舟》。意

为:忧心悄悄,为众多小人所怨恨。悄悄,忧伤的样子。愠,怨恨。

【译文】

孔子任鲁国司寇而行摄相事,到任七天就诛杀了少正卯。弟子进见,问孔子说:"少正卯是鲁国有名望的人,夫子一上任就先杀了他,能没有过失吗?"孔子说:"坐,我告诉你这样做的缘由。人有五种罪恶,而盗窃和奸私不算在内。其一叫做心思放恣而险恶,其二叫做行为不正而顽固,其三叫做言论讹谬而巧辩,其四叫做固执己见而博取声望,其五叫做放任邪妄而引以为乐。这五者只要有一种存在于某人身上,就不免要被君子所诛除,而少正卯兼有这些罪恶。因此,他日常所为足以聚集成群的门徒,其言谈足以掩饰邪僻而眩惑众人,其固执己见足以违背正道而独标异说。这是小人中特别突出的一个,不能不诛除。出于同样的缘故,商汤曾诛除尹谐,文王曾诛除潘正,太公曾诛除华士,管仲曾诛除付里乙,子产曾诛除邓析、史付。这六个人,生活在不同年代却有着同样的用心,是不可不诛除的。《诗》说:'忧心悄悄啊,为众多小人所怨恨。'小人成群,这足以令人忧虑啊!"

语曰:"佞辩可以荧惑鬼神①。"曰:"鬼神聪明正直,孰能荧惑者②?"曰:"鬼神诚不受荧惑,此尤佞辩之巧③,靡不入也④。夫佞辩者,虽不能荧惑鬼神,荧惑人明矣。探人之心⑤,度人之欲⑥,顺人之嗜好而不敢逆,纳人于邪恶而求其利。人喜闻己之美也,善能扬之⑦。恶闻己之过也,善能饰之。得之于眉睫之间⑧,承之于言行之先⑨。"

【注释】

①佞辩:谄媚善辩。

②孰能荧惑者:《道藏》本此句作"孰曰荧惑者",今依文意,据明吉府本、《百子全书》本,改"曰"为"能"。意为:谁能使其(鬼神)受蛊惑。

③尤:责备,怪罪。

④靡不入也:《道藏》本此句作"靡不人也",今依文意,据守山阁本、《百子全书》本,改"人"为"入"。意为:无孔不入,没有人能不被眩惑。靡,没,没有。

⑤探:探测,窥测。

⑥度:推测,揣摸。

⑦善能扬之:《道藏》本此句作"善能扬",今据《群书治要》本、守山阁本、《百子全书》本等补一"之"字。意为:喜欢能有人宣扬自己。

⑧得之于眉睫之间:从眉睫之间的细微神态变化得以窥测人的心意。

⑨承之于言行之先:奉承取媚于人在将言将行时。

【译文】

常言说:"谄媚善辩之人可以眩惑鬼神。"也许有人会问:"鬼神既聪明又正直,谁能使鬼神目眩心惑呢?"这里要申明的是:鬼神的确是不会被眩惑的,说谄媚善辩之人可以眩惑鬼神,不过是在谴责谄媚善辩者的巧诈,这巧诈以至于到了没有人能不受其蛊惑的地步。谄媚善辩者虽然不能眩惑鬼神,但总能使人迷惑则是一个明显的事实。他们窥探别人的心思,揣摸别人的意图,顺着别人的嗜好而不敢稍有违背,原是要把别人引入邪恶而谋取他自己的私利。人们都喜欢听褒美自己的话,并喜好这些褒美自己的话能传扬开去。人们都厌恶听指责自己过错的话,喜欢这些过错能被掩饰起来。于是谄媚善辩之人便从人眉睫之间的细微神态变化窥测人的心思,从而把奉承话说在人将言未言将行未行的时候。

世俗之人[①]，闻誉则悦，闻毁则戚，此众人之大情。有同己则喜，异己则怒，此人之大情。故佞人善为誉者也[②]，善顺从者也。人言是亦是之，人言非亦非之，从人之所爱，随人之所憎。故明君虽能纳正直，未必能亲正直[③]；虽能远佞人，未必能疏佞人。故舜、禹者，以能不用佞人，亦未必憎佞人。语曰："佞辩惑物[④]，舜、禹不能得憎。"不可不察乎！语曰："恶紫之夺朱[⑤]，恶利口之覆邦家[⑥]。"斯言足畏而终身莫悟，危亡继踵焉[⑦]。

【注释】

①世俗之人：自此句至"不可不察乎"的一百二十余字，《道藏》本及诸多世传本皆脱漏，今据《群书治要》本补足。

②善为誉者：善于夸赞别人、说别人好话的人。

③未必能亲正直：此句《群书治要》本原文作"未必亲正直"，今据上下文语意，于"亲"前补一"能"字。其意为：未必能亲近正直的人。

④佞辩惑物：此句《群书治要》本原文作"伎辩惑物"，"伎"或因形近而误，今据上文两处所云"佞辩"，改"伎"为"佞"。其意为：谄媚善辩者眩惑人。这里，"物"当作"人"解。

⑤恶紫之夺朱：厌恶以紫乱朱，以邪乱正。恶，厌恶，憎恶。夺，乱。

⑥恶利口之覆邦家：厌恶那些以巧言机辩倾覆国家的人。《论语·阳货》载："子曰：'恶紫之夺朱也，恶郑声之乱雅乐也，恶利口之覆邦家者。'"与这里所引"语曰"文句相近。

⑦继踵：接踵，紧接着。

【译文】

世俗中的人，听到赞美自己的话就喜悦，听到指责自己的话就怨忿，这是众多的人的常情。遇到与自己看法相同的人就高兴，遇到与自己看法不同的人就恼怒，这也是人之常情。因此奸佞之人往往很会奉承人，很会顺从人的喜怒好恶。别人说是他也说是，别人说非他也说非，附和别人的所爱，随顺别人的所憎。所以贤明的君主即使能接纳正直的人，也未必能亲近正直的人；即使能不接近奸佞之人，也未必能从心底疏远奸佞之人。因而，就是舜、禹这样的君主，即便能不任用奸佞之人，也未必就能从内心厌恶奸佞之人。常言说："谄媚之人以其巧言迷惑人，便是舜、禹也难以对这种人生憎恶之心。"这是不可不明察的啊！古语说："当厌恶以紫乱朱，以邪乱正，当厌恶那些以巧言机辩倾覆国家的人。"这话听来足以令人生畏而有的人却终生悟不出其中的道理，对于这种人，危亡会紧随其后。

老子曰："以政治国，以奇用兵，以无事取天下。"① 政者，名、法是也。以名、法治国，万物所不能乱②。奇者，权、术是也。以权、术用兵，万物所不能敌。凡能用名、法、权、术，而矫抑残暴之情③，则己无事焉。己无事，则得天下矣。故失治则任法④，失法则任兵，以求无事，不以取强⑤。取强，则柔者反能服之。

【注释】

①以政治国，以奇用兵，以无事取天下：出自《老子》五十七章。此句王弼本作"以正治国，以奇用兵，以无事取天下"，帛书甲本作"以正之(治)邦，以畸(奇)用兵，以无事取天下"，帛书乙本作"以正之(治)国，以畸(奇)用兵，以无事取天下"。政，通"正"，与"奇"(变，机变)对举；正，常，恒常。无事，无为；事，为，从事。取，治，治理。全句意为：以恒常之道治理国家，以奇诡之术用兵

作战，以无为的方式安定天下。

②万物：众人。

③矫抑：矫正、抑止。

④失治则任法：混乱失序就依法治理。

⑤不以取强：不是用来求得一种强势。取，求。

【译文】

老子说："以恒常之道治理国家，以奇诡之术用兵作战，以无为的方式安定天下。"恒常之道，在于确定名分、实施法制。以确定名分、实施法制的方式治理国家，再多的民众也不会乱了秩序。奇诡之术，在于通权达变、使用术谋。以通权达变、使用术谋的方式指挥作战，再多的敌人也难以抵御。凡能运用名、法、权、术而矫正或抑止残忍暴虐之心者，自己就会做到无欲而无为。自己无欲而无为，就能取得天下的安定。所以，政局混乱失序就采取法制以求得治理，法制无法实施就借用武力予以威慑。采取法制、借用武力是用来达到无为而天下安定的，不是用来争得一种强势的，一味逞强，反倒会被柔者制服。

老子曰："民不畏死，如何以死惧之？"[①] 凡民之不畏死，由刑罚过[②]。刑罚过，则民不赖其生[③]。生无所赖，视君之威末如也[④]。刑罚中[⑤]，则民畏死。畏死，由生之可乐也。知生之可乐，故可以死惧之。此人君之所宜执[⑥]，臣下之所宜慎。

【注释】

①民不畏死，如何以死惧之：出自《老子》七十四章。此句王弼本作"民不畏死，奈何以死惧之"，帛书甲本残损七字，仅存"奈何以杀愳(惧)之也"，帛书乙本则作"若民恒且(畏)不畏死，若何以杀曜(惧)之也"("且"下衍一"畏"字)。如何，即奈何，怎么。全句意

为:如果百姓不惧怕死,怎么能以死来威慑他们呢?

②刑罚过:刑罚滥用。过,过度,过分,太甚。

③不赖其生:无所凭借以维系生存。赖,凭借,依赖。

④末如:如末,若无。末,无。

⑤中:合适,恰当。

⑥执:持守,施行。

【译文】

老子说:“若是百姓不惧怕死,还怎么可以用死来威慑他们呢?”大凡百姓不惧怕死,都是因为刑罚的滥用。刑罚用得过度了,百姓便无所凭借以维系其生存。生存无所凭借,百姓就会对君主的权威视之若无。刑罚得当,百姓就会惧怕死。百姓惧怕死,是因为他们觉得活着可享有乐趣。觉得活着有乐趣,于是可以用死来威慑他们。这道理是君主所应当牢牢把握的,也是臣子所应当审慎对待的。

田子读书[①],曰:“尧时太平。”宋子曰[②]:“圣人之治,以致此乎[③]?”彭蒙在侧[④],越次答曰[⑤]:“圣法之治以至此,非圣人之治也。”宋子曰:“圣人与圣法何以异?”彭蒙曰:“子之乱名甚矣[⑥]。圣人者,自己出也[⑦];圣法者,自理出也[⑧]。理出于己[⑨],己非理也[⑩];己能出理,理非己也。故圣人之治,独治者也[⑪];圣法之治,则无不治矣。此万世之利[⑫],唯圣人能该之[⑬]。”宋子犹惑,质于田子[⑭]。田子曰:“蒙之言然[⑮]。”

【注释】

①田子:即田骈。战国时齐国人,因齐国田氏出于陈,又称陈骈。他是彭蒙的弟子,《庄子·天下》将其与彭蒙、慎到列为同一学术

流派,并指出其主要学术见解在于“齐万物以为首”、“知万物皆有所可,有所不可”,而其人生态度则在于“公而不当(党),易而无私;决然无主,趣物而不两;不顾于虑,不谋于知,于物无择,与之俱往”。其著述有《田子》二十五篇,已佚。

②宋子:即宋钘,又称宋轻、宋荣、宋荣子。战国时齐国人,与尹文同游于稷下而齐名。《庄子·天下》将其与尹文列为同一学术流派,指出其主要学术观点为“见侮不辱,救民之斗,禁攻寝兵,救世之战”。而其人生态度则为:“不累于俗,不饰于物,不苟于人,不忮于众,愿天下之安宁以活民命,人我之养毕足而止。”《汉书·艺文志》著录《宋子》十八篇,已佚。

③致:取得,达到;造成。

④彭蒙在侧:彭蒙在旁边。《道藏》本此句作“彭蒙在则”,今据守山阁本、《百子全书》本改“则”为“侧”。彭蒙,战国时齐国人,田骈之师。

⑤越次:越出次序。这里是指彭蒙抢在田骈前面回答宋钘向田骈提出的问题。

⑥乱名:混淆名称。这里指对“圣人”之名与“圣法”之名的混淆。

⑦自己出也:从个人自己出发(说起)。

⑧自理出也:从治国的道理出发(说起)。

⑨理出于己:治国的道理出于圣人自己。

⑩己非理也:《道藏》本此句作“己非礼也”。今据上下文意及守山阁本、《百子全书》本改“礼”为“理”。其意为:圣人自己并不就是圣法这样的治国之理。

⑪独治:(圣人这个人)独自对其所在国家的治理。

⑫利:适宜。

⑬该:通,通晓。吕延济注《文选·任昉〈齐竟陵文宣王行状〉》“学综该明”云:“该,通也。”

⑭质:问,询问。

⑮然:对,正确。

【译文】

田骈读书,感慨地说:“尧的时代称得上是太平之世。”宋钘说:“太平之世是由圣人之治造成的吧?”彭蒙在旁边,抢在田骈前面说:“是由圣法之治造成的,圣法之治并不就是圣人之治。”宋钘反问说:“圣人的治理与圣法的治理,难道有什么不同吗?”彭蒙说:“您混淆名称也未免太过了些。圣人是从某个人自己出发说起的,圣法是从治国的道理出发说起的。治国的道理出于圣人自己,但圣人自己并不就是治国的道理;圣人自己能提出治国的道理,但治国的道理也并不就是圣人他自己。所以,圣人之治,意味着圣人这个人独自对他所在国家的治理;圣法之治,则意味着按圣人提出的治国道理没有哪个国家不能得到治理。这对万世都适宜的圣法之治,只有圣人能通晓它。”宋钘听后还是有些困惑,就又询问田骈。田骈告诉他说:“彭蒙的话说得对。”

庄里丈人①,字长子曰“盗”②,少子曰“殴”。盗出行,其父在后追,呼之曰:“盗!盗!”吏闻,因缚之。其父呼殴喻吏③,遽而声不转④,但言“殴……殴……”,吏因殴之,几殪⑤。

【注释】

①庄里丈人:指一位乡村的老人。庄,指村庄。里,指乡村庐舍。丈人,古时对老者的尊称。

②字长子曰盗:为长子取名为“盗”。字,指取表字(本名外所取的与本名相应的另一名字),这里指取名。

③喻吏:对官府差役说明情由。喻,说明,告知。吏,这里指官府

差役。

④遽而声不转：仓促间话说不圆转。遽，仓促，匆忙。

⑤几殪(yì)：几乎被打死。几，几乎，将近，差点。殪，死。

【译文】

一位乡间的老人，给大儿子取名为“盗”，给小儿子取名为“殴”。有一天，盗出外远行，他的父亲从后面追来，喊他：“盗！盗！”路过的官府差役听到后，就把盗拦住捆了起来。他的父亲连忙叫小儿子殴来对差役说明情由，但仓促间话说不圆转，只是喊“殴……殴……”，于是差役就出手殴打被抓住的“盗”，老人的大儿子差点被打死。

康衢长者①，字僮曰“善搏”②，字犬曰“善噬”③，宾客不过其门者三年。长者怪而问之，乃实对④。于是改之。宾客复往⑤。

【注释】

①康衢(qú)长者：家住大路旁的一位年长者。康衢，四通八达的大路；这里用以指某个交通便利的地方。

②字僮曰“善搏”：《道藏》本此句作“字僮曰善犝”，今据守山阁本改“犝”为“搏”。其意为：为家仆起名叫“善搏”。僮，奴婢，家仆。善搏，意为善于格斗。

③字犬曰善噬(shì)：《道藏》本此句作“字大曰善噬”，今据守山阁本、《百子全书》本等改“大”为“犬”。其意为：为狗起名叫“善噬”。噬，咬。

④乃实对：就以实相告。对，答，应答。

⑤宾客复往：《道藏》本此句作“宾客往复”，今据《百子全书》本改“往复”为“复往”。其意为：宾客又重新往来了。

【译文】

住在康衢旁的一位长者，给他的家仆取名叫“善搏”，给他的狗取名叫“善噬”，结果三年中不再有宾客来访。这位长者觉得奇怪，就问别人是怎么回事，被问的人以实相告。于是他赶忙为家仆和狗改了名字，随后宾客又恢复了往来。

郑人谓玉未理者为璞[①]，周人谓鼠未腊者为璞[②]。周人怀璞，谓郑贾曰：“欲买璞乎？”郑贾曰：“欲之。”出其璞，视之，乃鼠也。因谢不取[③]。

【注释】

①理：治玉，雕琢。

②腊(xī)：晒干，制成干肉。

③因谢不取：于是就推辞而不买了。谢，推辞，拒绝。

【译文】

郑国人称未经雕琢的玉为璞，周这个地方的人称没有做成干肉的老鼠为璞。一次，周地一位怀揣尚未做成肉干的老鼠的人对一位郑国商人说：“要买璞吗？”郑国商人说：“要买。”那位周地的人取出他的璞来，郑国商人一看，原来是还未做成肉干的老鼠。于是，商人就推辞而不买了。

田子曰[①]：“人皆自为[②]，而不能为人。故君人者之使人[③]，使其自为用[④]，而不使为我用。”魏下先生曰[⑤]：“善哉，田子之言！古者君之使臣，求不私爱于己[⑥]，求[不]显忠于己[⑦]，而居官者必能[⑧]，临陈者必勇[⑨]；禄赏之所劝，名法之所齐[⑩]，不出于己心，不利于己身。语曰：‘禄薄者，不可与经乱[11];赏轻者,不可与入难[12]。'此处上者所宜慎者也。"

【注释】

①自"田子曰"至"此处上者所宜慎者也"凡116字,《道藏》本及其他诸多世传本皆脱,钱熙祚《尹文子校勘记》依《群书治要》本补之,今从钱氏。田子,指田骈。

②自为:"为自"的倒装,为了自己。

③君人者之使人:君主任用人。君人者,君主。使,任用。

④自为用:为其自己效命。用,出力,效命。

⑤魏下先生:当为"稷下先生"之误。王恺銮《尹文子校正》指出:"'魏下先生',疑当作'稷下先生'。此论田骈语,当即尹文子自称。仲长氏叙云:'尹文子,齐宣王时居稷下。'《汉书·艺文志》、《尹文子》颜注亦引刘向云:'与宋钘具游稷下。'是也。"宜从。

⑥求不私爱于己:(君主)不求所用臣子对自己心存私爱。

⑦求[不]显忠于己:此句与上句对举,依上文意,此句"求"下或脱一"不"字,当补。其意为:(君主)不求所用臣子对自己显示忠心。

⑧居官者必能:做官任事者一定会尽其所能。

⑨临陈者必勇:临阵对敌者一定会逞其勇武。陈,同"阵"。

⑩齐:告诫,戒饬。

⑪经乱:经历祸乱。经,经历,经受。

⑫入难:赴难,蹈涉危难。

【译文】

田子说:"人们的所作所为都是为了自己,而难以做到为了别人。所以君主对人的任用,要使被任用者感到这是在为他自己出力,而不要使他觉得是在为君主效命。"稷下先生说:"田子的话,说得多好啊!古时君主任用臣子,不求臣子对君主心存私爱,不求臣子对君主显示忠心，这样做官任事的人一定会尽其所能，临阵对敌的人一定会逞其勇武。俸禄、赏赐的激励，名分、法度的戒饬，不出于君主自己的私心，不是为着有利于君主自身。古语说：'所得俸禄微薄的臣子，不可与其一起经历祸乱；所受赏赐太轻的臣子，难以与其共蹈危难。'这是身处高位的人所当审慎玩味的道理。"

父之于子也，令有必行者①，有必不行者。"去贵妻，卖爱妾"，此令必行者也。因曰："汝无敢恨②！汝无敢思！"令必不行者也。故为人上者③，必慎所令。

【注释】

①必行：可行，能施行。必，可。裴学海《古书虚字集释》："必，犹可也。"

②汝无敢恨：你不可以怨恨。敢，可以，能。

③为人上者：处在人之上的人，如君、父等。这里主要指君主。

【译文】

父亲对儿子，所下的命令有的可行，有的不可行。让儿子休去娇贵的妻子，卖掉心爱的姬妾，这样的命令可以施行。于是又下命令说："你不能对父亲有怨恨！你不能对妻妾有思念！"这样的命令就不可施行。所以，处在人之上地位的人，一定要慎重斟酌自己所要发布的命令。

凡人，富则不羡爵、禄①，贫则不畏刑罚。不羡爵禄者，自足于己也②；不畏刑罚者，不赖存身也③。二者为国之所甚病④，而不知防之之术，故令不行而禁不止。若使令不行而禁不止，则无以为治⑤。无以为治，是人君虚临其国⑥，徒君其民⑦,危乱可立而待矣⑧。今使由爵禄而后富,则人必争尽力于其君矣⑨;由刑罚而后贫,则人咸畏罪而从善矣。故古之为国者⑩,无使民自贫富⑪,贫富皆由于君,则君专所制⑫,民知所归矣。

【注释】

①不羡爵禄:不羡慕爵位、俸禄。爵,爵位。

②自足于己:自己满足于自己的所有。

③不赖存身:没有了赖以活命的东西。赖,凭借,依赖。

④二者为国之所甚病:《道藏》本此句作"二者为国之所甚",似有脱漏,今据《百子全书》本补一"病"字。其意为:这两者("富"而"不羡爵禄"与"贫"而"不畏刑罚")是国家的大患。病,祸害,祸患。

⑤无以为治:无从使国家得到治理。无以,无从,没有什么办法可以。

⑥虚临其国:枉自治理他的国家。虚,徒然,枉自。临,统治,治理。

⑦徒君其民:徒然君临他的百姓。徒,徒然,枉自。君,君临,主宰。

⑧危乱可立而待:危难和祸患很快就会到来。立而待,即立待;站立着等待,指时间短暂。

⑨则人必争尽力于其君矣:《道藏》本此句作"则人力争尽力于其君矣",今据守山阁本改前一"力"字为"必"。其意为:那么人们一定会争着为他们的君主尽力效命。

⑩为国者:治理国家的人。为,治理。

⑪自贫富:自陷其贫,自取其富。自,自然,自发。

⑫君专所制:君主得以独自控制国家法度。专,独享,独占。

【译文】

凡是人,富足了就不会羡慕爵位、俸禄,贫困了就不会惧怕刑罚惩治。不羡慕爵位、俸禄，是由于他们自己满足于自己的所有；不惧怕刑罚惩治，是由于他们没有了赖以存活的东西。这两种情形都是国家的大患，如果不懂得防止二者的方法，就会使境内有令不行而有禁不止。若是令不能行而禁不能止，国家就无从得到治理。国家无从治理，那就意味着君主枉自主宰他的国家，徒然君临他的百姓，而危难和祸乱很快就要到来了。倘使让人们经由爵位、俸禄的途径然后才可富裕，那么人们一定会争着为他们的君主竭尽其力；让人们由于刑罚的惩治而后变得贫穷，那么人们就都会惧怕犯罪而依从善道。所以古时的国家治理者，不让百姓自取其富、自陷其贫，而使贫富都取决于君主，于是君主就得以独自控制国家法度，而百姓也就懂得自己何所归附了。

贫则怨人，贱则怨时[①]，而莫有自怨者，此人情之大趣也[②]。然则不可以此是人情之大趣而一概非之，亦有可矜者焉[③]，不可不察也。今能同算钧而彼富我贫[④]，能不怨则美矣；虽怨，无所非也[⑤]。才钧智同而彼贵我贱，能不怨则美矣；虽怨，无所非也。其敝在于不知乘权藉势之异[⑥]，而惟曰智能之同[⑦]，是不达之过[⑧]。虽君子之邮[⑨]，亦君子之恕也[⑩]。

【注释】

①时：时运，时势。

②趣：趋向，归向。

③矜：怜悯，同情。

④今能同算钧：如果才能相同智慧均等。今，如果。算，智慧，智谋。钧，通“均”，相等，对等。

⑤虽怨，无所非也：《道藏》本此句作“虽然，无所非也”，“然”当为“怨”，今据守山阁本、《百子全书》本改“然”为“怨”。其意为：即

使埋怨也无可指责。下文“虽怨，无所非也”，校勘与此同。

⑥其敝在于不知乘权藉势之异：其弊在于不懂得各自利用权变借助时势的情形有所不同的道理。敝，通“弊”，弊病，弊害。乘权，利用权变。藉势，借助时势。

⑦而惟曰智能之同：《道藏》本此句作“而虽（雖）曰智能之同”，今据《百子全书》本改“虽”为“惟”。其意为：而只是说智谋与才能的相同。

⑧不达之过：（由）不明事理所造成的过错。达，通晓，明白。过，过失，过错。

⑨邮：通“尤”，过失。

⑩亦君子之恕也：《道藏》本及诸世传本此句作“亦君子之怒也”。陈仲荄《尹文子直解》云：“‘亦君子之怒也’句，‘怒’字宜作‘恕’字。”今依陈说改“怒”为“恕”。

【译文】

自己贫困就抱怨别人，自己卑贱就迁怒时运，而没有人会责怪自己，这是世俗中的人之常情。然而不能因为这是世俗的人之常情，就一概予以否定，它也有值得同情理解的地方，对于这一点不可不明辨原委。如果两个人才能相同而智力均等，却有他富裕我贫穷之分，贫穷者能不怨天尤人固然是一种美德；但即使是心有所怨，也无可指责。才能均等而智力相同，却有他高贵我低贱之分，低贱者能不怨天尤人固然是一种美德；但即使是心有所怨，也无可指责。有怨气者的弊病在于，他不懂得人们各自利用权变借助时势的情形有所不同的道理，而只是强调自己与别人的智力与才能的相同，这是不明事理所造成的错失。虽说这是君子的过咎，却也是君子所能谅解的。

人贫则怨人，富则骄人。怨人者，苦人之不禄施于己也[①]；起于情所难安而不能安，犹可恕也。骄人者，无所苦而无故骄人[②]，此情所易制而弗能制[③]，弗可恕矣。

【注释】

①苦人之不禄施于己也：怨恨别人不把赏赐施与自己。苦，恨，怨，嫌。禄，赏赐。

②无所苦而无故骄人：《道藏》本此句作"无苦而无故骄人"，今依《群书治要》本于"苦"上补一"所"字。其意为：没有什么怨苦而无故傲视他人。骄人，傲视他人。

③制：控制，克制。

【译文】

一个人贫困了就埋怨别人，富裕了就傲视别人。埋怨别人的人，是嫌别人没有把财物施舍给自己；这怨嫌发生于心情难以平静而自己不能使其平静，还是可以谅解的。傲视别人的人，是没有什么怨苦而毫无理由地傲视别人，这情绪容易克制而自己不能予以克制，那是不可宽恕的。

众人见贫贱，则慢而疏之①；见富贵，则敬而亲之。贫贱者有请赇于己②，疏之可也；未必损己而必疏之，以其无益于物之具故也③。富贵者有施与己④，亲之可也；未必益己而必亲之，则彼不敢亲我矣⑤。三者独立⑥，无致亲致疏之所⑦，人情终不能不以贫贱富贵易虑⑧，故谓之大惑焉⑨。

【注释】

①慢而疏之：轻视而疏远他们。

②请赇(qiú)：私相请托，这里指请求施予财物。赇，本意为贿赂，引申为将财物施予人。

③以其无益于物之具故也：《道藏》本此句作"以其无益物之具故也"，今据守山阁本、《百子全书》本于"益"下增一"于"字。陈仲

荄《尹文子直解》云："'以其无益于物之具故也'句，'物'字宜作'吾'字，'具'字衍。"此说以上下文义推之甚相宜，当从。其意为：(是)由于他们无益于我的缘故。

④富贵者有施与己：陈仲荄《尹文子直解》云："'富贵者有施与己'句，'与'字宜作'于'字。"当从。其意为：富贵者对自己有恩惠。施，恩惠。

⑤则彼不敢亲我矣：陈仲荄《尹文子直解》云："'则彼不敢亲我矣'句，宜作'亲彼则人不敢轻我矣'。"于上下文义甚相宜，当从。其意为：亲近富贵者，别人就不敢轻视我。轻，轻视，鄙视。

⑥三者独立：富贵者、贫贱者和一般人自己("众人"之"己")三者各自独立。陈仲荄《尹文子直解》云："'三者独立'句，'三'字宜作'二'字。"似未妥，不可从。

⑦无致亲致疏之所：没有导致亲近富贵者而疏远贫贱者的理由。致，导致，造成。所，道理，理由。

⑧以贫贱富贵易虑：依据贫贱与富贵而变换态度。虑，思想，思虑；可引申为态度。

⑨惑：疑惑，困惑。

【译文】

一般人见到贫困卑贱的人，往往怠慢而疏远他们；见到富裕高贵的人，往往尊敬而亲近他们。若是贫贱者对自己有所求，疏远他们倒还可以说得过去；未必有损于自己，却仍要疏远他们，那是因为他们无益于我自己的缘故。富贵者若是对自己有所施予，亲近他们是应当的；未必有益于自己，却仍要亲近他们，那是因为亲近富贵者别人就不敢轻视我。按说，贫贱者、富贵者和一般人自己，三者是各自独立的，没有导致亲近富贵者而疏远贫贱者的理由，但依人情之常却终究不能不因为贫贱富贵而变换自己的态度，这真可谓人世间的一大困惑啊。

穷、独、贫、贱[1]，治世之所共矜，乱世之所共侮。治世非为矜穷、独、贫、贱而治，是治之一事也。乱世亦非侮穷、独、贫、贱而乱，亦是乱之一事也。每事治则无乱[2]，乱则无治，视夏、商之盛，夏、商之衰，则其验也[3]。

【注释】

①穷、独、贫、贱：指四种生存状况或处境中的人。穷，困顿窘迫的人。独，孤独无靠的人。贫，财物匮乏的人。贱，地位低下的人。

②每事治则无乱：每件事都治理好了，就不会有国家的混乱。

③验：验证，效验。

【译文】

对于穷、独、贫、贱这类人，盛世的人们都会怜悯，乱世的人们总会欺侮。盛世并不是因为怜悯穷、独、贫、贱一类人才成为盛世，使人们同情穷、独、贫、贱不过是盛世政治治理中的一件事。乱世也并不是因为人们欺侮穷、独、贫、贱一类人才成为乱世，欺侮穷、独、贫、贱一类人不过是造成世道混乱的许多事中的一件事。每件事都治理好了就不会使国家混乱，每件事都没有治理好就不可能使国家得到治理，这只要看一看夏代、商代由兴盛到衰落的历史，就可以得到验证。

贫贱之望富贵甚微[1]，而富贵不能酬其甚微之望[2]。夫富者之所恶[3]，贫者之所美[4]；贵者之所轻，贱者之所荣。然而弗酬，弗与同苦乐故也。虽弗酬之，于我弗伤。今万民之望人君，亦如贫贱之望富贵。其所望者，盖欲料长幼[5]，平赋敛[6]，时其饥寒[7]，省其疾痛[8]，赏罚不滥[9]，使役以时[10]，如此而已，则于人君弗损也。然而弗酬，弗与同劳逸故也。故为人君，不可弗与民同劳逸焉。故富贵者可不酬贫贱者，人君不可不酬万民。不酬万民，则万民之所不愿戴[11]。所不愿戴，则君位替矣[12]。危莫甚焉，祸莫大焉。

【注释】

①望：期望，希求。

②酬：偿，满足。

③夫富者之所恶：《道藏》本此句作“夫富贵者之恶”，今据《群书治要》本、守山阁本、《百子全书》本删其所衍“贵”字，并于“之”后补一“所”字。其意为：富裕者所厌恶的。恶，厌恶，厌倦。

④贫者之所美：《道藏》本此句作“贫者也所美”，今据《群书治要》本、守山阁本、《百子全书》本改“也”为“之”。其意为：（即使是富贵者所厌倦的，也是）贫贱者所称善的。美，称美，赞美，称善。有必要指出的是，所谓“富者之所恶，贫者之所美”，并非在于强调“富者”与“贫者”在“美”、“恶”上的对立，而是要分外说明：即使是富者厌倦以至厌恶的东西（例如款式过时或变旧了的衣物）也足以使贫者对之称赞，然而富者终于不愿舍其所厌恶以满足贫者之所赞美。下文所言“贵者之所轻，贱者之所荣”，其意味亦如此。

⑤料长幼：照料长者和幼儿。料，照料，眷顾。

⑥平赋敛：均平赋税。平，均平。赋敛，田赋，税收。

⑦时其饥寒：伺察百姓的吃穿。时，通“伺”，伺察，留心。

⑧省其疾痛：察看百姓的疾病痛苦。省，视察，察看。

⑨赏罚不滥：赏罚得当而有节制。滥，过度，没有节制。

⑩使役以时：役用百姓不误农时。以时，按一定的时令。

⑪戴：尊奉，拥戴。

⑫替：更换，更替。

【译文】

贫贱者期求于富贵者的很微小,但富贵者并不能满足这微小的期求。为富有者所厌弃的,足以让贫困者称善;为高贵者所轻贱的,足以让低贱者感到荣光。然而富贵者终究不愿割舍其所轻所厌以满足贫贱者的期求,这是由于富贵者不能与贫贱者苦乐与共的缘故。富贵者虽然不愿满足贫贱者,其后果却并不会对富贵者有所伤害。当今,众百姓对君主的期求,也正像贫贱者对富贵者的期求。众百姓所期求于君主的,不外眷顾老幼、均平赋税、留意百姓饥寒、关注百姓疾苦、赏罚得当而不失节制、役使百姓能不误农时,仅此而已;而这样,君主绝不至于有所损失。然而君主竟不能满足百姓的这点期求,其原因在于君主不能同百姓劳逸与共。不过说到底,君主是不可不与百姓劳逸与共的。富贵者可以不过问贫贱者,君主却不可不过问百姓。不满足百姓的期求,百姓就不会拥戴君主。如果百姓不拥戴君主,那么君位上的人就可能要被取而代之——危难没有比这更甚的了,祸患没有比这更大的了。

逸　文

尹文子见齐宣王，宣王不言而叹。尹文子曰："何叹？"王曰："吾叹国中寡贤。"[①]尹文子曰："使国悉贤，孰处王下[②]？"王曰："国悉不肖，可乎？"尹文子曰："国悉不肖，孰理王朝[③]？"王曰："贤与不肖皆无，可乎？"尹文子曰："不然。有贤有不肖[④]，故王尊于上，臣卑于下。进贤退不肖，所以有上下也。"（见《意林》，《艺文类聚》卷二〇，《太平御览》卷四〇二）

【注释】

①自"宣王不言而叹"至"吾叹国中寡贤"：《艺文类聚》作"宣王叹国寡贤"，《太平御览》作"王叹国寡贤"。今从《意林》。

②孰处王下：句后《意林》多出"谁为王使"四字，以下文"孰理王朝"与"孰处王下"对举相推，"谁为王使"似衍，今从《艺文类聚》、《太平御览》删之。

③自"国悉不肖，可乎"至"孰理王朝"：《艺文类聚》脱"可乎，尹文子曰：国悉不肖"等十字。今从《太平御览》增之。

④有贤有不肖：《太平御览》作"有不肖"，今从《艺文类聚》。

【译文】

尹文子拜见齐宣王，宣王长叹而不说话。尹文子问："大王为什么叹息?”宣王说:“我感叹齐国有才德的人太少。”尹文子说:“如果齐国人都是有才德的人,谁做大王治理下的臣民?”宣王说:“国内都是无才无德的人,行吗?”尹文子说:“若是国内都是无才无德的人。谁来治理大王的朝政?”宣王说:“贤能之士与不肖之徒都没有,行吗?”尹文子说:“不行。既有贤能之士,又有不肖之徒,这样大王才能被尊奉而处于上位,臣子才能知卑顺而处于下位。擢用那些贤能之士,贬退那些不肖之徒,所以国家才会有尊卑上下的秩序。”

虎求百兽食之,得狐。狐曰:“子无食我也!天帝令我长百兽①,今子食我,是逆天帝命也。子以我言不信②,吾为子先行,子随我后,观百兽之见我不走乎?”虎以为然,故遂与行③。兽见之皆走。虎不知兽之畏己而走,以为畏狐也④。(见《太平御览》卷四九四)

【注释】

①长百兽:做百兽之长。长,统治,统率。

②子以我言不信:你如果不相信我说的话。以,如果。

③与行:与之同行。

④这一寓言也出于《战国策·楚策一》,文字略有出入。如:“子无食我也”句,《楚策》作“子无敢食我也”(多一“敢”字);“天帝令我长百兽”句,《楚策》作“天帝使我长百兽”(“令”作“使”);“子以我言不信”句,《楚策》作“子以我为不信”(“言”作“为”);“观百兽之见我不走乎”句,《楚策》作“观百兽之见我而敢不走乎”(“我”下多“而敢”二字);“故遂与行”句,《楚策》作“故遂与之行”(“与”后多一“之”字);“虎不知兽之畏己而走”句,《楚策》作“虎不知兽畏己而走也”(“兽”下少一“之”字,句末多一“也”字)。

【译文】

虎猎取各种野兽作为食物，有一次逮住了一只狐狸。狐狸说："你不要吃我！天帝让我做百兽之长，如果你吃了我，那就背逆了天帝的命令。你要是不信我说的话，我在你前边走，你紧随在我后边，看看百兽见到我后敢不逃走吗？"虎以为狐狸说得对，于是就与狐狸同行。果然，野兽一见到它们就都逃走了。虎不知道这些野兽是害怕自己才逃走的，还以为它们是惧怕狐狸呢。

瞽者无目①，而耳不可以瞭察视也②，精于听也。（见《太平御览》卷七四〇）

【注释】

①瞽（gǔ）者：盲人。

②而耳不可以瞭（qì）察视也：而耳朵不能用来睹物。瞭，察，视，睹。"察视也"三字或是后人对"瞭"的诠注窜入正文，宜删之。

【译文】

眼睛失明的人看不见，而耳朵又不能睹物，但他们精通于听声音。

聋者不歌，无以自乐①。盲者不观，无以接物②。（见《太平御览》卷七四〇）

【注释】

①自乐：用乐，享用音乐。自，用。

②接物：接触外物。这里指观看外物或欣赏外物。

【译文】

耳聋的人不懂得歌唱，无从享用音乐。失明的人看不见东西，无从观赏外物。

凡数，十、百、千、万、亿，亿、万、千、百、十，皆起于一[①]。推之亿亿，无差矣[②]。（见《太平御览》卷七五〇）

【注释】

①皆起于一：都从一开始。起，开始，开端。

②差：错，差错。

【译文】

凡是数，十、百、千、万、亿，亿、万、千、百、十，都从一开始。这一点，推到亿亿也不会错。

千人曰俊[①]，万人曰杰[②]。（见《史记·屈原传》索隐，《诗·魏风·汾沮洳》疏）

【注释】

①千人曰俊：《史记·屈原传》索隐作“千人才曰俊”。其意为：千人中才能卓越者称作俊。

②万人曰杰：《诗·魏风·汾沮洳(jù rù)》疏作“万人作英”。其意为：万人中才能超绝者称作杰。

【译文】

千人中才智卓越者称作俊，万人中才智超绝者称作杰。

以智力求者，喻如弈棋[①]，进退取与[②]，攻劫放舍[③]，在我者也。（见《艺文类聚》卷七四，《昭明文选·博弈论》注，《太平御览》卷七五三）

【注释】

①喻如弈棋:《艺文类聚》此句作"喻如弈",比之《太平御览》少一"棋"字。此依《太平御览》。

②进退取与:《艺文类聚》此句作"弈进退取与",比之《太平御览》多一"弈"字。此依《太平御览》。

③攻劫放舍:《昭明文选·博弈论》注此句作"攻劫杀舍"。

【译文】

以智力取胜者,犹如下棋,前进、后退、夺取、给予、攻击、劫持、放置、舍弃,都在于我。

博者尽开塞之宜[①],得周通之路[②],而不能制齿之大小[③],在遇者也[④]。(见《艺文类聚》卷七四,《昭明文选·策秀才文》注,《太平御览》卷七五四)

【注释】

①博者尽开塞之宜:《艺文类聚》此句作"博尽开塞之宜","博"下少一"者"字。其意为:精于博戏的人极尽博具开合适度之能事。博,指博戏,赌输赢、角胜负的游戏。开塞,这里指博具(赌具)的打开与闭合。

②得周通之路:《太平御览》此句作"得用通之路"("周"作"用")。其意为:懂得周密畅达的游戏路数。得,知晓,明白。周,周密,周全。通,通达,畅达。

③齿:一种赌具,骰(tóu)子,色(shǎi)子。其多以兽骨制成,为体积不大的正六面体,各面分别刻一、二、三、四、五、六点,一、四涂以红色,二、三、五、六涂以黑色,相对的两面点数之和为七,以随意投掷后见于朝上一面的点数的多少论胜负。

④遇:际遇。

【译文】

善于博戏的人，极尽博具开合适度之能事，谙熟周密畅达的游戏路数，却无法控制所掷骰子点数的大小，而这往往在于一时的运气。

尧为天子，衣不重帛，食不兼味①，土阶三尺，茅茨不剪②。（见《艺文类聚》卷八二，《太平御览》九九六）

【注释】

①食不兼味：《艺文类聚》无此句及上句“衣不重帛”。此句意为：不同时吃两道菜肴。兼味，两种或两种以上的菜肴。

②茅茨（cí）不剪：《艺文类聚》作“茅茨不翦”。翦，同“剪”，修剪，修饰。茅茨，茅草盖的屋顶。

【译文】

尧当年做天子时，不同时穿两件帛衣，不同时吃两道菜肴；所住房舍，三尺台阶，夯土而成，茅草盖屋，不加修剪。

尧德化布于四海①，仁惠被于苍生②。（见《昭明文选·劝进表》注）

【注释】

①德化：道德感化；道德教化。

②被：及，延及。

【译文】

尧的道德教化传布于天下，他的仁慈惠爱遍及于百姓。

两智不能相使①，两贵不能相临②，两辨不能相屈，力均

势敌故也[3]。（见《意林》,《太平御览》卷四三〇）

【注释】

①使：差遣，指使。

②临：统领，统辖。

③敌：相当，对等。

【译文】

两位同等才智的人不能相互指使，两位同等尊贵的人不能相互统制，两位同等雄辩的人不能相互折服，原因在于他们势均力敌。

专用聪明[1]，则功不成；专用晦昧[2]，则事必悖[3]。一明一晦，众之所载[4]。（见《意林》）

【注释】

①聪明：指智力强、天赋高的人。

②晦昧：指智力较差、天赋较低的人。

③悖：混乱，谬误。

④载：通“戴”，尊奉，拥戴。

【译文】

一味任用天赋超常的人，功业反倒无成；一味任用天赋低下的人，事情一定败乱。两种人兼用，才能为众人所拥戴。

四方上下曰宇。（见《后汉书·冯衍传》注）

【译文】

东西南北天地之间称作宇。

将战，有司读诰誓[①]，三令五申之。既毕，然后即敌[②]。（见《昭明文选·东京赋》注）

【注释】

①有司读诰誓：相关官吏宣读诰令与誓辞。有司，官吏，这里指主管战事的官吏。诰，诰令，君主、朝廷发布的命令。誓，誓辞，约束、告诫将士的言辞。

②即敌：临敌，对敌。即，就，接近。

【译文】

即将开战，有关官吏宣读诰令、誓辞，并三番五次告诫将士们。这一切完毕，然后临阵对敌。

钟鼓之声，怒而击之则武[①]，忧而击之则悲，喜而击之则乐。其意变[②]，其声亦变。意诚感之，达于金石[③]，而况于人乎？（见《北堂书钞》卷一〇八）

【注释】

①武：勇猛，壮烈。

②意：情意，感情。

③金石：指钟磬类打击乐器。

【译文】

钟鼓之声，奋起时敲击它，声音就威猛壮烈；忧伤时敲击它，声音就悲凄哀苦；喜悦时敲击它，声音就和乐欢快。人的情感变化，钟鼓之声也随之变化。诚挚的情感可打动金石，又何况人呢？

邓析子

前 言

一 邓析其人

邓析(前545—前501),春秋末叶郑国人,曾任郑国大夫。他精通刑律,善于调处诉讼之事。因不满子产(公孙侨)所铸“刑书”,而制“竹刑”。《吕氏春秋》载:

> 子产治郑,邓析务难之。与民有狱者约:大狱一衣,小狱襦袴。民之献衣、襦袴而学讼者,不可胜数。以非为是,以是为非,是非无度,而可与不可日变;所欲胜因胜,所欲罪因罪。郑国大乱,民口讙(huān)哗。子产患之,于是杀邓析而戮之,民心乃服,是非乃定,法律乃行。(《吕氏春秋·审应览·离谓》)

说邓析为襦(短衣或短袄)袴(无裆的套裤)小利而教人诉讼之术,以至于“是非无度”(没有确定的是非标准)而“所欲胜因胜,所欲罪因罪”(想要胜诉就胜诉,想要归罪于人就归罪于人),也许不无嘲讥之意,但邓析对刑律的谙熟和与之相称的辩才的卓异则可由因他而起的“民口讙哗”(众口喧哗)窥见一斑。不过,所记子产“杀邓析而戮之”一事毕竟有误。邓析被杀是子产去世21年后的事,诛杀他的是继子产、子太叔(游吉)而在郑国执政的驷歂(chuǎn)。对此,《左传》有确凿的记述:

> 郑驷歂杀邓析,而用其竹刑。君子谓:"子然(驷歂的字——引者注)于是不忠(厚道)。苟有加(益)于国家者,弃其邪可也。……子然无以劝(勉励)能(有才能者)矣。"(《左传·定公九年》)

邓析的事迹见于载籍者并不多,值得一提的有这样一则轶闻:

> 洧水甚大,郑之富人有溺者。人得其死者。富人请赎之,其人求(索要)金(钱币)甚多,以告邓析,邓析曰:"安之。人必莫之卖(卖不出去)矣。"得死者患(忧虑)之,以告邓析,邓析又答之曰:"安之。此无所更买(没有地方再能买到)矣。"(《吕氏春秋·审应览·离谓》)

《吕氏春秋》引述这则轶闻,原在于呼应其对邓析所作的"是非无度,而可与不可日变"的评说,却也不期然由此透露了另一种消息。让赎买尸体者与捞获尸体索价出卖者皆"安之"的"两安",未尝不可以称之为"两可",而"两可"则正是邓析名辩思维的典型特征。

二 古本《邓析》与今本《邓析子》

"两可"的提法见于《列子·力命篇》,但《列子》一书系晋人伪托之作,其以"两可"概括邓析的言议思维可能本之于刘向的《邓析书录》。《书录》称:

> 邓析者,郑人也,好形名,操两可之说,设无穷之辞……其论"无厚"者,言之异同,与公孙龙同类。

刘向于汉成帝时任光禄大夫、中垒校尉,奉诏遍校经传、诸子、诗赋,"每一书已,向辄条其篇目,撮其指意,录而奏之"(《汉书·艺文志》)。以此相推,《邓析书录》应是这位目录学的创始者校阅古本《邓析》后撮要"录而奏之"的文字。由这信实的书录可知,著录于《汉书·艺文志·诸子略》而被列为名家篇籍之首的《邓析》,其学说之大端当有二:一为"两可之说",一为"无厚"之谈。至于邓析的其他著述,《书录》仅有"竹刑,简法也,久远,世无其书"数语。依《书录》判断,文字或为

“两可之说”或为“无厚”之谈的古本《邓析》列于名家是切当的，若是归诸法家篇籍反倒会显得不伦不类。

所谓“两可”，用《庄子·秋水》所引公孙龙的话说即是“然不然，可不可”；为“墨辩”(《墨子》之《经上》、《经下》、《经说上》、《经说下》)作注的晋人鲁胜曾解释说：“是，有不是；可，有不可：是名两可。”(鲁胜：《墨辩注叙》，见《晋书·隐逸传》)如果作一种同情的理解，“两可”可能意味着对“可”与“不可”的执着的松开，意味着对非此即彼这一僵硬的思维定式的动摇——而如此，“两可”之说显然与惠施的“日方中方睨，物方生方死”(谓中天之日“中”也可、“睨”也可，谓生活中的人“生”也可、“死”也可)、“南方无穷而有穷”(谓南方“无穷”也可、“有穷”也可)之类论题的思趣相近。邓析的“两可”之说也许即是惠施式的“两可”论题的前导，而这则正是《荀子》的《不苟》、《非十二子》、《儒效》诸篇屡屡将邓析与惠施相提并论的原由所在。诚然，这样理解“两可”，毕竟无从求证于邓析本人的文字，只能算作一种推测。至于邓析的“无厚”之谈，刘向称其“与公孙龙同类”，这在今天则全然无从找到旁证。依《汉书·艺文志》，《公孙龙子》原为十四篇，今仅存六篇，所佚八篇中是否有谈论“无厚”的文字却不得而知。在既有文献中，以名辩方式谈及“无厚”与“厚”的，所可举出的当有二例，一是惠施的论题：

> 无厚不可积也，其大千里。(见《庄子·天下》)

另一例则是后期墨家对“厚”的界说：

> 厚，有所大也。(《墨子·经上》)
>
> 厚，惟无所大。(《墨子·经说上》)

惠施所说“无厚”与其所说“日方中方睨，物方生方死”、“南方无穷而有穷”有着共同的论旨，属于同类论题，而邓析的“两可”之说既然与惠施“日方中方睨，物方生方死”、“南方无穷而有穷”一类论题相契，其“无厚”之谈则也当与惠施所论之“无厚”相通。

然而，今本《邓析子》终其篇未见有“两可”之说，其开篇即申论“无厚”，只是这“无厚”——“天于人无厚也，君于民无厚也”之“无厚”（无所亲厚）——与作为名家论题的“无厚”并不相干。诚然，今本《邓析子》甚至也以“转辞”为其第二篇的篇名，但对辞义辨析的属意仅见于极少的文字，而且即使这类文字也并非从名家所取“两可”或“无厚”的角度说起。纂集于今本《邓析子》的三十六则文字，多为法、术、势张目，而法、术、势只是在战国时才渐次为所谓法家人物所看重而成为这一思想流派的最具代表性的观念。大约正是因为这一点，《四库全书》不以其为名家，而将其判归于法家，其《总目提要》则说：“其言如‘天于人无厚，君于民无厚，父于子无厚，兄于弟无厚’、‘势者君之舆，威者君之策’，则其旨同于申、韩；如‘令烦则民诈，政扰则民不定’、‘心欲安静，虑欲深远’，则其旨同于黄老。然其大旨主于势，统于尊，事核于实，于法家为近。”

《汉书·艺文志》列古本《邓析》为名家著述是允当的，《四库全书》以今本《邓析子》为“于法家为近”的著述也是允当的。这二者皆允当而不相扞格的秘密在于：今本《邓析子》决非古本《邓析》，而且甚至可以断言，今本《邓析子》也并非由散佚已久的古本《邓析》的轶文、残篇辑录而成。

三　今本《邓析子》旨趣述要

《汉书·艺文志》后，至《隋书·经籍志》始见《邓析子》著录于史籍，但这著录于《隋书》而列于名家的《邓析子》已不是古本《邓析》。往后，《旧唐书·经籍志》、《新唐书·艺文志》、《崇文书目》、《通志·艺文略》、《宋史·艺文志》等皆著录《邓析子》，也都列其为名家，直到清《四库全书总目》才将隋以来一向视为名家的《邓析子》归于法家。古本《邓析》的散佚与今本《邓析子》的出现都在汉末至隋初这一时期，隋之后世传不辍的所谓邓析著述实际上是颇可置疑的今本《邓析子》。

今本《邓析子》分《无厚》、《转辞》两篇，篇名酷似名家，但纂集在这名下的文字大都实不副名。宋人晁公武即已发现《邓析子》“时剿取他书，颇驳杂不伦”，但从大端处看，他则认为“（邓）析之学，兼名、法家也”（晁公武：《郡斋读书志》卷三上）。明人杨慎也曾说“今观是书（指《邓析子》——引者注），则经纬相杂，玄黄互陈，宫商迭奏，初无定质”，然而，在列举其中文字或为“鬼谷子家言”、或为“商、韩氏意”、或为“漆园（庄周）语”、或为“柱下史（老子）之遗教”、或为“管大夫（管仲）之旨”后，他又指出：“篇中多御辔励臣之语，邓析殆长于治国者欤！虽其书合纂组（各色织绵）以成文，然皆几几（接近）乎道”（杨慎：《评注先秦五子全书·邓析子序》）。近人马叙伦、罗根泽、孙次舟、钱穆、伍非百等皆称今本《邓析子》为伪书，其中，以伍非百检寻诸书文句以证《邓析子》“乃杂凑诸家之语而成”（伍非百：《邓析子辩伪》）最具代表性。伍非百不惮烦杂，从《邓析子》中找出了多处抄袭他书的文字：其抄自《管子》者三条共七句，抄自《鬼谷子》者五条共三十九句，抄自《淮南子》、《文子》者两条共二十四句，抄自《慎子》者两条共十五句，抄自《庄子》者两条共二十八句，抄自《韩非子》者一条共十一句，抄自《韩诗外传》及刘向《别录》者一条共七句（见上书）。此后，虽有学者以种种方式为之回护，但今本《邓析子》殊非古本《邓析》之旧则已是一个不争的事实。问题只在于今本《邓析子》是否有某种贯穿终始的思维线索可寻，如果有这种线索，则可以据此断定其是否可归之于名家，并进而判断其与古本《邓析》之间所存在的可能大的差异。

实际上，今本《邓析子》虽在形式上难脱“杂凑”之嫌，但作如此“杂凑”的纂述者并非没有自己的主导意向。总的说来，这是一部以君主为本位而替君主御民治国出谋划策的书，它不取“以不忍人之心，行不忍人之政”（《孟子·公孙丑上》）、“自天子以至于庶人，壹是皆以修身为本”（《礼记·大学》）的儒家之道，也不取“见素抱朴，少私寡欲”（《老子》十九章）、“我无为而民自化，我好静而民自正”（《老子》五十七章）的道家之道，甚至它也并不赞赏以“泛爱万物，天地一体”（惠施“历物之意”，见《庄子·天下》）或“离也者天下，故独而正”（《公孙龙子·坚白论》）的道理教化天下的名家态度，但它有自己毫不含糊的政治主张。这主张集中体现在下面几段话中：

循名责实，察法立威，是明王也。(《邓析子·无厚》)

明君立法之后，中程(合乎章程)者赏，缺绳(有损规定)者诛。(《邓析子·转辞》)

势者君之舆(车)，威者君之策(鞭)，臣者君之马，民者君之轮。势固则舆安，威定则策劲，臣顺则马驯，民和则轮利。(《邓析子·无厚》)

以“君”为至尊而凭“法”借“势”，可以说是典型的战国时期的法家姿态，唯“循名责实”为名家、法家所共述，其于名、法间的微妙差异尚须作具体分辨。一般说来，名家讲“循名责实”学理性更强些，所适用的范域也要更大些。司马谈“论六家之要指”在谈到名家时说：“名家使人俭(检)而善失真，然其正名实，不可不察也。”(《史记·太史公自序》)从司马谈的这一说法可知，名家“使人俭”(使人检点、约束自己)而“正名实”这样的“循名责实”并不局限于某一类人或事。但法家所说“循名责实”则不同，当申不害说“为人君者操契以责名”、“有道者自名而正之，随事而定之”(《申子·大体》)或韩非说“循名而责实，操杀生之柄，课群臣之能”(《韩非子·定法》)时，这“循名责实”终究是被把握为君主驾驭臣下的一种“术”的。同样是“使人俭”而“正名实”，法家的“循名责实”只是名家的“循名责实”在一个小得多的范域中的应用。《邓析子》所说的“循名责实”明显打着法家的烙印，这不仅从上面所引述的“循名责实，察法立威，是明王也”可以看出，而且也见于涉及“循名责实”的其他文字。例如：

循名责实，君之事也；奉法宣令，臣之职也。(《邓析子·无厚》)

夫(君)任臣之法：……循名责实，实之极也；按实定名，名之极也。参以相平，转而相成，故得之形名。(《邓析子·转辞》)

与申不害、韩非在同样的意义上谈论“循名责实”，这表明今本《邓析子》确如《四库全书总目提要》所说“其旨同于申、韩”、“其大旨主于势，统于尊，事核于实，于法家为近”。有如名家“循名责实”之说一旦笼罩于法家理路便只具有某种“术”的价值一样，《邓析子》对《管子》、《鬼谷子》、《庄子》、《淮南子》、《文子》、《韩诗外传》等典籍诸多文句的摘引或抄取，大都在“术”的意趣上。取自《鬼谷子》所谓“心欲安静，虑欲深远”等是如此，取自《管子》所谓“见其象致其形，循其理正其名”等也是如此，取自《庄子》的“怒出于不怒，为出于不为”固然被以“术”视之，而即使是抄自刘向《说苑》所引的曾子语“忠怠于宦成”、“孝衰于妻子”等又何尝不是被用作法家之“术”。至于其对《慎子》、《韩非子》的剽掇则更可谓情理中的事，因为今本《邓析子》之为法家篇籍正与慎、韩一脉相连。

四　结语

著录于《汉书·艺文志》的古本《邓析》当是名家、法家思想酝酿而至于滥觞时期的著述，其所载述或正是名家先驱与法家先驱人物邓析的言辞。今本《邓析子》尊“君”崇“法”而推重“势”、“术”，非至战国晚期法家理论既臻成熟之后而不可为，单是这一点已足以判定今本《邓析子》与古本《邓析》相去甚远。刘向父子遍校群籍而终将当时尚存的《邓析》列于名家典籍之首，可见古本《邓析》毕竟以滥觞形态的名家思想为主导，而非以同样处在滥觞状态的法家思想为指归。今本《邓析子》也有不多的名家话语，但其中的最切要者是被纳入法家视野而作为法家所讲求的“术”出现的，这一点使我们在前一点的基础上有更充分的理由认为：今本《邓析子》不仅不是古本《邓析》，而且二者间有着大得多的扞格。

不过，《邓析子》是否为伪托之作至今仍是一个有争议的问题，而未可置疑的是其中也确实辑有较纯粹的可归之于名学或辩学的言语。西汉末年，刘歆为着争得《春秋左传》等古文经在当时体制中的合法地位，曾于《移让太常博士书》中申言："与其过（误）而废之也，宁过（误）而立之。"近人王启湘在校诠其业已认定为伪书的《邓析子》时援引了刘歆的话，他说："古人有言：与其过而废也，无宁过而存之。窃本斯义，作《邓析子校诠》。"（王启湘：《周秦三子校诠·邓析子校诠叙》）。鉴于古今学人"与其过而废之也，宁过而立之"的告诫，兹不揣浅陋将今本《邓析子》注、译于后。其或多有未当，但愿读者教我。

附识：

本书所注、译《邓析子》之原文以清人钱熙祚辑《指海》本（中华书局翻印版）为底本，参校以江南图书馆藏之明初刊本（上海涵芬楼影印版）、《百子全书》本与《意林》、《艺文类聚》、《太平御览》所辑之相关文字，及王启湘、王恺銮、钱基博、马叙伦诸家之校注。

无厚篇

【题解】

本篇由不相连属的二十则文字构成，篇名取自开篇所谓“天于人无厚也，君于民无厚也，父于子无厚也，兄于弟无厚也”的“无厚”。“无厚”，即无所亲厚。有别于儒家以情——亲情及亲情的推扩——系于父子、兄弟以至君民、天人，这里称说“无厚”是要鄙弃“情”而在上述关系中强调“法”。

“无厚”是从四种关系说起的，但整篇文字所论述的重心始终落在“君于民无厚”上，并且其所言始终以“君”为主位而采取一种进谏的口吻。君主对臣民无所亲厚是前提，篇中那些或撰述或纂集的全部文句所环绕的主题可一言以蔽之为“明君审一”。这“一”是“循名责实，察法立威”，亦即按照名所指示的事物的实质责求实际存在的事物与之相副，根据既经确定的法令树立君主的威势。依其所论，君主不失此“一”，即会有势、有威、有臣、有民，而倘若把君主比作一位驾车的驭手，那么正可说“势者君之舆（车），威者君之策（鞭），臣者君之马，民者君之轮”。然而要真正做到“舆安”（车安稳）、“策劲”（鞭强劲）、“马驯”（马驯服）、“轮利”（轮速转），亦即要真正做到“势固”（权势巩固）、“威定”（威严确立）、“臣顺”（臣子忠顺）、“民和”（百姓和合），君主尚须做到“听能闻于无声，视能见于无形，计能规（谋划）于未兆（未露征兆），虑能防于未然(可能的事端尚未发生时)”,并为此而做到“藏形匿影”。事实上,由君主“无厚”而“审一”,《无厚篇》的编纂者从不同角度对法家所分外看重的“法”、“势”、“术”作了看似散逸却不失统绪的阐发。

《无厚篇》由“无厚”甚至说到了“无为”,这颇与老子由“天地不仁,以万物为刍狗;圣人不仁,以百姓为刍狗”(《老子》五章)推及“我无为而民自化,我好静而民自正”(《老子》五十七章)相似,但老子的“无为”是彻底的,这“无为”意味着对一切人为造作的摈绝,而《无厚篇》的纂集者所标举的“无为”却不能不对所谓“循名责实,察法立威”有所倚重。

天于人无厚也[①],君于民无厚也,父于子无厚也,兄于弟无厚也。何以言之?天不能屏勃厉之气[②],全夭折之人[③],使为善之民必寿,此于民无厚也。凡民有穿窬为盗者[④],有诈伪相迷者[⑤],此皆生于不足,起于贫穷,而君必执法诛之,此于民无厚也。尧、舜位为天子,而丹朱、商均为布衣[⑥],此于子无厚也。周公诛管、蔡[⑦],此于弟无厚也。推此言之,何厚之有?

【注释】

①无厚:不厚待,不亲厚。

②屏勃厉之气:屏除因气候失调而引起的疾疫。屏,屏除,抑制。勃厉,因气候失常而引起的流行性传染病,瘟疫。

③全夭折之人:《指海》本作“令夭折之人更生”,今据明初刊本、《百子全书》本改“令”为“全”,删“更生”二字。其意为:保全那些夭折的人。

④穿窬(yú)为盗:挖墙洞、逾墙头入室行窃。穿,穿壁。窬,逾墙。

⑤诈伪相迷:欺诈、作假以相蒙骗。诈,欺骗,欺诈。伪,奸伪,作

假。迷,迷惑,蒙骗。

⑥丹朱、商均为布衣:丹朱、商均都是平民。丹朱,尧的儿子。商均,舜的儿子。布衣,平民,百姓。

⑦周公诛管、蔡:《指海》本无此句及下句"此于弟无厚也",显系脱漏,今据明初刊本、《百子全书》本增补。管,即管叔,名鲜,周公旦之兄。蔡,即蔡叔,名度,周公旦之弟。管叔、蔡叔皆周武王弟,周初均为三监之一,分别封于管、蔡;武王死,周公旦摄政辅佐年幼的成王,管叔、蔡叔不服,与武庚(纣王子,周初被封为殷君)及东方夷族发动叛乱,周公东征平叛后,诛杀了管叔,放逐了蔡叔。

【译文】

上天对于人类无意厚待,君主对于百姓无意厚待,父亲对于儿子无意厚待,兄长对于兄弟无意厚待。为什么这样说呢?上天不能屏除瘟疫,保全那些夭折的人,使行善的人得以长寿,这表明上天无意厚待人类。百姓中有穿壁逾墙盗窃财物的,有欺诈、作假蒙骗他人的,这些原本产生于生计不足,由贫穷引起,但君主必定会依据刑法予以惩罚,这表明君主无意厚待百姓。尧、舜都曾居天子之位,尧的儿子丹朱、舜的儿子商均却都是一介平民,这表明父亲无意厚待儿子。周公旦杀了他的兄长管叔,放逐了他的弟弟蔡叔,这表明兄长无意厚待兄弟。由此推而言之,哪里有什么厚待可说?

循名责实①,君之事也;奉法宣令②,臣之职也。下不得自擅③,上操其柄而不理者④,未之有也。君有三累⑤,臣有四责⑥。何谓三累?惟亲所信,一累也⑦;以名取士,二累也;近故疏亲⑧,三累也。何谓四责?受重赏而无功,一责也;居大位而不治⑨,二责也;为理官而不平⑩,三责也;御军阵而奔北[11],四责也。君无三累,臣无四责,可以安国。

【注释】

①循名责实:按照名所指示的一类事物的实质,责求实际存在的事物与之相符。循,依照,依据。责,求取,要求。

②奉法宣令:奉行既定的法度而传达君主的命令。宣令,传达君主的命令。

③自擅:自作主张,擅自作主。

④理:治理,得到治理。

⑤累:过失。

⑥责:罪责。

⑦一累也:明初刊本、《百子全书》本等世传本此句俱无“也”字,《指海》本据《太平御览》补之。下文“二累”、“三累”、“一责”、“二责”、“三责”、“四责”等句,明初刊本、《百子全书》本等亦均无“也”字,亦皆由《指海》本据《太平御览》补之。

⑧近故疏亲:明初刊本、《百子全书》本、《指海》本等此句皆作“近故亲疏”,今据《意林》改“亲疏”为“疏亲”。这里,“亲”(親)通“新”。全句意为:亲近故旧而疏远新人。

⑨大位:高位,显贵的官位。

⑩为理官而不平:明初刊本、《百子全书》本等此句均无“为”字,《指海》本据《意林》补之。其意为:做治狱之官不能公平审理案件。理官,治狱之官,审理案件之官。平,平允,公正。

⑪御军阵而奔北:率领军队与敌对阵时脱逃。御,统御,统率。奔北,败逃。

【译文】

依据名所指示的事物的实质,责求实际存在的事物与之相符,这是君主的分内之事;奉行既定的法度,传达君主的命令,这是臣子的应尽职责。臣下不得擅自做主，君上操控朝廷权柄，而因此国家不能得到治理的事是不会有的。君主有三种过失，臣子有四种罪责。三种过失指什么？只相信亲近自己的人，是第一种过失；以名望选拔官吏，是第二种过失；亲近故旧而疏远新人，是第三种过失。四种罪责指什么？领受重赏而没有功绩，是第一种罪责；身居高位而不谋其事，是第二种罪责；做治狱之官而不能公正审理案件，是第三种罪责；率军御敌而临阵脱逃，是第四种罪责。君主没有上述三种过失，臣属没有上述四种罪责，国家自可安定承平。

势者君之舆①，威者君之策②，臣者君之马，民者君之轮。势固则舆安，威定则策劲，臣顺则马训③，民和则轮利④。为国失此，必有覆舆、奔马、折策、败轮之患⑤。轮败、策折、马奔、舆覆，则载者亦倾矣⑥。

【注释】

①势者君之舆(yú)：权势是君主所乘的车。势，权势，权力。舆，车。

②威者君之策：威严是君主驾车的鞭。威，威力，威严。策，驱赶骡马用的鞭或棒。

③臣顺则马训：《指海》本、明初刊本、《百子全书》本此句皆作“臣顺则马良”，今依《意林》改“良”为“驯”。驯，驯服，顺服。

④轮利：车轮转动迅疾。利，快，疾，迅速。

⑤覆舆、奔马、折策、败轮：覆舆，翻车；覆，翻倒，翻转。奔马，惊马，马因受惊而奔跑。折策，明初刊本、《百子全书》本作“折轮”，《指海》本据《意林》改为“折策”；折，折断。败轮，明初刊本、《百子全书》本作“败载”，《指海》本据《意林》改为“败轮”；败，毁坏。

⑥轮败、策折、马奔、舆覆，则载者亦倾矣：《指海》本、明初刊本、《百子全书》本皆作“安得不危”。今据《意林》改其为“轮败、策折、马奔、舆覆，则载者亦倾矣”。倾，倒，倒下。

【译文】

权势是君主所乘的车，威严是君主驾车的鞭，臣子是君主拉车的马，百姓是君主载车的轮。权势巩固车才会安稳，威严树立鞭才会强劲，臣子忠顺马才会驯服，百姓和睦轮才会顺利运转。治理一个国家失去了这些，就一定会有翻车、惊马、断鞭、毁轮的祸患。轮毁了，鞭断了，马惊了，车翻了，那乘车的君主也就难免要被掀翻了。

异同之不可别，是非之不可定，白黑之不可分，清浊之不可理[①]，久矣。诚听能闻于无声[②]，视能见于无形，计能规于未兆[③]，虑能防于未然[④]。斯无他也。不以耳听，则通于无声矣；不以目视，则照于无形矣[⑤]；不以心计，则达于未兆矣[⑥]；不以知虑，则合于未然矣[⑦]。为君者[⑧]，藏形匿影，群下无私；掩目塞耳，万民恐震[⑨]。

【注释】

①理：辨，辨别。

②诚听能闻于无声：假如在声还未发时就能听见。诚，假如，如果。

③计能规于未兆：在征兆还没有出现时就能设好计谋。计，计谋，谋略。规，制定，谋划。兆，征兆，兆头。

④未然：还没有成为现实的事情。

⑤照：看。

⑥达于未兆矣：此句与下文“合于未然矣”之“未”，明初刊本皆作“无”，《指海》本改“无”为“未”，与前文“规于未兆”、“防于未然”

相应，可从。此句意为：通晓征兆尚未出现而将要发生之事。达，通晓，明白。

⑦合：对付，应对。

⑧为君者：明初刊本、《百子全书》本此句作“君者”，《指海》本据《意林》、《太平御览》于“君”上补一“为”字。可从。

⑨恐震：诚惶诚恐。震，惊惧，惊恐。

【译文】

异与同不能区别，是与非不能确定，白与黑不能分清，清与浊不能辨识，由来已久了。若要在声音还未发出时就能听见，在形迹还未显露时就能看到，在征兆还未出现时就能设好计谋，在事情还未发生时就能考虑到防范，这没有别的办法，而只有这样：不仅仅用耳朵去听，就能听见无声之声；不仅仅用眼睛去看，就能看到无形之形；不仅仅用心思去谋划，就能通晓还未出现征兆的事态；不仅仅用智巧去思虑，就能应对还未发生而将要发生的一切。做君主的人不露声色，臣属不敢心存私念；即使自己耳目无所闻见，百姓也会诚惶诚恐。

循名责实，案法立威①，是明王也。夫明于形者②，分不过于事③；察于动者④，用不失于利⑤。故明君审一⑥，万物自定。名不可以外务⑦，智不可以从他⑧，求诸己之谓也。

【注释】

①案法立威：《指海》本此句作“案法立成”，明初刊本、《百子全书》本作“察法立威”，“案”与“察”形近易误，“成”与“威”亦形近易误，依上下文义，其当为“案法立威”。此句意为：依据法度确立威势。案，通“按”，按照，依据，凭借。

②明于形者：明了事物实际情形的人。形，相对于“名”而言，指事物的实际情形。

③分不过于事:诸世传本此句皆作“分不遇于事”,“遇”或当为“过”(過)之误。其意为:做事不越出当有的界限。分,分际,恰当的界限。

④动:变化。

⑤用不失于利:明初刊本、《百子全书》本此句作“用不失则利”,今从《指海》本,改“则”为“于”。其意为:行动不会失其所宜。用,行事,行动。利,宜,适宜。

⑥审一:明察于一,亦即明察所谓“循名责实,案法立威”这一“一”。审,明察,察知。

⑦外务:致力于外,向外寻求。务,致力,从事。

⑧从他:宾从他人,服从他人。

【译文】

依据其名责求其实,凭借法度确立威势,这样做才是明智的君主。明了实际情形,做事就不会越出分际;洞察事物变化,行动就不会失其所宜。所以,明智的君主只悉心致力于一件事——“循名责实,案法立威”,万千国事自会由此而定。名不可以向外求取,智不可以宾从他人,这即是说要求之于自己。

治世,位不可越①,职不可乱,百官有司,各务其刑②。上循名以督实③,下奉教而不违④。所美观其所终⑤,所恶计其所穷⑥。喜不以赏⑦,怒不以罚。可谓治世。

【注释】

①位不可越:位分不可僭越。位,位分,地位。越,僭越。

②各务其刑:各各致力于自己的实际职责。刑,通“形”,与“名”相对,指相应于官吏名分的实际职责。

③循名以督实:依据名所要求的应尽责任督促其实际所为。督,督

促,督责。

④下奉教而不违:明初刊本此句作“下奉教而不达”,《百子全书》本、《指海》本“达”作“违”,今从《指海》本。

⑤所美观其所终:对所赞赏的人,观察其能否自始至终。美,赞赏,赞美。

⑥所恶计其所穷:对所贬斥的人,要估计其可能堕坏的最大程度。计,估计,估量。穷,终端,终极。

⑦喜不以赏:不因为喜好而褒奖。

【译文】

治理国家,位分不可僭越,职守不可淆乱,众多官吏须各各致力于自己的责任。君上依据名分督促官吏的实际所为,臣下奉行教令而不相违背。对所赞赏的人,观察其是否能自始至终;对所贬斥的人,估量其可能堕坏的最大程度。不因为喜好而褒奖,不因为恼怒而惩罚。这才称得上国家得以治理的太平之世。

夫负重者患涂远[①],据贵者忧民离[②]。负重涂远者,身疲而无功;在上离民者,虽劳而不治。故智者量涂而后负,明君视民而出政[③]。

【注释】

①涂:同“途”,路途,道路。

②据贵者忧民离:占有尊贵地位的人(应)担忧百姓的背离。据,占据,占有。离,背离。

③明君视民而出政:贤明的君主由体察民情而颁布政令。出,发出,发布。政,政策,政令。

【译文】

身负重物的人应担忧路途遥远,占据高位的人应忧虑百姓离散。

负重涉远的人，往往累坏了身体而不见功效；居上位而背离百姓的人，即使再辛劳也难以使国家治理好。所以，聪慧的人会估算路途远近以确定所负的轻重，贤明的君主懂得体察民情以颁布政令。

猎罴虎者[①]，不于外圂[②]；钓鲸鲵者[③]，不于清池[④]。何则？圂非罴虎之窟也；池非鲸鲵之渊也[⑤]。楚之不溯流[⑥]，陈之不束麾[⑦]，长卢之不士[⑧]，吕子之蒙耻[⑨]。

【注释】

①罴(pí)：熊的一种，毛色黄白，俗称人熊或马熊。

②圂(hùn)：猪圈。

③钓鲸鲵(ní)者：明初刊本此句作"钩鲸鲵者"，《指海》本据《文选·左思〈吴都赋〉》李善注所引及《太平御览》改"钩"为"钓"，今从。鲵，雌鲸。

④不于清池：明初刊本此句作"不居清池"，《指海》本据《文选·左思〈吴都赋〉》李善注所引及《太平御览》改"居"为"于"，今从。

⑤池非鲸鲵之渊也：明初刊本等此句作"池非鲸鲵之泉也"，马叙伦《邓析子校录》据《太平御览》改"泉"为"渊"，今从。

⑥楚之不溯流：指楚国不溯长江而上向西扩张。楚，立国于荆山一带，以丹阳(今鄂西秭归东南)为国都，领地主要在长江、汉水之间。春秋时，楚以吞并诸多小诸侯国而渐成地方千里的大国；公元前689年楚文王(名熊赀)即位，迁都于郢(今鄂中江陵西北之纪南城)，此后其疆域不断向东扩张。所谓"不溯流"，当指楚国受地理条件的限制，其领土扩张呈向东而非向西的趋势。

⑦陈之不束麾(huī)：陈国疲于战事而没有"束麾"(卷起军旗)的间隙。陈，妫姓，西周初立国，开国君主为胡公(名满)，建都于宛丘

(今河南淮阳),领地在今河南东部及安徽亳州一带。春秋时,陈处在楚、吴、齐、晋诸大国之间而疲于备战,所谓“不束麾”即指此。麾,古时用以指挥军队的旗帜。

⑧长卢之不士:长卢不出仕为官。长卢,楚国人,可能是一位隐士,《史记·孟子荀卿传》载“楚有尸子、长卢”,《汉书·艺文志》著录有《长卢子》九篇,已佚。士,通“仕”,这里指出仕做官。

⑨吕子之蒙耻:吕子蒙受耻辱。吕子,其名其事皆不可考。蒙,蒙受,遭受。

【译文】

猎取黑虎的人,不会到院外猪圈去搜求;捕捞鲸鲵的人,不会到清浅的池塘去垂钓。为什么呢?因为猪圈不是黑虎藏身的洞窟,池塘不是鲸鲵出没的深水。楚国不溯江而上向西开拓,陈国疲于战事而无法卷起军旗,长卢不愿出仕任职,吕子也曾蒙受耻辱。

夫游而不见敬①,不恭也;居而不见爱②,不仁也;言而不见用③,不信也④;求而不能得,无媒也⑤;谋而不见喜,无理也;计而不见从,遗道也⑥。因势而发誉⑦,则行等而名殊⑧;人齐而得时⑨,则力敌而功倍⑩。其所以然者,乘势之在外⑪。

【注释】

①游而不见敬:周游求仕而不被敬重。游,外出求仕。见,被。

②居而不见爱:平素家居而不被关爱。居,平素家居。爱,关心,关爱。

③用:采用,听从。

④信:诚实,可信。

⑤无媒也：明初刊本等世传本此句作“无始也”，今据孙诒让“‘始’疑当为‘媒’，与‘理’对文”（见孙著《札迻·邓析子·无厚篇》）之说，改“始”为“媒”。媒，引荐之人。

⑥遗道：背离了道理；道理上有失误。遗，离开，脱离。

⑦因势而发誉：顺应时势而显示其所长。发誉，显示其值得赞誉之处。

⑧行等而名殊：所为相同而名声殊异。行，行为，行迹。殊，不同，殊别。

⑨人齐而得时：与人齐心而不失时机。齐，同心协力。时，时机，机会。

⑩力敌：力量相等，同等用力。

⑪乘势之在外：利用自身之外的力量或情势。乘，利用，凭借。势，力量；情势。

【译文】

周游求仕而不被人敬重，是由于自己不够恭谨；平素家居不被人关顾，是由于自己不够仁爱；所提出主张不被人采用，是由于自己所说还不足凭信；求取职位而不能如愿，是由于自己无人引荐；所献谋略不被人悦纳，是由于自己理由不足；所设计策不被人依从，是由于自己于道理有失。顺应时势而显示其所长，相同的所为会获得殊异的名声；与人齐心而不失时机，用同等的气力会赢得加倍的功绩。之所以会这样，是因为一个人利用了自身之外的力量。

推辩说非所听也[①]，虚言非所应也[②]，无益之辞非所举也[③]。故谈者，别殊类使不相害[④]，序异端使不相乱[⑤]，谕志通意[⑥]，非务相乖也[⑦]。若饰词以相乱[⑧]，匿词以相移[⑨]，非古之辩也。

【注释】

①推：宜作“惟”，或为形近而误。惟，发语词。

②虚言非所应也：诸世传本此句皆作“虚言向非所应也”，王恺銮《邓析子校正》云：“‘虚言向’文不成义，疑一本作‘虚言’，一本作‘虚响’，传写者两存之，致有此误。”今以“虚言”为是，而以“向”为衍字。其意为：虚妄的话不是人们所能接受的。应，受，接受。

③无益之辞非所举也：诸世传本此句作“无益乱非举也”。孙诒让《札迻·邓析子·无厚篇》云：“‘无益乱’当作‘无益之辞’，‘非举也’当作‘非所举也’。”于义为胜，可从。其意为：没有益处的言论不是人们所能赞许的。益，利益，好处。举，通“与”，赞许。

④别殊类使不相害：分别不同的类属使其不相混淆而不相妨害。殊类，不同类别。害，妨碍，妨害。

⑤序异端使不相乱：理清不同见解的头绪使其不至于紊乱。序，叙述，表达。异端，不同见解，各种看法。

⑥谕志通意：申明各自的志趣而通晓对方的意向。谕，表明，显示。通，通晓，懂得。

⑦相乖：相违逆，相阂(hé)隔。

⑧饰词以相乱：以雕饰的言辞让对方陷于惑乱。饰词，藻饰言辞。

⑨匿词以相移：以掩饰真相的话语诱使对方改变看法。

【译文】

讨巧的辩说不是人们所要听闻的，虚妄的言辞不是人们所能接受的，没有益处的议论不是人们所能赞许的。所以，谈论者要分别不同的类属使其不相混淆而不相妨害，理清各种见解的头绪使其不至于紊乱，申明各自的志趣而弄懂对方的意向，而并不要造成彼此间的隔阂。若是以雕饰的言辞让对方陷于惑乱，以掩蔽真相的话语诱使对方改变观点，那就不是古时的人们所主张的论辩了。

虑不先定，不可以应卒[①]；兵不闲习[②]，不可以当敌。庙算千里[③]，帷幄之奇[④]，百战百胜，黄帝之师[⑤]。

【注释】

①应卒（cù）：应对突发事件。卒，同“猝”，突然。这里指突发事件。

②闲习：即“娴习”，熟习，熟练演习。闲，通“娴”，熟习。习，教习，训练。

③庙算：朝廷的谋划。庙，指庙堂（太庙与明堂），借指朝廷。

④帷幄（wò）之奇：将帅的奇计。帷幄，室内悬挂的帐幕、帷幔，这里指将帅的幕府、军帐。

⑤黄帝：传说中华夏族的先祖。姬姓，号轩辕氏、有熊氏。相传他先后击败炎帝、诛杀蚩尤，为中原各部族的领袖。相传其于养蚕、舟车、文字、音律、医学、算学皆有发明。这里，以军事上的制胜之道托始于黄帝。

【译文】

谋略不预先确定，不能应对突发事件；士卒不熟练操演，不能抵挡来犯之敌。朝廷制定方略于千里之外，将帅巧设奇计于军帐之中，如此才能百战百胜，方可称得上“黄帝之师”。

死生自命[①]，富贵自时[②]。怨夭折者，不知命也；怨贫贱者，不知时也。故临难不惧，知天命也；贫穷无慑[③]，达时序也[④]。凶饥之岁，父死于室，子死于户，而不相怨者，无所顾也。同舟渡海，中流遇风，救患若一[⑤]，所忧同也。张罗而畋[⑥]，唱和不差者[⑦]，其利等也。故体痛者口不能不呼，心悦者颜不能不笑。责疲者以举千钧[8],督兀者以及走兔[9],驱逸足于庭[10],求猿捷于槛[11],斯逆理而求之,犹倒裳而索领[12]。

【注释】

①死生自命:死与生自有其命。王启湘《周秦名家三子校诠》云:"两'自'字('死生自命'之'自'与下句'富贵自时'之'自'——引者注)均当作'有',《论语·颜渊篇》'死生有命',《庄子·秋水篇》'贵贱有时',即其证也。'自'与'有'形近,是以致误。"其说可资参酌。命,这里指命分或命理,是人难以操控的一种力量;中国古人心目中的"命"更多地带有或然性,因此并非通常所谓的定命或宿命。

②富贵自时:富与贵自有其时。时,时运,关联于时势的一种运会。这里对"死生自命,富贵自时"的申说,不是要人们囿于死生、富贵而执着于"命"、"时",而是要引导人们对死生、富贵持一种达观态度。

③慑:畏惧,害怕。

④达时序:明白时运,明白时运的头绪。序,通"绪",头绪。

⑤救患若一:(人们)救解灾祸心齐得如同一人。

⑥张罗而畋(tián):张开网而猎捕鸟雀。罗,捕鸟的网。畋,打猎,狩猎。

⑦唱和不差:呼应配合没有差错。唱和,此唱彼和。这里指相互呼应配合。

⑧责疲者以举千钧:《指海》本此句作"责瘠者以举千钧",今依明初刊本、《百子全书》本等改"瘠"为"疲"。其意为:要求衰弱之人力举千钧的重物。疲,衰弱。

⑨督兀(wù)者以及走兔:《指海》本此句作"督跛者以及走兔",今依明初刊本、《百子全书》本等改"跛"为"兀"。其意为:督促断去一

足的人追上奔跑的兔子。兀者，断去一足的人。

⑩驱逸足于庭：驱赶骏马在庭院中飞奔疾驰。逸足，疾足。这里指骏马。庭，正房前的院子，亦泛指院子。

⑪求猿捷于槛(jiàn)：责求猿类在笼子中敏捷攀援。槛，关动物的笼子、栅栏。

⑫裳(cháng)：裙，下服。

【译文】

死与生自有其命，富与贵自有其时。责怪夭折的人，不懂得命；埋怨贫贱的人，不知道时。遭遇危难而不畏惧，是因为知晓天命；身处贫穷而不怯懦，是因为明白时运。灾荒之年，父亲死于室内，儿子死于门首，而不相互怪怨，那是由于难以彼此顾念。乘同一艘船渡海，中途遭遇暴风，人们救解灾祸心齐得如同一人，是因为大家有着共同的忧患。张网猎捕鸟雀，人们呼应配合不会出一点差错，是因为大家有着同等的利益。所以身体有病痛的人口中不能不发出哀号，内心欢悦的人脸上不能不露出笑容。责求衰弱之人力举千钧的重物，督促断足之人追上奔跑的兔子，驱赶骏马飞奔疾驰于庭院，要求猿类敏捷攀援于笼中，这是一种有悖常理的苛求，正像是倒提着裙子寻索衣领那样。

事有远而亲①，近而疏，就而不用②，去而反求③。凡此四行④，明主大忧也。

【注释】

①远而亲：本当疏远的反倒对其亲近。

②就而不用：本当任职的反倒不为所用。就，留；就职，就任。

③去而反求：本当打发走的反倒要去招请。去，赶走，打发走。求，招来，招致，招请。

④凡此四行：明初刊本、《百子全书》本此句作“风此四行”，《指海》

本改“风”为“凡”，今从。

【译文】

任用官吏的事有这四种情形：本当疏远的反倒对其亲近，本当亲近的反倒对其疏远，本当任职的反倒不为所用，本当打发走的反倒要去招请。所有这四种做法，都是一个贤明的君主的大患啊。

夫水浊则无掉尾之鱼①，政苛则无逸乐之士②。故令烦则民诈③，政扰则民不安。不治其本而务其末，譬如拯溺而捶之以石④，救火而投之以薪⑤。

【注释】

①掉尾之鱼：从容戏水之鱼。掉尾，摇尾，摆尾。

②逸乐之士：闲适游乐之人。逸，闲适，安逸。

③令烦则民诈：法令烦琐百姓就会变得狡诈。烦，烦琐。

④譬如拯溺而捶之以石：明初刊本、《百子全书》本此句作“譬如拯溺锤之以石”，《指海》本据《艺文类聚》、《太平御览》增“而”字，今从《指海》本。其意为：就像拯救溺水之人反倒落石下去。捶，同“锤”而通“垂”，落。

⑤救火而投之以薪：明初刊本、《百子全书》本此句作“救火投之以薪”，《指海》本据《艺文类聚》、《太平御览》增“而”字，今从《指海》本。其意为：灭除火灾反倒投进了柴草。

【译文】

水浑浊就不会有从容戏水之鱼，政制苛刻就不会有闲适游乐之人。所以，法令烦琐庶民就会变得狡诈，政局混乱百姓就不得安宁。不治理根本而逐其卑末，那就像是拯救溺水的人反倒落石下去，灭除火灾反倒投进了柴草。

夫达道者[①]，无知之道也[②]，无能之道也[③]。是知大道[④]，不知而中[⑤]，不能而成[⑥]，无有而足[⑦]。守虚责实而万事毕[⑧]。

【注释】

①达道：大道。达，通“大”，“大”为“道”的称叹之辞。

②无知之道：没有知觉的道。知，知觉。

③无能之道：没有形态的道。能，通“态”（態），形态。

④是：因此。

⑤不知而中：没有知觉而为诸事之标准。中，合适，恰当；标准。

⑥不能而成：没有形态而能成全万物。成，成全。

⑦无有而足：空无所有而一切具足。足，具备，充足，具足。

⑧守虚责实而万事毕：保持虚寂以责求实存而统括万事。守，保持。虚，虚寂。毕，统括；齐备。

【译文】

所谓大道，是没有知觉的道，没有形态的道。因此悟知大道的人懂得：道，没有知觉却是诸多事物的标准所在，没有形态却对事物无所不予成全，其空无所有却又一切具足。守持虚寂的道以责求实存，万事循道而得以完成。

忠生于不忠[①]，义生于不义。音而不收[②]，谓之放[③]；言出而不督[④]，谓之闇[⑤]。故见其象，致其形[⑥]；循其理，正其名；得其端，知其情[⑦]。若此，何往不复，何事不成。有物者意也[⑧]，无外者德也[⑨]。有人者行也[⑩]，无人者道也[⑪]。故德非所履[⑫]，处非所处[⑬]，则失道；非其道而道则諂[⑭]。意无贤，虑无忠，行无道，言虚如受实[⑮]，万事毕。

【注释】

①忠生于不忠:诸世传本此句皆作“忠言于不忠”。孙诒让《札迻·邓析子·无厚篇》云:“二句(指‘忠言于不忠’与下句‘义生于不义’——引者注)文例同,‘言’疑亦当作‘生’。”今从孙说。

②音而不收:言说而没有约束。音,言语;文辞。收,约束,收敛。

③放:放纵,放肆。

④督:察,检点。

⑤闇:愚昧,昏昧。

⑥致其形:探求其实存。致,求取,获得。形,相对于下文“正其名”之“名”而言,指事物实际存在的情形。

⑦情:本性;真实。

⑧有物者意也:为外物所诱发的是人的意欲。物,这里主要指财物;贾公彦疏《周礼·天官·酒正》“辨三酒之物”云:“物者,财也。”意,意志,意欲。

⑨无外者德也:不由外铄(外力)而获取的是人的德性。

⑩有人者行也:有心为之的是人的所行。人,有心为之;郭象注《庄子·庚桑楚》“圣人工乎天而拙乎人”云:“有心为之,人也。”行,为,行为。

⑪无人者道也:无心为之的是“无知”、“无能”的大道。

⑫德非所履:所践行的不是所当践行的德性。履,践行,践履。

⑬处非所处:所据有的不是所当据有的地位(或财物)。处,享有,据有。

⑭非其道而道则谄(tāo):诸多世传本此句作“非其道不道则谄(chǎn)”,明初刊本“谄”作“谄”,当为“谄”。此外,孙诒让《札迻·邓析子·无厚篇》云:“(此句)‘不’当为‘而’,篆文‘不’作‘不’,‘而’作‘而’,相似而误。”其说可从,今改“不”为“而”。其意为:不是所谓道而以其为道那就荒诞虚妄了。谄,诞妄。

⑮言虚如受实:(道)虚寂而成全万物。言,句首助词,无义。如,而。受,成。高诱注《吕氏春秋·孟夏纪·诬徒》"事至则不能受"云:"受,犹成也。"实,这里指实际事物。

【译文】

忠相对于不忠而显现,义相对于不义而显现。说话而没有约束,叫做放纵;话出口而不检点,叫做昏昧。所以,对事物要观察其表象,了解其实存;依据其事理,厘正其名分;发现其端绪,探知其本性。倘若这样,还有哪里会往而不返,还有什么事会不能做成。为外物所诱发的是人的意欲,不由外铄而获取的是人的德性。有心为之的是人的所行,无心为之的是"无知"、"无能"的大道。因此,若是践行的不是所当践行的德性,所据有的不是所当据有的东西,那就背弃大道了;不是所谓道而以其为道,那就荒诞虚妄了。有贪欲就不会贤明,有私念就不会忠诚,行有心为之的人之所行就会背离大道。大道虚寂而成全一切实存,万事循道而得以完成。

夫言荣不若辱,非诚辞也①;得不若失,非实谈也。不进则退,不喜则忧,不得则亡,此世人之常,真人危斯十者而为一矣②。所谓大辩者③,别天下之行④,具天下之物⑤,选善退恶,时措其宜⑥,而功立德至矣。小辩则不然⑦,别言异道⑧,以言相射⑨,以行相伐⑩,使民不知其要,无他故焉,故知浅也⑪。君子并物而错之⑫,兼涂而用之⑬,五味未尝而辨于口⑭,五行在身而布于人⑮。故无方之道不从⑯,面从之义不行⑰,治乱之法不用⑱,惔然宽裕⑲,荡然简易⑳,略而无失,精详入纤微也。

【注释】

①诚辞：真心话。

②真人危斯十者而为一矣：独有存养真性而志趣高卓的人能将这十者作一体的达观。真人，存养真性而志趣高卓的人。危，独。成玄英疏《庄子·缮性》"危然处其所而反其性"云："危，犹独也。"

③大辩者：即辩大者，指能辨识世道人心之大端的人，亦即对"道"有所悟识的人。辩，通"辨"，辨别，辨识。

④别天下之行：区别天下人行为的善恶。

⑤具天下之物：分辨天下事物的真伪。具，辨。《广韵·遇韵》："具，辨也。"

⑥时措其宜：适时采用相宜的措施。措，施行，运用。宜，适宜。

⑦小辩：与"大辩"相对，即那种纠缠于细枝末节的是非之辨。

⑧别言异道：另一种主张，异样的途径。这里指邪妄不正的主张和途径。言，学说，主张。

⑨以言相射：以言语相互攻讦(jié)。射，攻击，攻讦。

⑩以行相伐：以行动相互挞(tà)伐。

⑪故知浅也：明初刊本、《百子全书》本此句作"故浅知也"，《指海》本作"故知浅也"。王恺銮《邓析子校正》云："(此)'故'字训'事'，见《吕氏春秋·审己篇》，'故浅知也'当作'知故浅也'。谓小辩者知事浅，故有别言异道诸弊。此句正申释上句'无他故焉'之意，若作'故浅知也'，则上下句不相属矣。"王说可资参酌。其意为：事理懂得不深。故，事理。

⑫并物而错之：将事物相比较而予以处理。并，比并，比较。错，通"措"，安置，处理。

⑬兼涂而用之：从多种途径发挥其作用。涂，同"途"。

⑭五味未尝而辨于口：明初刊本此句作"五味未尝而于口"，《指海》

本、《百子全书》本等于“而”下补一“辨”字，当从。其意为：酸、苦、甘、辛、咸五种味道不用尝，口即能予以分辨。

⑮五行在身而布于人：木、火、土、金、水五行聚集在自身而遍布于每一个人。布，分布，遍布。

⑯故无方之道不从：明初刊本等世传本此句作“故何方之道不从”。孙诒让《札迻·邓析子·无厚篇》云：“‘何’疑‘无’之误。《吕氏春秋·必己篇》云：‘如此其无方也。’高注云：‘方，术也。’”今据孙说改“何”为“无”。其意为：所以没有道理的主张不予遵从。方，道理，常规。

⑰面从之义不行：当面顺从的言论不予施行。面从，当面顺从。义，通“议”，言论，意见。

⑱治乱之法不用：导致混乱的治理方法不予采用。这里，“治乱”即《荀子·不苟》所谓“君子治治，非治乱也”之“治乱”，其相对于“治治”而言。

⑲惔（dàn）然：淡然；淡泊，不趋名利。

⑳荡然：坦荡，宽大。

【译文】

说荣耀不如耻辱，那不是真心话；说得到不如失去，那不是老实语。不前进即是后退，不喜悦即是忧虑，不获取即是丧失，这是世间人通常的判断。独有存养真性而志趣高卓的人，能将上述十者作一体的达观。所谓大辩者，亦即对道有所了悟的人，能区别天下人行为的善恶，能分辨天下事物的真伪，选择善举而贬退恶行，适时地采取相宜的措施，从而得以成德、立功。所谓小辩者——那些纠缠于细枝末节是非之辨的人——却不是这样，他们别有主张而另有道理，往往以言语相互攻讦，以行动相互挞伐，使人们无从得其要领。这没有其他缘故，是事理懂得得太浅陋了。君子不同，他们能将事物相比较而予以处理，从多种途径发挥其作用，五味不用尝就能分辨于味觉，由五行聚集于自身而知其遍布于每一个人。所以,没有道理的主张他们不予遵从,当面顺从的言论他们不予施行,导致混乱的治理方法他们不予采用,他们淡泊而宽容大度,坦荡而简约平易,简略而没有疏漏,其精密周详贯穿于行为的所有细微之处。

夫舟浮于水,车转于陆,此势自然者也①。有不治者,知豫焉②。夫木击折轊③,石戾破舟④,不怨木石而罪巧拙⑤,知故不载焉⑥。故有知则惑⑦,有心则崄⑧,有目则眩。是以规矩一而不易⑨,不为秦、楚变节⑩,不为胡、越改容,常一而不邪⑪,方行而不流⑫。一日形之⑬,万世传之,无为为之也。

【注释】

①此势自然者也:明初刊本、《百子全书》本此句作"此自然道也",今从《指海》本。其意为:这是情势所至、自然而然的事。势,情势。

②知豫焉:明初刊本等世传本此句俱作"知不豫焉",以上下文意推之,"不"当为衍字,宜删。其意为:参与了人的巧智。知,同"智",智慧,智巧。豫,通"与",参与。

③轊(wèi):车轴头,即车轴两端伸出车毂(gǔ)的部分。这里代指车轴。

④石戾破舟:明初刊本等世传本此句俱作"水戾破舟",依下句"不怨木石而罪巧拙"相衡,"水"当改为"石"。其意为:石头坚劲撞破了船。戾,劲疾。

⑤罪巧拙:怪罪(驾车、驶船)技术的巧拙。罪,责备,责怪,归罪。

⑥知故不载焉:由于智巧参与的缘故,车船失去了运载的功能。

⑦故有知则惑:明初刊本此句作"故有知则感德",今依《指海》本、

《百子全书》本改“感”为“惑”，删去“德”字。其意为：所以，有了智巧就有了惑乱。惑，惑乱，迷乱。

⑧有心则崄(xiǎn)：动了心思就有了险诈。崄，险恶，险诈。

⑨规矩一而不易：规矩一经统一确认就不能改变。规矩，指校正圆形的工具圆规和校正方形的工具矩尺；这里以其隐喻法度。一，统一。

⑩不为秦、楚变节：明初刊本等世传本此句作“不为秦、楚缓节”，今依《淮南子·主术训》改“缓”为“变”。其意为：不会因为秦、楚的国度不同而变其准则。

⑪常一而不邪：明初刊本等世传本此句作“一而不邪”，今据《淮南子·主术训》于“一”前补一“常”字。其意为：始终如一而没有偏向。邪，偏斜。

⑫方(páng)行而不流：通行各处而不入歧途。方行，遍行，通行。流，邪移。杨倞注《荀子·君子》“则令行而不流”云：“流，邪移也。”

⑬一日形之：规与矩一旦形成。一日，一旦，如果有一天。形，形成。

【译文】

船航行于水上，车运转于陆路，这是情势所至、自然而然的事。如果车船行驶出了问题，那是由于人的智巧参与了的缘故。树木碰折了车轴，礁石撞破了船身，人们不责怪树木和礁石而归咎于驾车或驶船人的巧拙，是因为智巧的参与让车、船失去了运载的功能。所以，有了智巧就有了惑乱，动了心思就有了险诈，用眼观看就有了晕眩。因此规矩一经统一就不能改变，它不会因为秦、楚的国度不同而变其准则，不会因为胡、越间相距遥远而改其规范；它始终如一而没有偏向，通行各地而不入歧途。信守规矩的共识一旦形成，就会千秋万世流传下去，这可真是无所为而为之啊。

夫自见则明[①]，借人见则闇也[②]；自闻则聪[③]，借人闻则聋也[④]。明君知此，则去就之分定矣[⑤]。为君者[⑥]，当若冬日之阳，夏日之阴，万物自归[⑦]，莫之使也。恬卧而功自成[⑧]，优游而政自治[⑨]。岂在瞋目搤腕[⑩]，手操鞭朴而后为治欤[⑪]？

【注释】

①夫自见则明：明初刊本等世传本此句作"夫自见之明"，今依《意林》改"之"为"则"。其意为：自己亲眼看就看得分明。

②借人见则闇也：明初刊本等世传本此句作"借人见之闇也"，今依《意林》改"之"为"则"。其意为：借助他人去看就看得晦暗。闇，晦暗，昏昧。

③自闻则聪：明初刊本此句作"自闻之听"，《百子全书》本、《指海》本作"自闻之聪"，今依《百子全书》本、《指海》本及《意林》确定此句为"自闻则聪"。其意为：自己亲耳听就听得真切。

④借人闻则聋也：明初刊本等世传本此句作"借人闻之聋也"，今依《意林》改"之"为"则"。其意为：借助他人听就听得不清。

⑤去就之分：取舍的界限。去，舍。就，取。分，界限。

⑥为君者：明初刊本、《百子全书》本此句无"者"字，《指海》本据《太平御览》于"君"后补"者"。今从《指海》本。

⑦万物自归：百姓自会归顺你。万物，万人，百姓。自归，自行归顺。

⑧恬卧：安卧。用以喻说清静无为。

⑨优游：悠闲自得。

⑩瞋(chēn)目搤(è)腕：明初刊本等作"振目扼腕"，今依《淮南子·主术训》改"振"为"瞋"("搤"则同"扼")。其意为：瞪大眼睛而一只手握住另一只手的手腕。"瞋目搤腕"用以形容那种愤慨、振奋的形态，喻说政治人事纠葛中的有为之举。

⑪手操鞭朴:明初刊本、《百子全书》本作“手据鞭朴”,《指海》本据《太平御览》改“据”为“操”。今从《指海》本。其意为:手持鞭子与棍棒。操,拿着,手持。朴,未经加工的木料。这里指木棍、木棒。

【译文】

自己亲眼看就看得分明,借助别人看就看得晦暗;自己亲耳听就听得真切,借助别人听就听得不清。贤明的君主懂得了这一点,人事取舍的界限也就确定了。做君主的人,应当像冬天的阳光、夏日的阴凉,这样百姓自会归顺你,用不着驱使他们这么做。恬然静卧,功业自会成就;悠然自得,国政自会治理。不然,难道须得你瞋目扼腕,手持皮鞭棍棒才可以治理好一个国家吗?

夫事有合、不合者①,知与未知也②。合而不结者③,阳亲而阴疏④。故远而亲者,志相应也⑤;近而疏者,志不合也。就而不用者,策不得也⑥;去而反求者,无违行也⑦;近而不御者⑧,心相乖也;远而相思者,合其谋也。故明君择人不可不审,士之进趣亦不可不详⑨。

【注释】

①夫事有合、不合者:明初刊本等世传本此句俱作“夫合事有不合者”。孙诒让《札迻·邓析子·无厚篇》云:“疑此文本作‘事有合不合者’,今本‘合’字误移‘事’字上,遂不可通。”今依孙说。其意为:政事中有可以共事者,有难以共事者。合,合作,共事。

②知:相知,相互了解。

③合而不结:共事而并不团结。结,团结。

④阳亲而阴疏:外表亲近而内心疏远。阳,指表露于外的一面。

阴,指隐藏于内的一面。

⑤志相应也:明初刊本、《百子全书》本此句作“忘相应也”,《指海》本据《文选·曹植〈赠白马王〉》李贤注所引改“忘”为“志”,今从《指海》本。下文“志不合也”句之正误,亦与此同。相应,相合,相投。

⑥策不得:谋略不适宜。策,谋略,计策。得,适宜,得当。

⑦违行:邪僻不正的行为。违,邪行,不正。

⑧御:进用,选拔任用。杨倞注《荀子·礼论》“时举而代御”云:“御,进用也。”

⑨进趣:即“进趋”,追求,求取。这里指选择君主以求实现自己的抱负。

【译文】

政事中有可以共事的人,有难以共事的人,这是由于彼此相知与不相知的缘故。共事而并不团结的人,外表亲近而内心疏远。所以,本来疏远而终究亲近的,是由于志趣相合;本来亲近而终究疏远的,是由于志趣不相合。主动亲近的人却不任用,是由于谋略不适宜;离别而去的人反倒要招请回来,是由于那离去的人并没有邪僻不正的行为。近在身边的人不予举用,是由于心志不相一致;远在异地的人反倒思念不已,是由于谋虑正相投契。所以贤明的君主选拔人才不可不审慎,而士人择定君主以求进用也不可不详谨。

转辞篇

【题解】

与上篇篇幅略相当，本篇由不相连属的十八则文字构成，篇名“转辞”则取自篇首所谓“世间悲、哀、喜、乐、嗔、怒、忧、愁，久惑于此。今转之”之“转”。这“转”意味着转换一种说法，以婉转而可能尽致的话语对人们的所惑重新予以理会。不过，《转辞篇》并不就是“辞”或“名”的专论，其中凡称“名”而谈的道理无不连着“法”的根茇(bá)。

篇中的一则文字有这样的说法：“循名责实，实之极也；按实定名，名之极也。参以相平，转而相成，故得之形名。”倘用今天的话说，即是：依据名称责求名所指示的实质，这被指示的是实的极致；依据事物的实质确定事物的名称，这被确定的是名的极致。名与实相互检验以求彼此相副，转而相互成全，由此得以知晓所谓“形名”——事物名称与名称所指事物实质之表现——的关系。这是本篇对“名”的言说的要义所在，不过，它毕竟是从所谓“任臣之法”(任用官吏的原则)说起的。文中也说到“言之术”(言说的技艺)，但那是在晓喻一种随机谈话的智慧，亦即在与“智者”、“博者”、“辩者”、“贵者”、“富者”、“贫者”、“贱者”、“勇者”、“愚者”等不同对象交谈时应当分别借重什么。文中还曾举出“一言而非，驷马不能追；一言而急，驷马不能及”这样的名句，然而这并不是要寻究“言”本身的特征，却只是在规劝人们出言谨慎，从而摒除那些

“恶言”、“苟语”。

倘果真以“转辞”为线索寻找各节文字间某种略可贯通的逻辑，显然会使人失望的，在这篇名给了人更多期待的文字中，除开“循名责实”、“按实定名”之说外，可能最切题的就是所谓“缘身而责名，缘名而责形，缘形而责实”了，但这一则文字所表述的仍不外“明君之督（督责）大臣”的一种“术”。《转辞篇》的有些文字似乎也表露出某种“无为”的道家倾向，甚至有的文字还掇拾了儒家的典籍，然而这错杂的诸多言辞几乎无一不被措置在法家的唯法是守的原则下。

世间悲、哀、喜、乐、嗔、怒、忧、愁[①]，久惑于此。今转之[②]：在己为哀，在他为悲；在己为乐，在他为喜；在己为嗔[③]，在他为怒；在己为愁，在他为忧。在己在彼[④]，若扶之与携[⑤]，谢之与让[⑥]，故之与古[⑦]，诺之与已[⑧]，相去千里也。

【注释】

①嗔（chēn）：生气。

②转：婉转。这里指用婉转以尽致的话——一如篇名所谓“转辞”——予以申说。

③在己为嗔：从上文对两两相对的八种情愫的排列和之后对“在己”、“在他”的其他六种情愫的分辨看，此句当为“在己为怒”，下句当为“在他为嗔”。

④在己在彼：明初刊本等诸世传本无“在彼”二字。王恺銮《邓析子校正》云：“钱熙祚校刊本作‘在己彼……’，孙诒让云：‘在己下当更有在字，今本误脱。’宜据钱、孙二氏说，于‘在己’下补‘在彼’二字。”依上下文，今从王说。

⑤若扶之与携：就像扶持与提携。扶，扶持，护持。携，扶植，提携。

⑥谢之与让:明初刊本等诸世传本此句作“谢之与议”,今依《淮南子·说林训》改“议”为“让”。谢,逊让,不如。让,谦让,以己所有者与人。

⑦故之与古:明初刊本等诸世传本此句作“故之与右”。王恺銮《邓析子校正》云:“洪颐煊《读书丛录》云:‘右当作古。’《淮南子·说林训》作‘先’,‘古’、‘先’义同。”“古”之于“右”,形近而误,今从洪、王二氏说。

⑧诺之与已:承诺与完成。诺,承诺,许诺。已,完成,完毕。

【译文】

世间有悲、哀、喜、乐、嗔、怒、忧、愁等情感,人们长久地困惑于它们之间界限的所在。现在用婉转以尽致的话对它们作如下分辨:对自己说来的哀伤,对他人说来是悲痛;对自己说来的快乐,对他人说来是喜悦;对自己说来的恼怒,对他人说来是生气;对自己说来的发愁,对他人说来是忧虑。这些对于自己和对于他人说来的不同,就像扶持与提携、逊让与让与、过去与古代、承诺与完成之间的分别,看似相近,其实却相差千里。

夫言之术[①]:与智者言依于博[②],与博者言依于辩,与辩者言依于要[③],与贵者言依于势,与富者言依于豪,与贫者言依于利,与贱者言依于谦[④],与勇者言依于敢[⑤],与愚者言依于说[⑥]。此言之术也[⑦]。

【注释】

①言之术:言说的技艺。术,技艺,技巧。

②与智者言依于博:与聪慧之人说话要凭借博学多识。依,依仗,凭借。

③与辩者言依于要：明初刊本、《百子全书》本此句作“与辩者言依于安”，《指海》本据《鬼谷子·权篇》改“安”为“要”。今从《指海》本。其意为：与雄辩的人说话要凭借要言不烦。

④与贱者言依于谦：明初刊本、《百子全书》本、《指海》本等俱无此句。以文中既已谈到的“贵者”、“富者”、“贫者”相推，亦当论及“贱者”，今依《鬼谷子·权篇》补之。其意为：与卑贱者说话要凭借谦和平易。

⑤敢：有勇气，不胆怯。

⑥说：解说，释疑。

⑦此言之术也：《指海》本此句作“此言之说也”，今据明初刊本、《百子全书》本改“说”为“术”。

【译文】

言说的技艺在于：与聪慧者说话要凭借你的学识渊博，与博学者说话要凭借你的善于论辩，与雄辩者说话要凭借你能要言不烦，与尊贵者说话要凭借你能不卑不亢，与富有者说话要凭借你能落落大方，与贫穷者说话要凭借你能施惠让利，与卑贱者说话要凭借你能谦和平易，与刚勇者说话要凭借你能无所畏惧，与愚钝者说话要凭借你能答难解疑。这就是所谓言说的技艺。

不困在早图[①]，不穷在早豫[②]。非所宜言勿言，以避其患[③]。非所宜为勿为，以避其危。非所宜取勿取，以避其咎。非所宜争勿争，以避其声[④]。一言而非[⑤]，驷马不能追[⑥]；一言而急[⑦]，驷马不能及[⑧]。故恶言不出口，苟语不留耳[⑨]，此谓君子也。

【注释】

①不困在早图：明初刊本等诸世传本此句作“不用在早图”。王恺銮《邓析子校正》云：“‘用’当作‘困’，与‘穷’对文。”今从王说，改“用”为“困”。其意为：要想不陷于困境，就须得早有谋划。图，考虑，谋划。

②不穷在早豫：明初刊本等诸世传本此句作“不穷在早稼”。王恺銮《邓析子校正》云：“王生斯睿云：‘稼为豫之讹’，不穷在早豫，即《礼记·中庸》所谓‘凡事豫则立’也。”王说可从，今改“稼”为“豫”。其意为：要想不落于穷途，就须得预先准备。豫，预备，预先准备。

③以避其患：明初刊本等诸世传本无此句，今据《说苑·说丛篇》补之。其意为：以避免由此带来的祸患。

④声：名声，声誉。这里似指不好的名声。

⑤一言而非：明初刊本、《百子全书》本作“一声而非”，《指海》本据《意林》改“声”为“言”，今从《指海》本。

⑥驷马不能追：明初刊本、《百子全书》本作“驷马勿追”，《指海》本据《意林》改“勿”为“不能”，今从《指海》本。

⑦急：仓促。这里指仓促间言有所失。

⑧驷马不能及：明初刊本、《百子全书》本作“驷马不及”，《指海》本据《意林》于“不”下补一“能”字，今从《指海》本。

⑨苟语：随便说的话，妄言。

【译文】

要想不陷于困境，就须得早有谋划。要想不落于穷途，就须得预先准备。不是所当说的不说，以避免招来祸患。不是所当做的不做，以避免引来危险。不是所当取的不取，以避免留下罪愆。不是所当争的不争，以避免坏了名声。一句话说得不对，即使是四匹马拉的车也难以追回；一句话仓促失当，即使是四匹马拉的车也无法赶上。所以口不吐恶语，耳不听妄言，这才称得上是君子啊。

夫任臣之法：闇则不任也①，慧则不从也②，仁则不亲也，勇则不近也，信则不信也③。不以人用人④，故谓之神⑤。怒出于不怒⑥，为出于不为⑦。视于无形⑧，则得其所见；听于无声，则得其所闻。故无形者，有形之本；无声者，有声之母。循名责实，实之极也⑨；按实定名，名之极也。参以相平⑩，转而相成⑪，故得之形名⑫。

【注释】

①闇：愚昧，昏乱。这里指不明事理。

②慧：狡黠(xiá)，聪明而狡猾。

③信则不信：任意而为的人不予信任。前一“信”，任意，听凭；这里指听凭自己意愿而不以“奉法宣令”为职守。后一“信”，信任，信用。

④不以人用人：不因为个人的品性而任用人。前一“人”，指人的品性或德行。这里是说选用官吏当视其是否“奉法”、“奉教”，而不看重个人品质。

⑤神：通“慎”，慎重，谨慎。

⑥怒出于不怒：努力出自本身无所谓努力的律法。怒，同“努”，勉力。

⑦为出于不为：作为出自本身无所作为的教令。

⑧视于无形：明初刊本等诸世传本此句作“视于无有”，今据马叙伦《邓析子校录》改“有”为“形”。其意为：看到事物未露形迹时的情形。

⑨极：极致，最高程度。

⑩参以相平:(名与实)相互检验以求彼此相副。参,检验,验证。

⑪相成:相互促成,相互成全。

⑫得之形名:懂得了这形和名的关系。

【译文】

任用官吏的原则在于:不明事理的不予任用,狡黠刁诈的不予听从,讲求仁惠的不予亲信,持勇逞强的不予接近,任意而为的不予信任。不因为个人品性而任用人,因而可称之为审慎。努力出自无所谓努力的律法,作为出自本身无所作为的教令。看到了不露形迹的东西,就晓得了所见事物的实质;听见了默不作声的东西,就懂得了你所听声音的依据。所以说,没有形体的东西是有形体的东西的根本,没有声音的东西是有声音的东西的母体。按照名称责求名所指示的事物的实质,这被指示的是实的极致;按照事物的实质确定事物的名称,这被确定的是名的极致。名与实相互检验以求彼此相副,转而使二者相互成全,由此而得以知晓所谓"形名"——事物名称与名称所指的事物实质之表现——的关系。

夫川竭而谷虚[①],丘夷而渊实[②]。圣人以死[③],大盗不起,天下平而无故也[④]。圣人不死,大盗不止。何以知其然?为之斗斛而量之[⑤],则并与斗斛而窃之[⑥];为之权衡以平之[⑦],则并与权衡而窃之;为之符、玺以信之[⑧],则并与符、玺而窃之[⑨];为之仁义以教之,则并与仁义而窃之[⑩]。何以知其然?彼窃财者诛[⑪],窃国者为诸侯。诸侯之门,仁义存焉,是非窃仁义邪?故逐于大盗[⑫],霸诸侯,此重利也,盗跖所不可禁者[⑬],乃圣人之罪也。

【注释】

①川竭而谷虚：河水干涸(hé)了，山谷就空虚了。川，河流。竭，干涸。

②丘夷而渊实：山丘削平了，深渊就被填塞了。夷，铲平，削平。实，填塞。由此句往下，整段话与《庄子·胠箧(qū qiè)》中的一段文字略从同，疑其取自《庄子》。

③以：通“已”，尽，毕。

④天下平而无故也：明初刊本、《百子全书》本此句作“天下平而故也”，《指海》本据《庄子·胠箧》于“故”前增补“无”字，今从《指海》本。其意为：天下安宁而不再有事故。故，事，事故。

⑤斗斛(hú)：量器，多用于量粮食。斗，容量为十升。斛，容量为十斗。

⑥则并与斗斛而窃之：明初刊本此句作“则并斗斛而均之”，《百子全书》本作“则并斗斛而窃之”，《指海》本据《庄子·胠箧》于“并”后增一“与”字，并改“均”为“窃”，今从《指海》本。其意为：就连斗斛也一并偷了去。

⑦权衡：即秤，称量轻重的器具。权，秤锤。衡，秤杆。

⑧符玺(xǐ)：符，古代用作凭证的符券、符节、符传等信物。玺，印，一种取信于人的凭证。

⑨则并与符玺而窃之：明初刊本此句作“则并与符玺而功之”，今据《百子全书》本、《指海》本改“功”为“窃”。

⑩则并与仁义而窃之：明初刊本此句作“则并仁义以窃之”，《百子全书》本作“则并仁义而窃之”，《指海》本据《庄子·胠箧》于“并”后增一“与”字，并改“以”为“而”，今从《指海》本。

⑪彼窃财者诛：明初刊本、《百子全书》本此句作“彼窃财诛”，《指海》本于“诛”前增一“者”字，今从《指海》本。

⑫故逐于大盗：明初刊本等诸世传本此句作“故遂于大盗”，今据

《庄子·胠箧》改“遂”为“逐”。逐,竞争,争先。

⑬盗跖(zhí)所不可禁者:明初刊本、《百子全书》本此句作“盗趾所不可桀者”,《指海》本据《庄子·胠箧》改“趾”为“跖”、改“桀”为“禁”,今从《指海》本。

【译文】

河水干涸了,山谷就空虚了;山丘削平了,深渊就被填塞了。圣人死绝了,大盗就不会兴起了,天下也就会宁静而不再有事故了。圣人不死,大盗就不会止息。怎么知道事情会是这样的呢?圣人为人们造出斗斛来量东西的多少,大盗就连同斗斛一并偷了去;圣人造出秤来称量轻重,大盗就连同秤一并偷了去;圣人造出符、印来作为取信的凭证,大盗就连同符、印一并偷了去;圣人确立仁义以教化人们,大盗就连同仁义也一并偷了去。怎么知道事情会是这样的呢?那些盗窃财物的人会被诛除,而篡窃国家的人却能做了诸侯。有了诸侯的门第,就有了所谓的仁义,这不是连同仁义也一并偷去了吗?所以人们会争着做大盗,竞相称霸诸侯。这是有重利可图的呀,盗跖之类大盗所以难以禁止,实在是圣人的罪过。

欲之与恶,善之与恶[①],四者变之失[②]。恭之与俭[③],敬之与傲,四者失之修[④]。故善素朴、任惔荡而无失[⑤],未有修焉,此德之永也。言有信而不为信,言有善而不为善者,不可不察也。

【注释】

①善之与恶:明初刊本此句作“善之于善”,《百子全书》本、《指海》本作“善之与恶”,今从《指海》本。

②四者变之失:欲(喜好)善(良善)、恶(wù)(憎恶)恶(è)(邪恶)如

果变成恶(wù)(憎恶)善(良善)、欲(喜好)恶(è)(邪恶),那就错了。失,错,错误。

③俭:通“险”,阴险,险诈。

④四者失之修:恭(恭谨)失其本来而成为俭(险诈)、敬(敬重)失其本来而成为傲(傲慢),原因在于矫饰造作。修,指矫饰造情以取悦于人。

⑤故善素朴、任惔(dàn)荡而无失:明初刊本等诸世传本此句作“故善素朴、任惔忧而无失”,“惔忧”语不成义。《无厚篇》有“惔然宽裕,荡然简易”句,“惔忧”或为“惔荡”之失,今改“忧”为“荡”。惔荡,淡泊坦荡。

【译文】

喜好与憎恶,良善与邪恶,这四者如果由喜好良善、憎恶邪恶变为喜好邪恶、憎恶良善,那就错了。恭谨与险诈,敬重与傲慢,这四者如果恭谨失其本来而成为险诈、敬重失其本来而成为傲慢,那是由于矫饰造作的缘故。所以,喜好素朴、一任淡泊坦荡而不失真情之自然,不去矫饰造作,这才能保持德性的长久。说得信誓旦旦却并不做可信的事情,说得天花乱坠却并不诉诸切实的善行,对于这样的人不可不留心观察。

夫治之法,莫大于使私不行①;君之功②,莫大于使民不争。今也立法而行私,与法争,其乱也甚于无法③。立君而尊贤④,与君争,其乱也甚于无君。故有道之国,法立则私善不行⑤,君立而贤者不尊⑥。民一于君,事断于法,此国之大道也⑦。明君之督大臣⑧,缘身而责名⑨,缘名而责形⑩,缘形而责实⑪。臣惧其重诛之至⑫,于是不敢行其私矣⑬。

【注释】

①莫大于使私不行:明初刊本等诸世传本此句作“莫大于私不行”,今据《艺文类聚》、《太平御览》所引《慎子》语于“私”上补一“使”字,如此则正与下文“使民不争”之“使”相应。

②君之功:明初刊本、《百子全书》本无“君之”二字,《指海》本据《艺文类聚》、《太平御览》所引《慎子》语补之,今从《指海》本。

③其乱也甚于无法:明初刊本此句作“其乱也甚于无私”,《百子全书》本、《指海》本作“其乱也甚于无法”,今从后者。

④立君而尊贤:明初刊本、《百子全书》本此句作“立君而尊愚”,《指海》本据《慎子》逸文改“愚”为“贤”,今从《指海》本。

⑤法立则私善不行:明初刊本、《百子全书》本此句作“则私善不行”,《指海》本据《慎子》逸文于“则”前补“法立”二字,今从《指海》本。

⑥君立而贤者不尊:明初刊本、《百子全书》本此句作“君立而愚者不尊”,《指海》本据《慎子》逸文改“愚”为“贤”,今从《指海》本。

⑦此国之大道也:明初刊本等诸世传本此句作“此国之道也”,今据《艺文类聚》、《太平御览》所引《慎子》语于“道”前补一“大”字。

⑧督:督促,督责。

⑨缘身而责名:依据其自身情形责令其担任有着确定名分的官职。缘,凭借,依据。

⑩缘名而责形:依据其所任官职的名分要求其有相应的表现。形,表现,行动。

⑪缘形而责实:依据其表现或行动要求其所当取得的实际效果。

⑫臣惧其重诛之至:《指海》本此句作“臣慎其重诛之至”,今据明初刊本、《百子全书》本改“慎”为“惧”。其意为:臣子们惧怕严酷的刑罚落在自己身上。重诛,严酷的处罚。

⑬于是不敢行其私矣:明初刊本此句作“于不敢行其私矣”,《百子

全书》本、《指海》本“于”下有“是”，今从后者。

【译文】

治国的法则，最重要的莫过于使官吏不得曲从私情；君主的功用，最重要的莫过于使百姓不起争竞之心。如今确立了法度而官吏们又怀着私心行事，私心与法度相争，由此造成的混乱比没有法度还要严重。拥立君主而又倡导崇尚贤能，贤能与君主相争，由此造成的混乱比没有君主还要更甚。所以，政治清明的国家，法度一旦确立，私人的恩惠就不再施行；君主一经拥立，贤能之人就不再被推崇。百姓一统于君主，诸事决断于法度，这是国家的大原则啊。贤明的君主督促大臣，依据其自身情形责令其担任有着确定名分的官职，依据其所任官职的名分责求其有相应的表现，依据其表现或行动要求其所当取得的实际效果。臣子们惧怕严酷的刑罚落在自己头上，于是其行事便不敢曲从私心。

心欲安静，虑欲深远。心安静则神策生①，虑深远则计谋成。心不欲躁，虑不欲浅。心躁则精神滑②，虑浅则百事倾③。

【注释】

①心安静则神策生：明初刊本等诸世传本此句俱如此。《鬼谷子·本经篇》有如下一段文字：“心欲安静，虑欲深远。心安静则神明荣，虑深远则计谋成。神明荣则志不可乱，计谋成则功不可间。”“神策生”或为“神明荣”之误，但语亦成义，可从之。神策，神奇的策略。

②滑：乱，惑乱，迷乱。

③倾：坏，倾败，败坏。

【译文】

心神要安静，思虑要深远。心神安静才会产生神奇的策略，思虑深远才能使计谋得以成功。心神不可浮躁，思虑不可浅陋。心浮气躁，精神就会迷乱；思虑浅陋，百事就会倾败。

治世之礼，简而易行；乱世之礼，繁而难遵。上古之乐，质而不悲①；当今之乐，邪而为淫②。上古之民，质而敦朴③；今世之民，诈而多行④。上古象刑而民不犯⑤，今有墨、劓不以为耻⑥。斯民所以乱多治少也。尧置欲谏之鼓⑦，舜立诽谤之木⑧，汤有司直之人⑨，武有戒慎之铭⑩。此四君者⑪，圣人也，而犹若此之勤。至于栗陆氏杀东里子⑫，宿杀氏戮箕文⑬，桀诛龙逄⑭，纣刳比干⑮。此四主者，乱君⑯，故其疾贤若仇。是以贤愚之相觉⑰，若百丈之谿与万仞之山⑱，若九地之下与重天之颠⑲。

【注释】

①质而不悲：质朴而不哀伤。

②邪而为淫：邪巧而无节制。淫，放纵，无节制。

③质而敦朴：诚实而纯朴。

④诈而多行：诡诈而多伪。行，伪。汪继培笺注《潜夫论·浮侈》“以牢为行”云：“行、伪同训。”

⑤象刑：让犯人穿戴不同于常人的服饰而辱其形象以示受刑。杨倞注《荀子·正论》“治古无肉刑而有象刑”云：“象刑，异章服，耻辱其形象，故谓之象刑也。”

⑥今有墨、劓（yì）不以为耻：明初刊本、《百子全书》本此句作“教有墨、劓不以为耻”，《指海》本作“今墨、劓不以为耻”，今将其互校，或改前者之“教”为“今”，或于后者“今”下补“有”，而如此则与上句之句脉相应。其意为：当今的人不以受墨、劓等酷刑为耻辱。

墨，墨刑，一种先刺毁其面，然后以墨涂之的酷刑。劓，劓刑，一种割鼻或损毁其鼻的酷刑。

⑦欲谏之鼓：即求谏之鼓。传说尧曾设鼓一面，希望人们进谏，对他提出批评、建议。

⑧诽谤之木：记录君主过失的木牌。传说舜曾立一木牌，鼓励人们指出其过失。

⑨司直之人：主管矫正君主过失的官员。司，主管。

⑩戒慎之铭：警示自己谨慎行事的铭文。

⑪此四君者：明初刊本、《百子全书》本此句作"此四君子者"，《指海》本据《太平御览》删"子"字，今从《指海》本。

⑫栗陆氏杀东里子：栗陆氏，古代部落首领，其臣东里子因规谏而被杀。

⑬宿杀氏戮箕(jī)文：宿杀氏，古代部落首领，其臣箕文因规谏而被杀。

⑭桀诛龙逄(páng)：桀，夏代末世暴君。龙逄，豢龙氏之后，桀之臣，因直言进谏被杀。

⑮纣刳(kū)比干：纣，商代末世暴君。比干，纣之叔父，官少师，因直言进谏被剖心虐杀。

⑯乱君：暴君。乱，横暴无道。

⑰相觉：相比较，相差。觉，通"较"，比较，相差。

⑱万仞(rèn)之山：万仞高的山。万仞，形容极高。仞，古时长度单位，七尺为一仞，一说八尺为一仞。

⑲九地之下：在古人相沿成习的观念中，地有九层，天有九重；九地之下，指地的最深处。下文"重天之颠"，则指天的最高处。

【译文】

清平之世，礼仪简约而容易践行；混乱之世，礼仪繁琐而难以遵从。上古的音乐，质朴而不哀伤；当今的音乐，邪巧而无节制。上古的人们，诚挚而敦厚无华；当今的人们，诡诈而多有伪饰。上古仅有象刑，民众中没有人作奸犯科；当今施用墨、劓等酷刑，人们却不以受到刑罚惩处为耻辱。这便是民众得到治理的时候少而社会混乱的时候多的原由所在了。尧曾经设置大鼓一面，希望人们对他提出规谏；舜曾经树起木牌一块，鼓励人们公开指出他行为的过失；商代发端，汤曾设立主管矫正君主过错的官员；周代伊始，武王曾令人在所用器物上镌刻警示自己谨慎行事的铭文。这四位君主都是圣人，而他们还能如此尽心于自我的诫厉。至于桀陆氏杀死谏臣东里子，宿沙氏戮害谏臣箕文，夏桀诛戮谏臣豢龙逢，商纣剖心虐杀谏臣比干，这四个君主都是暴君，所以他们嫉恨贤臣犹如寇仇。比较这贤明与黑暗，其相差就像百丈的深谷与万仞的高山，就像九地的最下层与九天的至上处。

明君之御民①，若御奔而无辔②，履冰而负重。亲而疏之，疏而亲之。故畏俭则福生③，骄奢而祸起。圣人逍遥一世之间④，宰匠万物之形⑤，寂然无鞭朴之罚，莫然无叱咤之声⑥，而家给人足，天下太平。视昭昭⑦，知冥冥⑧，推未运⑨，睹未然⑩，故神而不可见⑪，幽而不可见⑫，此之谓也！

【注释】

①御民：治理百姓。

②若御奔而无辔（pèi）：就像驾驭一辆没有马缰可抓的奔驰的车。辔，驭马的缰绳。

③畏俭则福生：《百子全书》本“俭”作“检”，今从明初刊本、《指海》本。其意为：谨慎、节俭就会产生福祉。畏，谨慎。俭，节俭。

④圣人逍遥一世之间：明初刊本、《百子全书》本此句作“圣人逍遥一世”，《指海》本据《昭明文选》之《南州桓公九井诗》、《宣德皇后

令》、《策秀才文》、《三国名臣序赞》等篇李善注，于“一世”后补“之间”二字。今从《指海》本。其意为：圣人一生悠然自得。

⑤宰匠万物之形：明初刊本、《百子全书》本“宰匠”作“罕匹”，并以“罕匹”接于上句以断句。《指海》本据《昭明文选》李善注改“罕匹”为“宰匠”，今从《指海》本。其意为：管理百姓的所作所为。宰匠，主宰，掌治。万物，百姓（此处“物”作“人”解）。形，借作“行”，所作所为。

⑥莫然无叱咤（chì zhà）之声：明初刊本此句作“莫然无呪（zhòu）咤之声”，今据《百子全书》本、《指海》本改“呪”为“叱”。其意为：淡漠而没有呵斥之声。莫然，漠然。叱咤，呵斥，大声吆喝或厉声斥责。

⑦视昭昭：观察显现的事象。昭昭，显著，明白。

⑧知冥冥：知晓深藏的原委。冥冥，幽深，幽晦。

⑨推未运：推测于事物运作之前。推，推测，推度。

⑩睹未然：预见尚未成为事实的未来。未然，还没有成为事实。睹，了解，预见。

⑪神：神奇，神异。

⑫幽：幽深，幽妙。

【译文】

贤明的君主治理百姓，就像驾驭一辆没有马缰可抓的奔驰的车，就像背负重物在冰面行走。对于亲近自己的人能同他疏远，对于疏远自己的人能同他亲近。所以，谨慎、节俭就会带来福祉，骄纵、奢侈就会引起祸患。圣人一生悠然自得，管理百姓的所作所为，恬然宁静而没有鞭笞杖击的处罚，漠然淡泊而没有吆喝斥责的声音，但家家富裕，人人满足，天下太平。看到显露的事象，就能知晓深藏的原委，推测于事物运作之前，就能预见到未来的结果。所谓神奇而不可窥知，所谓幽妙而不可闻见，说的就是这一点啊！

君人者不能自专而好任下[①],则智日困而数日穷[②]。[志]迫于下则不能申[③],行随于国则不能持[④]。知不足以为治,威不足以行诛,则无以与下交矣[⑤]。故喜而便赏[⑥],不必当功[⑦];怒而便诛[⑧],不必值罪[⑨]。不慎喜怒,诛赏从其意,而欲委任臣下,故亡国相继,弑君不绝[⑩]。古人有言:“众口铄金”、“三人成虎”[⑪],不可不察也!

【注释】

①不能自专而好任下:不能自作决断而习惯于听任臣下。自专,亲身独任其事。任,听凭,任凭。

②数:策略,权术。

③迫于下则不能申:明初刊本等诸世传本此句皆如此,以下句“行随于国则不能持”文例相衡,“迫”上显然脱一字。与“行”对举,或当为“言”,或当为“志”,似补一“志”字义略胜。其意为:意志若受制于臣下就难以申示。迫,迫胁,受制。申,申示,伸张。

④行随于国则不能持:行动若附和于国人就不能掌握国家的权力。

⑤则无以与下交矣:明初刊本、《百子全书》本、《指海》本等此句句首皆无“则”字,今据刘氏覆宋本补之。其意为:那就无法与臣下以君臣之礼相交了。

⑥喜而便赏:明初刊本、刘氏覆宋本、《百子全书》本等此句作“喜而使赏”,《指海》本据《意林》改“使”为“便”,今从《指海》本。其意为:高兴起来就赏赐。

⑦当功:与受赏人功绩相称。当,适合,符合。

⑧怒而便诛:明初刊本、刘氏覆宋本、《百子全书》本等此句作“怒而使诛(罚)”,《指海》本据《意林》改“使”为“便”,今从《指海》本。其意为:恼怒起来就诛罚。

⑨值罪：与被罚人罪过相当。值，当，适合。

⑩杀君不绝：明初刊本、刘氏覆宋本、《百子全书》本等此句皆为“杀君不绝”，《指海》本改“杀”为“弑”，今从《指海》本。

⑪众口铄金：古谚语。《国语·周语下》载司乐官伶州鸠曾引此语告诫周景王，其云：“故谚曰：‘众心成城，众口铄金。’”其意为：众口一辞的舆论足以使金属熔化。三人成虎：古谚语。《战国策·秦策二》载一位名庄的人提醒秦大臣王稽时曾引此语，其云：“闻‘三人成虎，十夫楺椎。众口所移，毋翼而飞。’”此语在于说明谣言重复多次后足以使人们信以为真。

【译文】

做一国之君的人不能自作决断而惯于听任臣下，那他的才智就会日益枯竭而权谋就会日益穷尽。意志受制于臣下就不能申示，行动附和于国人就难以掌握国家权力。智谋不足以治理国家，威望不足以行使诛罚，那就无法与臣下以君臣之礼相交了。高兴起来就赏赐，所赏未必与受赏者功绩相称；恼怒起来就诛罚，所罚未必与被罚者罪过相当。喜怒没有节制，赏罚随意而行，而又委弃自己的权力于臣下，于是亡国的事件就相继出现，弑君的惨剧就一再发生。古谚语说：“众口铄金”、“三人成虎”，这道理是不可不明辨深察的啊！

夫人情，发言欲胜，举事欲成。故明者不以其短疾人之长①，不以其拙病人之工②。言有善者，明而赏之③；言有非者，显而罚之。塞邪枉之路④，荡淫辞之端⑤，臣下闭口⑥，左右结舌，可谓明君。为善者，君与之赏；为恶者，君与之罚。因其所以来而报之，循其所以进而答之。圣人因之，故能用之，用之循理⑦，故能长久。今之为君⑧，无尧、舜之才而慕尧、舜之治⑨，故终颠殒乎混冥之中⑩，而不知觉寤于昭明之术[11]。是以虚慕欲治之名，无益乱世之理也[12]。

【注释】

①疾：妒忌。

②病：怨恨。

③明而赏之：明初刊本等诸世传本此句皆作“则而赏之”。王启湘《周秦名家三子校诠》云：“‘则’当作‘明’，‘明’与‘显’相对成义。《礼记·礼运篇》：‘百姓则君以自治也。’郑注：‘则当为明。’即其证也。”今从王氏说，改“则”为“明”。

④塞邪枉之路：明初刊本、刘氏覆宋本、《百子全书》本等此句皆如此，唯《指海》本“邪枉”作“枉邪”，今依前者。其意为：堵塞那邪曲不正的路径。

⑤荡淫辞之端：清除邪僻荒诞言论的端倪。荡，荡涤，清除。淫辞，邪僻荒诞的言论。

⑥臣下闭口：明初刊本、刘氏覆宋本、《百子全书》本等此句皆作“臣下闵之”，《指海》本据《昭明文选·陆士衡〈谢平原内史表〉》李善注改“闵之”为“闭口”，今从《指海》本。

⑦用之循理：明初刊本、刘氏覆宋本、《百子全书》本等此句皆作“因之循理”，《指海》本改“因”为“用”，今从《指海》本。

⑧今之为君：明初刊本、刘氏覆宋本作“今之为”，《百子全书》本、《指海》本于“为”下补一“君”字，今从《百子全书》本、《指海》本。

⑨慕：仿效。

⑩故终颠殒（yǔn）乎混冥之中：所以终将覆灭于混乱昏昧之中。颠殒，覆灭，倾覆。

⑪而不知觉寤（wù）于昭明之术：明初刊本等诸世传本此句皆作“而事不觉于昭明之术”，马叙伦《邓析子校录》据《淮南子·要略》改“事不觉”为“不知觉寤”，今从马说。其意为：而不懂得觉悟于光

明之途。觉寤,即觉悟,觉醒。昭明,光明。

⑫理:治理;医治,救治。

【译文】

人之常情在于,说话总想胜过别人,做事总想得到成功。所以明智的人不因为自己有所短就妒忌别人的所长,不因为自己拙笨就怨恨别人的工巧。言论有可褒扬的地方,就公之于众并予以奖赏;言论有可指责的地方,也公之于众并予以处罚。堵塞邪曲不正的路径,清除邪僻荒诞之说的端倪,让臣子们闭口而不肆意乱说,使亲随们缄默而无从传言插话,这可以说就是贤明的君主了。做善事的,君主给予奖励;有恶行者,君主予以惩处。依其所以归服而礼遇他,依其所以进仕而酬报他。圣人凭借这一用人准则,所以能使贤能者为其所用;用人有理可循,所以能够治世长久。当今做君主的人,没有尧、舜的才能而又想仿效尧、舜那样的治理,所以终究会在昏昧迷乱中倾覆,而不懂得觉醒于光明之途。因此,他们只有仿效尧、舜而想达到国家治理的虚名,却对于面前这个乱世的治理无所补益。

忠怠于宦成[①],病加于少瘳[②],祸生于懈慢,孝衰于妻子。察此四者[③],慎终如始也。

【注释】

①忠怠于宦成:明初刊本、刘氏覆宋本、《百子全书》本此句皆作“患生于官成”,《指海》本据《意林》改“患”为“忠”、改“生”为“怠”、改“官”为“宦”,今从《指海》本。其意为:忠心懈怠于仕途成功时。

②病加于少瘳(chōu):明初刊本等诸世传本此句作“病始于少瘳”,马叙伦《邓析子校录》改“始”为“加”,今从马氏。其意为:病情加重于稍有好转时。瘳,病愈。

③察此四者:明初刊本等诸世传本此句无“察”字。孙诒让《札迻·

邓析子·转辞篇》云:"'四者'上亦当有'察'字。"今从孙说。

【译文】

忠心懈怠于仕途成功时,病情加重于稍有好转时,祸患发生于警觉松弛时,孝行衰减于娶妻生子时。留意到这四者,一个人为人处事就应当谨慎地坚持到最后,一直像开始时那样。

富必给贫①,壮必给老。快情恣欲②,必多侈侮③。故曰:尊贵无以高人④,聪明无以笼人⑤,资给无以先人⑥,刚勇无以胜人⑦。能履行此,可以为天下君。

【注释】

①富必给贫:富者必将很快贫穷。给,敏捷,快捷。

②快情恣欲:无所顾忌地放纵情欲。快,放肆,放纵。恣,放纵,放肆。

③侈侮:大辱。侈,大。

④高人:傲视他人。高,高傲,骄傲。

⑤聪明无从笼人:明初刊本、刘氏覆宋本此句作"聪明无以宠人",《百子全书》本、《指海》本改"宠"为"笼",今从《百子全书》本、《指海》本,其意为:不要因为聪明而掩抑他人。笼,笼罩,遮掩。

⑥资给无以先人:不要因为伶牙俐齿而先声夺人。资给,天资聪敏;言语便捷。先人,先于人行动。

⑦胜人:这里指盛气凌人。

【译文】

富裕者总会很快贫穷,强壮者总会很快衰老。毫无节制地放纵情欲,必定会招致大耻大辱。所以说:不要因为高贵就傲视他人,不要因为聪明就掩抑他人,不要因为伶牙俐齿就先声夺人,不要因为刚强勇猛就盛气凌人。能做到这些,可以成为天下人的君主。

夫谋莫难于必听，事莫难以必成[①]；成必合于数[②]，听必合于情[③]。故抱薪加火，燥者必先燃[④]，平地注水，湿者必先濡[⑤]。故曰：动之以其类[⑥]，安有不应者？独行之术也[⑦]。

【注释】

①事莫难以必成：刘氏覆宋本此句作"事莫难以必威"，明初刊本、《百子全书》本、《指海》本"威"皆作"成"，今从《指海》本等。其意为：做事最难莫过于使其一定成功。

②成必合于数：刘氏覆宋本此句作"威必合于数"，明初刊本、《百子全书》本、《指海》本"威"皆作"成"，今从《指海》本等。其意为：做事想要成功就须得合于道术。

③听必合于情：谋略想被听从就须得合于情理。

④燥者必先燃：明初刊本、刘氏覆宋本、《百子全书》本此句作"烁者必先燃"，《指海》本据《艺文类聚》改"烁"（爍）为"燥"，今从《指海》本。其意为：干燥的一定会先燃烧起来。

⑤湿者必先濡（rú）：潮湿的地方一定会先被浸渍。濡，浸，渍，沾湿。

⑥动之以其类：依其事理采取行动。动，行动，采取行动。类，事理。

⑦独行之术：唯一可行的办法。

【译文】

谋划最难莫过于使人必得听从，做事最难莫过于必得使其成功；做事想要成功须得合于道术，谋略想被听从须得合于情理。若是抱柴加于火上，干燥的一定会先燃烧起来；若是灌水于平地，潮湿的地方一定会先被浸渍。所以说：依其事理去做，哪会有不相宜的呢？这是唯一可行的办法。

明君立法之后，中程者赏[①]，缺绳者诛[②]。非此之谓[③]，君曰乱君，国曰亡国。

【注释】

①中(zhòng)程者赏：合乎章程的予以奖赏。中，符合。程，法式，章程。

②缺绳者诛：刘氏覆宋本作“缺渑者诛”，明初刊本、《百子全书》本、《指海》本等此句皆作“缺绳者诛”，今从《指海》本等。其意为：有损于法规的予以惩罚。缺，损，损害。绳，法规，法度。

③非此之谓：明初刊本、刘氏覆宋本、《百子全书》本、《指海》本等此句皆作“此之谓”，依上下文义推之，不可通。为使文义前后不致扞格，校者或疑“此之谓”下文有脱漏(王恺銮《邓析子校正》即主此说)，或以下文“乱君”之“乱”等训为“治”，而以“亡国”之“亡”为“王”之误(王启湘《周秦名家三子校诠》即主此说)。伍非百《邓析子辨伪》云：“‘此’字上，旧脱‘非’字。”相形于他说，似更切文义。今从伍说。

【译文】

贤明的君主确立法度后，对符合章程的行为就予以奖赏，对有损于规定的行为就予以惩罚。倘若不是这样，那君主就是乱国之君，国家就是败亡之国。

智者察于是非[①]，故善、恶有别；明者审于去就[②]，故进、退无类[③]。若智不能察是非[④]，明不能审去就，斯非虚妄[⑤]？

【注释】

①智者察于是非：明初刊本等诸世传本此句皆作“智者寂于是非”。

王启湘《周秦名家三子校诠》云："（此）'寂'字当作'察'。'察'从'宀'、'祭'，'祭'从'示'，从又持肉，脱去肉旁，则其字作'寂'，形与'寂'近，因误为'寂'。"今从王说，改"寂"为"察"。其意为：才智是用来明确分辨是非的。察，明辨。

②明者审于去就：明初刊本等诸世传本此句皆作"明者寂于去就"。王启湘《周秦名家三子校诠》云："（此）'寂'字当作'审'。下文云'若智不能察是非，明不能审去就，斯谓虚妄'，正承此文而言。"今从王说，改"寂"为"审"。其意为：聪明是用来慎重斟酌去就的。审，详究，细察。

③类：通"纇（lèi）"，疵病，缺点。

④若智不能察是非：明初刊本、刘氏覆宋本、《百子全书》本此句皆如此，《指海》本作"若智不能是非"（少一"察"字），今从前者。

⑤斯非虚妄：明初刊本等诸世传本此句皆如此，马叙伦《邓析子校录》改"非"为"谓"，句遂为"斯谓虚妄"。马氏以陈述句改此句，若以此句为反问句，则不必改。其意为：这不是很虚妄吗？

【译文】

才智是用来明确分辨是非的，这样善、恶就有了区别；聪明是用来慎重决定去就的，这样进、退才不会有缺憾。若是人的才智不能用来明确分辨是非，聪明不能用来慎重决定去就，这不是很虚妄吗？

目贵明，耳贵聪，心贵公[①]。以天下之目视，则无不见；以天下之耳听，则无不闻；以天下之智虑，则无不知。得此三术[②]，则存于不为也[③]。

【注释】

①心贵公：刘氏覆宋本此句作"心贵聪"，明初刊本、《百子全书》本、《指海》本皆作"心贵公"，今从《指海》本等。其意为：心志贵在公

正无私。

②得此三术：刘氏覆宋本此句作“得此四术”，明初刊本、《百子全书》本、《指海》本皆作“得此三术”，今从《指海》本等。得，知晓，懂得。

③则存于不为也：刘氏覆宋本此句作“则有于不为也”，明初刊本、《百子全书》本、《指海》本皆作“则存于不为也”，今从《指海》本等。存，掌管，管理；可引申为治理。不为，无为。

【译文】

眼睛贵在看得明白，耳朵贵在听得清楚，心志贵在公正无私。凭借天下人的眼睛去看，就没有什么看不明白；凭借天下人的耳朵去听，就没有什么听不清楚；以天下人的心智思考，就没有什么不可知晓。懂得了这三种方法，就可以无为而治了。

中华经典名著
全本全注全译丛书
（已出书目）

诗经
尚书
周礼
仪礼
周易
左传
春秋公羊传
春秋穀梁传
论语·大学·中庸
孟子
尔雅
老子
孙子兵法
公孙龙子(外三种)
墨子
晏子春秋
庄子
荀子
列子
鬼谷子
韩非子
商君书
吕氏春秋
六韬
淮南子
孔子家语
春秋繁露
新书
新序
盐铁论
法言
抱朴子内篇
抱朴子外篇
周易参同契
政论·昌言
齐民要术
颜氏家训
梦溪笔谈
劝学篇
太平经
弘明集
坛经
黄帝内经
山海经

国语

战国策

史记

人物志

洛阳伽蓝记

史通

贞观政要

大唐西域记

徐霞客游记

文史通义

宋论

楚辞

文心雕龙

搜神记

世说新语

闲情偶寄

古文观止

聊斋志异

阅微草堂笔记

三字经·百家姓·千字文·弟子规·千家诗